中華文化思想叢書

經今古文之爭與近代學術嬗變

張凱 著

目 錄
CONTENTS

導言 1

第一章　《今古學考》與廖平學術旨趣的確立及其轉承 · 21

一　著述緣起：蜀學復興與專求大義 023
二　通經致用：別戶分門與息爭調和 031
三　學術迴響：從平分今古到尊今抑古 042
四　經史分流：廖平、康有為學術公案的餘緒 051

第二章　今古之爭：四川國學院時期的廖平與劉師培 69

一　「有東西無南北」 069
二　天人性命與禮制之別 077
三　「古文流派至此確然卓立」 088

第三章　政學糾葛：近代今文學系譜的演化與生成 95

一　「復原孔教」與「康學大興」 096
二　「古學復興」視野中的今文學敘述 109
三　中國的文藝復興：今文學運動 119

四 真偽今文學之辯：《公羊》與《穀梁》⋯⋯⋯⋯⋯⋯⋯⋯125

第四章 「述文化於史」：宋育仁與近代經史學之省思 137

一 「治經門路」與「史家本色」⋯⋯⋯⋯⋯⋯⋯⋯⋯⋯⋯138
二 孔學統系：人倫與政教⋯⋯⋯⋯⋯⋯⋯⋯⋯⋯⋯⋯⋯146
三 形意之辯：國學與分科⋯⋯⋯⋯⋯⋯⋯⋯⋯⋯⋯⋯⋯155

第五章 今古分合與民國學界的古史派分⋯⋯⋯⋯⋯⋯⋯ 165

一 經今古文之爭與民初古史學⋯⋯⋯⋯⋯⋯⋯⋯⋯⋯⋯166
二 「儒家正統史觀」與「諸子百家之言」⋯⋯⋯⋯⋯⋯⋯171
三 「考信」與「辨偽」⋯⋯⋯⋯⋯⋯⋯⋯⋯⋯⋯⋯⋯⋯179
四 方法和宗旨⋯⋯⋯⋯⋯⋯⋯⋯⋯⋯⋯⋯⋯⋯⋯⋯⋯⋯191

第六章 今古分合與「國史」重建⋯⋯⋯⋯⋯⋯⋯⋯⋯⋯ 197

一 文化與古史⋯⋯⋯⋯⋯⋯⋯⋯⋯⋯⋯⋯⋯⋯⋯⋯⋯⋯198
二 史術與史學⋯⋯⋯⋯⋯⋯⋯⋯⋯⋯⋯⋯⋯⋯⋯⋯⋯⋯205
三 義理與制度⋯⋯⋯⋯⋯⋯⋯⋯⋯⋯⋯⋯⋯⋯⋯⋯⋯⋯216

第七章 文史分合：章氏國學講習會與
　　　　國難之際國學走向⋯⋯⋯⋯⋯⋯⋯⋯⋯⋯⋯⋯ 225

一 國學講習⋯⋯⋯⋯⋯⋯⋯⋯⋯⋯⋯⋯⋯⋯⋯⋯⋯⋯⋯226
二 宗旨異趣⋯⋯⋯⋯⋯⋯⋯⋯⋯⋯⋯⋯⋯⋯⋯⋯⋯⋯⋯231

三　「章氏之國學」⋯⋯⋯⋯⋯⋯⋯⋯⋯⋯⋯⋯⋯⋯⋯⋯⋯238
　　四　求真與致用⋯⋯⋯⋯⋯⋯⋯⋯⋯⋯⋯⋯⋯⋯⋯⋯⋯⋯247

第八章　「超今文學」與民國學術流變⋯⋯⋯⋯⋯⋯⋯253
　　一　「再興末次今古文論戰」⋯⋯⋯⋯⋯⋯⋯⋯⋯⋯⋯253
　　二　「回到廖平」⋯⋯⋯⋯⋯⋯⋯⋯⋯⋯⋯⋯⋯⋯⋯⋯263
　　三　「辨偽」與「析學」⋯⋯⋯⋯⋯⋯⋯⋯⋯⋯⋯⋯⋯272

結語　文明的估價與開新⋯⋯⋯⋯⋯⋯⋯⋯⋯⋯⋯⋯⋯283

參考文獻⋯⋯⋯⋯⋯⋯⋯⋯⋯⋯⋯⋯⋯⋯⋯⋯⋯⋯⋯⋯295

導言

　　近代學術，西學東漸，新舊嬗替，轉化傳統與引介西學成為近代學人重建中華文明體系的必要方式。黃侃有言：「治中國學問應置身於五口通商之前」，「治中國學問，當接收新材料，不接收新理論。」[1] 二語既為治中國學問者指示門徑，也暗示了道咸以學式微，晚清民國學人在接收西學時，往往是「接收新理論」，以新理論解釋固有材料。誠如有論者指出：「近代以來，中西新舊乾坤顛倒，體用關係，用夷變夏，已成大勢所趨。」[2] 近代科學史學在啟蒙與救亡的雙重變奏中突破傳統桎梏，成為創新文明的必要手段，中國歷史文化的「國故化」徹底顛覆了傳統政教模式的學理基礎，開啟中國學術體系革命性轉向與現代知識生產機制的形成。史學脫離經學而獨立，作為整體的經學系統退出歷史主流，現代學術分科體系逐步建立，此為近代學術轉型的關鍵環節。衍至今日，現代學術分科逐漸陷入新材料不斷擴充與理論無法突破的危機，面臨社會科學化的宏大敘事與「碎片化」之間的困境：標榜實證主義的客觀性，以考據方法為學與社會科學理論相配合，實則難免以現代意識的價值標準去審視、評判歷史

---

[1] 黃侃（講），黃焯（記）：《黃先生語錄》，見張暉編：《量守廬學記續編》，4頁，北京：生活・讀書・新知三聯書店，2006。

[2] 桑兵：《「瞭解之同情」與陳寅恪的治史方法》載《社會科學戰線》，2008（10），101頁。

文化。

　　經學史學化、以史代經成為近代學術破舊立新的關鍵環節，新文化派側重以方法與材料為準則判分新舊中西，無形割裂傳統學術與現代學科、價值與知識之間的關聯。近代「新學術」之建立，形成由史學方法來承擔全局的趨向，以科學方法辨析「材料」成為近代新舊派分的重要依據，導致民國學術與清代學術的關聯集中在材料」與「方法」層面，中國學術流變的內在理路被截斷眾流式的派分所割裂。如若切斷近代學術與傳統文化母體的價值關聯，惟新求是，標舉為學問，而學問的後果或將使科學史學逐步演變為純粹的實證知識之學，喪失在傳統、現代與未來之間建立有機關聯性的能力，難以為文化重建與文明走向提供有效的路徑。此一趨勢導致近代學術流變的脈絡難明，更使中國學術的本意被曲解。近照新文化派以分科眼光形成的學術史敘述，見證與催化了「用夷變夏」的歷程，而突破分科之學的侷限，以疏源浚流的方式進一步梳理和呈現中國固有學術在晚清民國時期傳衍流變的實情，或可成為超越「外國框框」的突破口。

　　實際上，道咸以降，傳統學術內部流派紛呈。王國維提出清學術「國初之學大，乾嘉之學精，道咸以降之學新」，道咸新學承乾嘉專精之學，目睹世變，以經世之抱負，」務為前人所不為「言經者及今文，考史者兼遼、金、元，治地理者逮四裔」[1]。清末民初政局轉變，與今文學之興起，有莫大關係。晚清今文學的興起引發了經今古文之爭，今古立場的分殊導致近代學人轉化傳統學術的方式迥異。晚清今文學復興，尤其是廖平以禮制平分今古、康有為公羊改制學說引起一系列學術論爭，牽涉到晚清民國時期政治社會、思想、文化等諸

---

[1] 王國維：《沈乙庵先生七十壽序》，見《觀堂集林》（外二種），574 頁，石家莊：河北教育出版社，2003。

多層面。經今古文之爭一直是海內外學界關注的焦點，深入闡釋經今古文問題在晚清民國時期演化的多元線索與內涵，有助於準確把握近代學術轉型的多重路徑與複雜性。以此為憑藉，上可探近代中西、新舊學術的糾葛，下可究民國以降學術的發展變遷。

長期以來，學界在革命與現代化的敘述中，將近代經今古文學與戊戌變法緊密結合在一起。湯志鈞認為經學是中國傳統文化的主幹，近代經今古文學傳承漢代經今古文學的學風，今文經學從維護封建統治到昌言改革、變法維新；古文經學發揚經世傳統，進而宣傳排滿。近代經今古文在學術與政治方面的異同、分合，反映了社會變革時期知識分子的心態[1]。列文森認為近代中國儒學政治已受到反孔非儒等所謂近代目標的全面攻擊，廖平作為儒教與歷史分離的代表人物，其思想與歷史無關。康有為將廖平的抑古尊今思想轉變成了現實的政治改革行動，為儒學提供了「最後一次服務於近中國政治的機會」[2]。蕭公權側重闡發康有為如何發展儒家學說參與政治行動的真正意義與現代價值，認為康有為是對儒家思想現代化做出了卓越貢獻的儒家修正主義者、富於世界主義觀念與想像的理想主義者[3]。

誠如有論者言，就清學而言，經今古文問題僅是漢宋分爭的子題，或者說只是少數人的問題。有清一代，真正可以稱作今文家者，寥寥無幾，如果沒有康有為言公羊改制，經今文學應當不會進入晚清

---

[1] 湯志鈞：《清代經今古文學的傳承》，《近代今、古文學派的異同與分和》，見《經與史：康有為與章太炎》，108～161頁，北京：中華書局，2018。

[2] 列文森：《儒教中國及其現代命運》，鄭大華、任菁譯、277頁、北京：中國社會科學出版社，2000。

[3] 蕭公權：《近代中國與新世界：康有為變法與大同思想研究》，南京：江蘇人民出版社，2007。

思想界的主線[1]。長期以來，近代今文學的譜系多以康有為為核心展開，以公羊學為中心，側重發掘其經世內涵。楊向奎、陳其泰、黃開國等學人系統考察清代公羊學的展開系譜[2]。孫春在在現代化理論框架中勾勒清末公羊思想經歷了準備期、興盛期、完備及蛻變期的線性發展歷程[3]。艾爾曼在把握思想史內在學理邏輯的基礎上，將「思想史置於地方史、家族史以及涉及朝廷派系鬥爭的政治史的脈絡的分析」[4]，認為莊存與因與和珅鬥爭失敗，遂回鄉著述，轉向公羊經學，藉助經典譏諷時政，進而主張「為了避免關於清代今文經學的線性歷史敘事的固有偏見，我們應該以開端代替終結。這並非輕視今文經學在光緒一八九八改革維新裡的重要性，而是要將開端當作開端去發掘，不要流於事後聰明的歷史目的論。」[5] 艾爾曼將今文學的重點由「康梁」轉向「莊劉」，引發新一輪關於近代今文學起源的大討論。劉桂生在艾爾曼著作譯介之前，就指出莊存與值上書房講授《公羊》，其學說具有「講義」的性質[6]。劉大年認為今文經學起源於莊、和矛盾鬥爭之說，存在極大的疑問，僅僅憑藉莊氏特殊大家族的研究，不可能達到解決思想史與社會史「斷裂」的目的。所謂從研

---

1 桑兵：《中國思想學術史上的道統與派分》，見《先因後創與不破不立：近代中國學術流派研究》，39頁，北京：生活・讀書・新知三聯書店，2007。

2 楊向奎：《清代的今文經學》，《繹史齋學術文集》，上海：上海人民出版社，1983；陳其泰：《清代公羊學》，北京：東方出版社，1997；黃開國：《清代今文經學新論》，北京：人民出版社，2017。

3 孫春在：《清末的公羊思想》，臺灣：商務印書館，1985。

4 程美寶：《區域研究取向的探索：評楊念群〈儒學地域化的近代形態〉》，見《走出地方史：社會文化史研究的視野》，45頁，北京：中華書局，2019。

5 艾爾曼：《經學、政治和宗族——中華帝國晚期常州今文學派研究》，12頁，南京：江蘇人民出版社，1999。

6 劉桂生：《從莊存與生平看清代公羊學之起因》，見《周一良先生八十生日紀念論文集》，428～437頁，北京：中國社會科學出版社，1993。

究「康梁」轉為研究「莊劉」是忽視了莊存與、劉逢祿與康有為、梁啟超今文經學時代背景的區別[1]。陳祖武強調莊存與晚年痛恨和珅禍國殃民，但若以此為莊氏結撰《春秋正辭》的初衷，似可再做商量[2]。王義俊指出莊存與同和珅之間根本形不成對立和鬥爭，莊存與治經貫穿其一生，絕非到晚年才轉入治《公羊春秋》[3]。相形之下，湯志鈞則認為今文經學所貴在其大義，由「家學」而「顯學」，傳「微言」，講「大義」，與時政有密切關係[4]。徐立望從康雍乾三朝君主對胡安國《春秋傳》的清算及《春秋》公羊學的批判，尤其是《春秋》公羊學立嫡理論與清代秘密立儲原則存在衝突，說明莊存與在上書房講述《春秋》公羊學說並不可信[5]。

　　正如有學者所言政治鬥爭、經世思潮與社會變動對於探討今文學興起不無裨益，但「學術理路尤需重視」[6]。今文家重「義」輕「事」，重論輕史，古文家重視音韻訓詁、典章制度的考據，這兩種截然不同的學風對於中國學術的現代轉型起著至關重要的作用[7]。作

---

[1] 劉大年《評近代經學》，見《明清論叢》（1），1～51頁，北京：紫禁城出版社，1999。

[2] 陳祖武：《關於常州莊氏學淵源之探討——兼論《春秋正辭》之撰著年代》，見林慶彰、張壽安主編：《乾嘉學者的義理學》，621～636頁，臺北：「中研院」文哲所，2003。

[3] 王俊義：《莊存與復興今文經學起因於「與和珅對立」說辨析——兼論對海外中國學研究成果的吸收與借鑑》，載《清史研究》，2007（2）。

[4] 湯志鈞：從「家學」到「顯學」：清代今文經學的復興與和珅專權》，載《史林》，2009（5）。

[5] 徐立望：《駁清代今文經學復興源於上書房「講義」說——兼論今文經學在康雍乾三朝的地位》，載《復旦學報》，2010（5）。

[6] 羅檢秋：《從清代漢宋關係看今文經學的興起》，載《近代史研究》，2004（1），3頁。

[7] 路新生：《「義」、「事」之別與「今」、「古」之爭及其現代學術意義》，載《天津社會科學》，2005（1）。

為中國近代學術思想史上的核心議題，晚清經今古文之爭的學術理路主要圍繞下列問題展開。其一，晚清經今古文學與漢代今古文學的異同。李學勤認為晚清以前的歷代學者，雖常論及今文、古文，卻沒有以今文與古文分派，用今文經學與古文經學來看漢代經學，「始於四川學者廖平先生的名著《今古學考》」。若重新研究許慎的《五經異義》，「結果與廖平《今古學考》的學說是不一致的」，應當重新檢討漢代經今古文學的問題[1]。黃燕強從今文與古文、孔學與史學、《王制》與《周禮》、義理與考據等四方面，論證經今古文學之爭是晚清所特有的經學形態，與兩漢事實不大相符[2]。郜積意考察漢代今、古學的禮制分別，重新審視廖平禮制學說及其來源，並指出經今古文學之分的知識學傾向因各種原因未能得以最充分展開[3]。其二，辨明康有為、章太炎等近代經今古文之爭最具代表性人物的學思歷程，考察晚清今文經學與古文經學的生成與演化。江湄追跡章氏《春秋》學的變化發展，以《春秋》學為中心，考察章太炎「六經皆史」說的本意[4]。劉巍從康有為、章太炎經學立場的建立過程，窺探晚清今古文經學爭議的關鍵面向。康有為學術經歷了記誦之學、分辨今古文而兼採今古，專宗今文而全面攻擊古文的發展歷程，康有為的今文學可謂中國儒學經世傳統的近代轉承。章太炎提煉新古文經學與今文

---

[1] 李學勤：《〈今古學考〉與〈五經異義〉》，見《古文獻論叢》，318～327頁，上海：上海遠東出版社，1996。

[2] 黃燕強：《重論晚清經今古文學之爭——與兩漢經學的比較研究》，載《清史研究》，2013（3）。

[3] 郜積意：《漢代今、古學的禮制之分——以廖平〈今古學考〉為討論中心》，載《「中央研究院」歷史語言研究所集刊》，2006（1）。

[4] 江湄：《章太炎「六經皆史」說本旨、意涵及其變化考論》，見《創造「傳統」：梁啟超、章太炎、胡適與中國學術思想史典範的確立》，139～203頁，北京：社會科學文獻出版社，2013。

經學對抗，旨在捍衛國史的尊嚴，以國史經世[1]。

百餘年來，在考察近代今文學學理問題中，廖平與康有為的學術公案成為學術焦點，大致形成了四種意見：一是康有為「剽竊」廖平學說。此說傳佈最廣，朱維錚視此為晚清學術最大的版權官司，認為廖平至少充當了康有為理論體系的助產士，《教學通義》的刊布更證實在廖平指點後，康有為才由經古文學改宗經今文學[2]。二是康有為並未抄襲廖平學說。房德鄰立足於康有為早年的今古文立場評述康、廖之間的學術公案，認為康有為《教學通義》早已有今文經學的觀點，廣州會見時廖平並沒有給康有為看過他的《辟劉篇》和《知聖篇》「兩篇」，長期流傳的康有為《新學偽經考》、《孔子改制考》「兩考」抄襲廖平《知聖篇》、《辟劉篇》「兩篇」之說乃是不實之詞[3]。三是廖平「影響」康有為轉向今文學。黃開國、唐赤蓉堅持康有為對廖平學說的接受，認為《教學通義》中《春秋》以後的部分雜糅了康有為後來的經學思想，內容多受到廖平經學的影響[4]。劉巍系統考察廖平與康有為的學術交往，認為廖平影響康有為主要在「新學偽經說」的啟發，「六經皆孔子所自造」以及經典所傳先秦制度事實都出自孔子託古改制等兩個方面[5]。四是廖平與康有為相互影響。此

---

[1] 劉巍：《康有為、章太炎與晚清經今古文之爭》，見桑兵、關曉紅主編：《先因後創與不破不立：近代中國學術流派研究》，195～297頁。

[2] 朱維錚：《近代學術史論》，163～245頁，上海：中西書局，2013。

[3] 房德鄰：《康有為和廖平的一樁學術公案》，載《近代史研究》，1990（4）；房德鄰：《論康有為從經古文學向經今文學的轉變——兼答黃開國、唐赤蓉先生》，載《近代史研究》，2012（2）。

[4] 黃開國、唐赤蓉：《〈教學通義〉中所雜糅的康有為後來的經學思想》，載《近代史研究》2010（1）；黃開國、唐赤蓉：《從〈教學通義〉看康有為早年思想》，載《四川大學學報》（哲社版），2009（4）。

[5] 劉巍：《重訪廖平、康有為學術交涉公案——關於「新學偽經」說之偷意與升級版「孔子改制」論之截獲的新探》，載《齊魯學刊》，2019（4）。

說關注者較少，卻頗有啟發性。章權才主張著力尋找康、廖在今文經學研究中的共同點，而不應「簡單歸結為你抄襲我，或我抄襲你」[1]。

在上述基礎上，學界逐漸反思近代今文學的系譜問題。蔡長林以研究常州學派著稱，敏銳地注意到公羊學難以包容近代今文學的整體脈絡，從宏觀視角分析莊存與到民初崔適之間，存在「偏向考證的今文學與偏向義理的公羊學」兩種研究方式，合二者為一，可命名為今文學派[2]。張勇從梁啟超三種關鍵的清學史著述（即《清代學術概論》、《中國近三百年學術史》以及《論中國學術思想變遷之大勢》的第八章《近世之學術》）入手，還原梁氏前後敘述的不同語境，澄清其在晚清「今文學」運動中的角色，將梁氏及譚嗣同、夏曾佑等人的「今文學」言論加以歷史的解析，呈現出一個逐漸生成和變化著的過程[3]。于梅舫層層剖析戊戌前後士林與官場人士對康有為學說的認識與反應，揭示戊戌變法中各派各層人物的政治與學術分野，並非似地域、今古、新舊、帝后那般涇渭分明[4]。王鶯嘉考察十九世紀以來學術史的論述，發現以莊存與為始祖的今文學傳承譜系的構建中，存在魏源等「今文」學者人為推動的因素。這一論述在近代被不斷地強化並成為目前的主流認識，近代今文學系譜的建構歷程堪稱學術話語

---

1 章權才：《清代經學史》，255頁，廣州：廣東人民出版社，2010。關於廖平、康有為學術公案的最新研究可參考吳仰湘：《重論廖平、康有為的「學術公案」》，載《中國社會科學》，2020（4）。

2 蔡長林：《清代今文學派發展的兩條路向》，見彭林主編：《經學研究論文選》，75～76頁，上海，上海書店出版社，2002。

3 張勇：《梁啟超與晚清「今文學」運動》，北京：北京大學出版社，2017。

4 于梅舫：《康有為〈兩考〉的撰寫、傳播與反應》，博士後出站報告，復旦大學，2011。

變遷影響學術史敘述的絕佳案例[1]。

二十世紀九〇年代，伴隨著「在中國發現歷史」的呼聲與新一輪的「國學熱潮」，學界開始反思原有革命史敘事，力求綜合探索「學術議題」的「典範轉移」，以期更貼近晚近學術變遷的整體脈絡。王汎森系統論述了疑古思潮與晚清今文家說有一脈相承的關係，後以近代以來學術典範的轉移為軸心，描述分析了中國近代學界的內部變化，以及不同學人或派別對中西思想資源的利用以圖應時而變等近代學術多元動態的走向[2]。羅志田揭示近代經史遞嬗，「新宋學」對民國學術的影響，著重討論了整理國故和「科學」的關聯，深入分析民國學者對「國學」與「國故學」的不同詮釋，以及近代學人關於「整理國故」的幾次思想論爭，呈現民國學界多元的思想光譜與學術脈絡[3]。桑兵首先對晚清民國學術作了通貫的綜述分析，再分別以人物（梁啟超、胡適、陳寅恪、「老輩學人」、章太炎、傅斯年、金毓黻、馬裕藻等）、機構（清華國學院、東方考古協會、廈大國學院、中國史學會等）、方法與理念（「道統與派分」、「新史學」、「史學即是史料學」等）為中心展開論述，揭示中國近代學術傳承中複雜糾葛的「學」、「人」、「事」，對晚近以來「分科治學」、嚴辨

---

[1] 王鷺嘉：《學術史中的話語演變與譜系構建——清代公羊學史與莊存與》，載《學術月刊》，2018（3）。

[2] 王汎森：《古史辨運動的興起》，臺北：允晨文化出版公司，1987；王汎森：《中國近代思想與學術的系譜》，臺北：聯經出版事業公司，2003。王東傑：《走向多元動態的思想史——王汎森〈中國近代思想與學術的系譜〉讀後》，載《歷史研究》，2005（6）。

[3] 參見羅志田：《清季民初經學的邊緣化與史學的走向中心》、《「新宋學」與民初考據史學》，皆收入《權勢轉移：近代中國的思想、社會與學術》，武漢：湖北人民出版社，1999。羅志田：《國家與學術：清季民初關於「國學」的思想爭論》，北京：生活・讀書・新知三聯書店，2003；羅志田：《裂變中的傳承：20世紀前期的中國文化與學術》，北京：中華書局，2003。

「中西新舊」等學風予以切實的糾正，反思以新文化派敘述編成的民國學術史，從地域、人物、議題等方面為考察經今古文之爭與民國學術的關係拓展視野[1]。與此同時，汪榮祖、李帆、張昭軍、趙沛、吳仰湘、蔡長林等學人分別系統研究了近代經今古文之爭代表性人物廖平、康有為、章太炎、劉師培、皮錫瑞、崔適等學人經學立場的建立與轉變過程。路新生、鄭師渠、王學典、張越、陳勇、蔡方鹿等學人集中考察了錢玄同、顧頡剛、錢穆、蒙文通等民國時期經今古文問題論爭中重要學人的學術旨趣與經史轉變歷程[2]。

　　二十世紀二〇、三〇年代，經史異位、經學史學化已成定局。劉巍以章學誠「六經皆史說」的來龍去脈為線索，聯繫晚清今古文經學之爭與民國新史學家提出的「六經皆史料」的口號，扼要勾勒了「六經皆史說」的影響與轉變，深刻地反映了中國近代經學的衰敗及其主導地位被史學所取代，而經典自身不能不以「史料」的身分寄身於「史學」的歷史命運[3]。余英時、羅義俊、陳祖武等學人認為錢穆《劉向歆父子年譜》結束了晚清以來的經今古文學之爭，經今古文之爭演化為史學問題[4]。劉巍進一步論述民國學者雖然承繼晚清學人的學術議題，吸收他們的某些治學路徑，但學術研究的旨趣已經變異。

1　具體研究成果多收入下列著作中：《國學與漢學：近代中外學界交往錄》，杭州：浙江人民出版社，1999；《晚清民國的國學研究》，上海：上海古籍出版社，2001；《晚清民國的學人與學術》，北京：中華書局，2008；《學術江湖：晚清民國的學人與學風》，桂林：廣西師範大學出版社，2019。

2　此類成果頗多，此處不一一列舉，具體信息見參考文獻。

3　劉巍：《章學誠「六經皆史」說的本源與意蘊》，載《歷史研究》，2007（4）；劉巍：《經典的沒落與章學誠「六經皆史」說的提升》，載《近代史研究》，2008（2）。

4　余英時：《錢穆與中國文化》，上海：上海遠東出版社，1994；羅義俊：《錢穆與顧頡剛的〈古史辨〉》，載《史林》，1993（4）；廖名春：《錢穆與疑古學派關係述評》，見《原道》5輯，211～230頁，貴陽：貴州人民出版社，1999。

就經今古文問題研究而言，最典型地反映出「經學沒落、史學主位或經學史學化的趨勢」，「經學今古文問題的研究討論主要著眼於史料辨偽，它所要解決的只是『史學』問題，並不是為了『通經致用』」[1]。王汎森將廖平與蒙文通師徒視為經學向史學過渡的典型，認為蒙文通的學術有兩個重點：一是「古史多元論」，一是「大勢變遷論」，兩者與廖平獨特的經學觀念相關，都牽涉到近代從經學向史學過渡的複雜學術背景[2]。張志強深入追問「究竟是何種經學向何種史學的過渡，構成為蒙文通成學過程的關鍵」，提出不能忽視不同經學向不同史學過渡的具體歷史脈絡的複雜性。從思想根源上釐清廖平、劉咸炘、歐陽竟無、蒙文通等學人學術理念的分合，進而指明蒙文通對經、史、儒關係的重構，「創造性地經由今文經學的路向，將逐漸脫離儒學義理價值立場的經學和史學重新納入到一種以史學為知識統合手段的儒學系統當中」，這既與章太炎從古文經學向史學演化的路向截然不同，又「不同於梁啟超從今文經學中開出史學和哲學的路向」[3]。

進入新世紀，在學術與政治的推動下，學界開始重新認知經學研究之於理解中國傳統學術與確立當下中國文明主體性的價值和作用。陳壁生指出康有為、廖平彰顯孔子—王大法，可謂今文經學的現代發展，以六經之抽象價值為國家構建的理論源頭。古文經學遭遇現代民族國家，章太炎通過民族主義史學，尋找歷史上的「中國」，建立現代意識上的中華民族[4]。今文經學與近代經今古文問題之於當下文化

---

1 劉巍：《《劉向歆父子年譜》的學術背景與初始反響》，載《歷史研究》，2001(3)。
2 王汎森：《從經學向史學的過渡——廖平與蒙文通的例子》，載《歷史研究》，2005(5)。
3 張志強：《經、史、儒關係的重構與「批判儒學」之建立——以〈儒學五論〉為中心試論蒙文通「儒學」觀念的特質》，載《中國哲學史》，2009(1)。
4 陳壁生：《經學的瓦解》，上海；華東師範大學出版社，2014。

自覺與民族國家構建的意義得以進一步揭示與拓展，力圖經由近代今文學為重建政教、「重回王道」提供理論基礎，為國家體制的現代化尋求一個儒化面貌[1]。張廣生從漢宋今古之辨入手，梳理近世今文經學的經世觀念，嘗試在近代今古之變的歷史脈絡中，探尋現代中國政教轉型過程中現代國家建設的理論與現實困境，力圖在儒學系統與當下中國之間建立有機聯繫，為中國當代政治文明尋求新出路[2]。李長春透過廖平《知聖篇》，審視清末今文學者思考帝國形態向民族國家轉型過程中儒家的教化理想與政教體系如何重建等議題[3]。張翔從道統之爭到全球文化整合的視角，重新審視清代今文經學與「大同立教」思想在近代中國流變的複雜線索，揭示清代今文經學與中外思想碰撞與交織，「試圖從一個側面呈現中國文明自主性意識的確立過程，以及對將西方要素納入中國文明體系之內、同時重塑自身的方式和道路的探索」[4]。傅正受到劉小楓在中國傳統內部尋找現代性危機根源的啟發，梳理蜀學今文學與近代革命的關係，嘗試彌縫傳統與現代之間的裂痕[5]。

綜上可知，經今古文之爭作為近代學術思想轉型的樞紐，學界既往研究側重於從事實與方法層面，論述康有為公羊改制與清末政局、

---

1 干春松：《康有為與儒學的「新世」》，上海：華東師範大學出版社，2015；干春松：《重回王道：儒家與世界秩序》，上海：華東師範大學出版社，2012；唐文明：《敷教在寬：康有為孔教思想申論》，北京：中國人民大學出版社，2012。

2 張廣生：《返本開新：近世今文經與儒家政教》，北京：中國政法大學出版社，2016。

3 李長春：《經典與歷史——以《知聖篇》為中心對廖平經學的考察》，博士論文，中山大學，2009。

4 張翔：《儒學史敘述的分斷與孔子之義的比附式詮釋——清代今文經學發展脈絡新探》，載《中國哲學史》，2019（6）。

5 傅正：《古今之變——巴蜀今文學與近代革命》，上海：華東師範大學出版社，2018。

劉歆造偽問題與疑古思潮的關聯；近來則致力於從今文經學中開出文明轉承的新道路。兩種思路在學術本位與文化自覺、歷史意見與時代意見之間不無錯位且缺乏對話，關於近代今古文學的經義分殊及其流變的內在脈絡尚有較多探討空間。若要進一步把握經今古文學之於近代學術乃至當下文明走向的關係，應當突破以材料與方法為學，反思以意見為義理的研究立場，以源流互質的方式緊扣時代主題，洞悉學術源流，體會學人的本意，揭示學術思想與歷史語境之間的張力。

如何在德性之學與政教體系、社會秩序之間建構能動關聯，既是宋代以來中國歷史發展的主題，又是近代古今中西之爭背後的根源性問題。乾嘉學人意圖超越宋明先天預成的形上學，卻群趨考證學的知識實踐，進一步割裂義理學與經史學的關聯，各派學人基於各自學術立場，嘗試從中國固有學術傳統中開闢出應對三千年來未有之變局的有效方式，近代經今古文之爭由此興起。研究近代經今古文問題，必須本其學術脈絡，總體考量，體會學人的學術主旨，辨明相關著作的撰述緣起，「知人」與「論世」兩相結合。「論世」旨在接近學人行事思維語境，尋找「瞭解之同情」的有效途徑，但若不能「心知其意」，往往只能限於自己的眼界「橫看成嶺側成峰」。治學之道，甘苦自知，一如柳詒徵所言：

> 凡論一家之學術，莫難於其人未曾自曝其宗旨，非就其生平種種著述比較而歸納之，不易得其要領也。若其人生平已歷述其宗旨，則後之學者第須就其宗旨演繹而導揚之，不必更下己意，善學問之事，甘苦自知，他人之議論，斷不如自身之舉示之確也。[1]

---

[1] 柳詒徵：《顧氏學述》，《學衡》，第 5 期，1922。

若能將學人的夫子自道或著作要旨與當時學界迴響相結合，多方比較與綜合學人的著述緣起與旨趣分合，或能在學術源流與歷史語境中更真切地體會學人的學術理念。比較著述需要辨析著述緣起，盡量復原相關學人所發表、改訂各文的原貌，將學人的言行置於其所處歷史語境中，落實言說對象與本意，梳理演化過程，而非以後來的觀念格義與分科。以此為基礎，本書力圖在學術源流與歷史語境中，知人與論學相輔相成，分析各家著述要義與主旨分合，虛實相濟，考察各派學人之間的交往、論學，辨明近代學人處理經今古文學問題的分殊與糾葛，以此呈現傳統學術近代轉承的不同理路與複雜性。下列各章節充分吸收學界既有研究成果，詳人所略，略人所詳，在晚近學術、社會的發展大勢之中，歷時性考察相關學人個人境遇與學術思想的演化，闡釋學術流變的內在理路與時代的關聯。

一　《今古學考》與廖平學術旨趣的確立及其轉承

中國學術的南北派分，由來已久。自從廖平著《今古學考》，以禮制平分今古，欲作《十八經註疏》，「以成蜀學」，與江浙學術立異，成為晚清民國四川「好今文家言」者的群體追求。分析《今古學考》的撰述歷程與內在系統，揭示廖平學術起點，探討廖平學術一以貫之之道：重構道與六經的關係，順時構建經學系統，揭示六經之道，以期經世致用。《今古學考》以家法條例重建古代文獻的歷史層次，為聖人改制奠定基礎。晚清學術界對《今古學考》內在緊張的批評，促使廖平調整其學說，在此過程中廖平與康有為的學術碰撞，相得益彰，有效激發二人學術思想的深化。廖平致力於整合六經以期學術大同，晚年將六經放在孔經哲學的框架上重新解釋，維繫儒家義理的普適性。康有為提倡三統三世說與觀世知化的史學視野，無疑啟發其弟子梁啟超以新史學融貫經史，考察中國文明史的演化。

二 今古之爭：四川國學院時期的廖平與劉師培

民國初年成立的四川國學院，名師雲集，今古文大師廖平與劉師培角力於此，是近代學術史上少見的文化現象。劉師培主張學分南北，宋育仁弟子楊贊襄提出，學術之分在晚清以降，當以「東西」代「南北」，「東」是漢學大本營「吳越」，「西」是以今文學開出新考證學的「楚蜀」，就「理論」而言，吳越也要納入今文的範圍，「理論漸趨統一而事實隨之」。國學院院長吳之英希望劉師培與廖平抗衡，扭轉院內競相研習今文的風氣。廖平、劉師培二人在經史關係、天人性命之說、經今古文起源等重大問題上，「持各有故，言各成理」。抽繹出廖平與劉師培這段民初經今古文碰撞的學術線索，有助於勾勒經今古文學在民國初期的淵源流變。劉師培此後殫心三禮，以禮制為本，按家法條例研究經學，力圖挽救漢學「支離破碎、不識大體」的弊端，建構古文學新體系回應今文學，以期承前啟後、開儒學之新路。

三 政學糾葛：近代今文學系譜的演化與生成

經今古文問題是清學漢宋之爭的子題，後演化為清末民初政教、學術轉型的樞紐，海內外學者大多認同從常州學派至康有為公羊改制為主軸的近代今文學譜系。歷時性的梳理近代今文學系譜的演化與生成過程，不難發現，戊戌前後，經今古文的學派意識尚未形成。圍繞「康學」的爭議，集中於「素王改制說」所引發改革方式的分歧，並非《公羊》、《左傳》的經今古文之爭。清末古學復興，學界提出以國學取代經學，重新梳理中國學術史，在評述晚清今文學的過程中，近代經今文學與古文學的派分意識日漸清晰。民初整理國故運動興起，梁啟超將清代學術比作中國的「文藝復興」，大大渲染了公羊學

與康有為在近代今文學譜系中的地位。此後學界大體接受梁氏的觀點，晚近今文學的毀譽褒貶皆繫於此。廖平弟子蒙文通、李源澄質疑以康有為公羊學為中心的今文學系譜，認定晚清公羊學近乎偽今文學，以禮制為本，按家法條例治《穀梁》才是成熟今文學。以康有為公羊改制為中心的今文學運動引領晚清思想界革命，為傳統學術的外在轉向拓寬道路；廖平弟子對近代今文學系譜的重構，不僅豐富了晚近學術流變的脈絡，更揭示傳統學術內在深化的可行性路徑。

四　「述文化於史」：宋育仁與近代經史學之省思

清代學術，以復古為解放。新文化運動後，胡適、顧頡剛倡導的整理國故和古史辨運動繼承乾嘉漢學，在今文學的影響下，回歸原典，新文化派旨在以科學取代古代儒家經典的微言大義。老輩學人宋育仁、廖平組織國學會，以期扭轉經學史學化的流弊，挽回世風。宋育仁提出「述文化於史」，以經馭史，進而重塑孔學統系，貫通義理與制度，在共和語境下重構儒學人倫與政教體系，嘗試以孔門四科統攝現代學術分科，闡發孔學經義，守先待後。宋育仁濃厚的復古、尊孔意識或有可商榷之處，若以宋育仁與新文化派的學術分合為線索，回到歷史現場呈現近代學術流變的複雜理路，既可豐富理解中國歷史文化本意的路徑，又為當下反思以西律中的分科之學，謀求溝通中西、融匯新舊的新學術體系提供思想資源。

五　今古分合與民國學界的古史派分

近代古史研究，實導源於晚清經學。廖平與康有為的託古改制說本以解決經學糾紛，演變為古史之探索。整理國故運動興起，經今古文問題引發南北學界紛紛擾攘的古史論爭。近代今文學的疑古思潮為整理國故與古史辨運動變經學為古史學，以史代經提供思想資源。顧

顧頡剛汲取今文學的疑古思想與清代漢學的考據方法，期望改造經學為古史學，重建中國文化史；柳詒徵師徒認同古文經學，貫通經史，闡揚固有文化，振興民族精神；蒙文通堅守今文學立場，研究古史旨在建構儒學義理與歷史變遷的能動關係，為其以史證經、以經御史埋下伏筆。澄清民國各派學人古史研究的本意與分殊，進而反思近代學術的「新舊」派分，或許能為時下古史研究走出新史料的擴充與理論無法突破的局面提供思想資源。

六　今古分合與「國史」重建

在現代社會與學術語境中，調適儒學價值立場與客觀經驗，無疑是重建中華文明主體性的重要議題。民國學人將經古文學視為「經學中之史學」，今文學乃「經學中之哲學」。由古文轉史學，其道順；由今學入史學，其道逆。柳詒徵、蒙文通的學術立場有著鮮明的經今古文學色彩，均注重發掘與轉化傳統經史之學，以「國史」重建學統，整合義理價值、經史傳統與文明歷程。雙方圍繞中國歷史文化與經史關係等議題交涉頗多，對於如何梳理中國文化與古史，認定中國史學的功能以及義理與制度的抉擇，取徑有別。柳詒徵秉持儒家正統史觀，倡導史術通貫經術，確立國性與文明主體；蒙文通建構儒史相資能動系統，闡發義理化的經史之學，以經御史，落實與實踐以「明體達用」之儒學塑造中華文明主體性。

七　文史分合：章氏國學講習會與國難之際國學走向

章太炎晚年曾與金天翮、陳衍組織成立中國國學會，雙方後因人事糾葛與學術立場異趣分道揚鑣。金天翮提倡復興理學，讀史明變，文以載道，以詩文感世傳心史。中國國學會致力於國學研究的提高與普及，激發民族精神，適應學術平民化的潮流。章太炎認為文即是

道，國學應不尚空言，坐言起行，以語言文字與經史為宗。章氏國學講習會旨在為後進示以治學軌轍，守先待後，以民族文化與國族精神整合經史之學與經今古文之爭，確立華夏文明的實體性與主體性。章氏國學系統中求真與致用互為體用。求是與致用是落實文史學的兩條道路，無文史學之求真，即無文史學之致用，求真是致用的必要條件，致用是求真的自然歸宿。以章氏國學講習會的成立因緣為線索，考察國難時期學術風氣轉移和派分糾葛，可呈現近代學術多元走向。

八 「超今文學」與民國學術流變

一九三〇年前後，「今古」之見支配民國史學界，新一輪的「今古文論戰」成為各派學人實踐學術理念，開闢新學術之路的起點，「超今文學」逐漸成為學界共識。胡適提出「回到廖平」，重審廖平以禮制平分今古的合理性；章太炎提倡上溯先秦之學，考辨經史，糾正近百年今文學運動；錢穆、劉咸炘以史事澄清秦漢學術演化軌跡，解決近代今古文之爭，反對於經說中強求異同；錢玄同、顧頡剛進一步將今古文問題史學化，從「辨偽」與「析學」的層面明確主張「超今文」。蒙文通、李源澄發展經史分流觀，以「理想」與「陳跡」分別今古，闡發秦漢新儒學的「革命」精神，並以井田、辟雍、封禪、巡狩、明堂五種制度支撐今文學「革命」理想。

清季民初經今古文之爭是近代新舊遞嬗、經史易位的重要樞紐，「今古文辨義」成為民國學界分殊的源頭與縮影。近代新史學主張以史代經，視經學為史料，以此完成中國傳統學術的現代轉型。但經學中的「義理」是否全無意義？畢竟史學不僅須秉持科學與考據的方法，還有闡釋人文與義理的功能，若離此義理，「史學」不過「史考」、「史料」而已。通過考察晚清民國經今古文問題的多元走向與傳衍脈絡，綜合比較廖平、康有為、劉師培、章太炎、蒙文通、古史

辨等學人與學派的學術分合，可以揭示經今古文之爭促使民國學界開闢出多元經史轉承的道路。章黃學派以文字語言與歷史為主歸，以儒家修己治人之學為中心，重塑國學正統，探求民族文化的變遷。章太炎新古文經學的基本方向是經學史學化，側重從「致用」與「經制」視角闡釋史學，有助於催化現代科學史學的知識品格。廖平門生立足今文學義理，力圖在義理、經制、史事之間建構能動關聯，因事明制，儒史相資，整合漢宋、今古、經史之爭，從中或可開闢出「事義兼備」、「理事相即」與「今古融合」的學術系統[1]。發掘經今古文之爭與近代學術轉型的內在關聯，可進一步呈現近代學術流變的多元脈絡，揭示儒學義理與科學史學二者誠有珠聯璧合的可能。

近十年來復興傳統與重建中國文明主體性的呼聲蔚為風潮，考察中國學術近代轉承的多元路徑當是守成與開新的關鍵。理解與同情作為整體的中國歷史文化系統，以源流互質的方式探索近代學術的多元出路，貫通經史，虛實相濟，或能認知中國學術流變的實情，以國故整理科學，會通中西，為當下建構中國學術本位提供有效的思想資源與知識參考。

---

[1] 張志強：《經學何謂？經學何為？——當前經學研究的趨向與「經學重建」的難局》，見《2013中國哲學年鑑》，北京：中國社會科學出版社，2014。

第一章
《今古學考》與廖平學術旨趣的確立及其轉承

乾嘉學術以漢學為主流，劉師培認為古代並無漢學的說法，「漢學之名始於近代」，並以篤信好古作為「漢學」的範圍。然而，清代學者研究「漢學」，未必信守漢儒之說，「用漢儒之說，亦未必用以治漢儒所治之書。是則所謂漢學者，不過用漢儒之訓故以說經，及用漢儒注書之條以治群書」，遂以「漢學」命名清代學術[1]。至於經今古文之爭，章太炎指出清初學人研治經學，「尚無今古文之爭」。乾嘉學人分別今、古文，僅是發明漢代專家之學，「自今文家以今文排斥古文，遂有古文家以古文排斥今文來相對抗」[2]。一九五八年，錢穆將《劉向歆父子年譜》、《兩漢博士家法考》、《孔子與春秋》、《周官著作時代考》四文合編為《兩漢經學今古文平議》，在自序中稱：

> 此四文皆為兩漢經學之今、古文問題而發。其實此問題僅起於晚清道、咸以下，而百年來掩脅學術界，幾乎不主楊，則主墨，各持門戶，互爭是非，渺不得定論所在，而夷求之於兩漢

---

[1] 劉師培：《劉師培清儒得失論》，236頁，長春：吉林人民出版社，2013。
[2] 章太炎：《清代學術之系統》，見馬勇編：《章太炎講演集》，104頁，石家莊：河北人民出版社，2004。

經學之實況，則並無如此所云云也。

蓋清儒治學，始終未脫一門戶之見。其先則爭朱、王，其後則爭漢、宋。其於漢人，先則爭鄭玄、王肅，次復爭西漢、東漢，而今、古文之分疆，乃由此而起。其治今文經學者，其先則爭《左氏》與《公羊》，其次復爭《三家》與《毛》、《鄭》……晚清經師，有主今文者，亦有主古文者。主張今文經師之所說，既多不可信；而主張古文諸經師，其說亦同樣不可信，且更見其為疲軟而無力。此何故？蓋今文古文之分，本出晚清今文學者門戶之偏見，彼輩主張今文，遂為今文諸經建立門戶，而排斥古文諸經於此門戶之外。而主張古文諸經者，亦即以今文學家之門戶為門戶，而不過入主出奴之意見之相異而已。[1]

　　錢穆認為近代經今古文之爭源自晚清今文學的代表人物廖平、康有為的門戶之見，不能將後起的經今古文之爭等同於兩漢經學的歷史實情。不過，錢氏承認今文學推尋漢代家法，「抽繹墜緒，未為無功」。晚清今文學拉開近代學術由經入史的序幕，誠有篳路藍縷以啟山林之功，近代今文學可謂觀察晚清以來學術流變的有效切入點。

　　清代學術，卓然成一潮流，帶有時代運動色彩者，在前半期為考證學，後半期為今文學，今文學又從考證學衍生而來[2]。考證學源自江浙，嘉道之際，已有諸多督撫大員四處推廣。中國區域性的地緣文化自古較強，特定區域文化對當地士人和大眾的觀念、行為皆有直

1　錢穆：《自序》，見《兩漢經學今古文平議》，3～5 頁，北京：商務印書館，2001。
2　梁啟超：《清代學術概論》，見朱維錚校註：《梁啟超論清學史二種》，2 頁，上海：復旦大學出版社，1985。

接、間接的影響，在接受漢學時，各地形成了不同的支脈。

　　清季民初，復興蜀學成為川省學人的群體訴求。廖平以禮制平分今古，以期復興蜀學，重建經學系統。「好今文家言者」多主張晚近學術當以「東西」代「南北」，以今文學之「理論」整合古文學的「事實」[1]。

一　著述緣起：蜀學復興與專求大義

　　四川僻處西南，較少浸染清代漢學的風氣。咸同之前，錦江書院為四川僅有的省級書院，「大抵惟科舉是務，雖曰習經，涉獵而已，未有專業教者，即欲以古學倡，其如規模之未具何？」[2]同光之際，張之洞任四川學政，批評某些四川士人將理學、釋老、方技糅合在一起著書授徒，或請仙扶乩，指出「此大為人心風俗之害」，「乃俗語所謂魔道」[3]。一八七四年，工部侍郎薛煥回鄉丁憂，聯絡蜀地官紳上書吳棠、張之洞，請求創辦書院，「通經學古課蜀士」。張之洞主張「欲治川省之民，必先治川省之士」，創辦「尊經」書院，將川省士子們納入到儒家正統的軌道，培養通博致用之才，「紹先哲，起蜀學」。所謂「紹先哲」，乃紹繼經學傳統，復興兩漢之際，比於齊魯的蜀中儒學。所謂「起蜀學」，是培養通經、學古之士，使士風由荒經蔑古轉為尊經、學古通經。張之洞在《四川省城尊經書院記》中明

1　近代蜀學的興起，可參見張凱：《清季民初「蜀學」之流變》，載《近代史研究》，2012（5）。劉復生、王東傑等著：《近代蜀學的興起與演變》，成都：四川大學出版社，2017。

2　伍肇齡：《尊經書院課藝二集序》，見趙所生、薛正興主編：《中國歷代書院志》第16冊，443頁，南京：江蘇教育出版社，1995。

3　張之洞：《輶軒語》，見苑書義、孫華峰、李秉新主編：《張之洞全集》第12冊，9777頁，石家莊：河北人民出版社，1998。

確要求「經史、小學、輿地、推步、算術、經濟、詩古文辭,皆學也」,「凡學之根柢必在經史。讀群書之根柢在通經,讀史之根柢亦在通經」[1]。

晚清學界擾攘於漢宋之爭,張之洞雖在《輶軒語》中提倡漢宋兼修,勸人治學不要妄立門戶,但《書目答問》一書教人治學從阮元刊刻的《學海堂經解》以及《段注說文》入手,以此為治學的門徑:「由小學入經學者,其經學可信;由經學入史學者,其史學可信;由經學、史學入理學者,其理學可信;以經學、史學兼詞章者,其詞章有用;以經學、史學兼經濟者,其經濟成就遠大。」[2]張之洞對尊經書院的期望與設計,即模仿詁經精舍和學海堂,立志漢學。張之洞離任時,致信繼任者譚宗浚,「身雖去蜀,獨一尊經書院,惓惓不忘」,此時「但講根柢者,實難其人」,廖平「天資最高,文筆雄奇拔俗,於經學、小學極能研索,一說即解,實為僅見,他日必有成就」。張之洞期望「他年院內生徒各讀數百卷書,蜀中通經學古者能得數百人,執事之賜也」[3]。譚宗浚為學,優於辭章,與張之洞提倡「學古」有所出入。譚宗浚指責「近來弟子稍讀經史,輒薄八股為不足道」之舉為「大繆」,提出「八股之析理論事盡有精處,斷非心浮氣浮者所能工」[4]。尊經書院有不少弟子認同譚宗浚的主張,宋育仁追憶,「蜀學初開,高才生惟知競詞章耳。時詆經解為鈔胥,並未嘗問途也」[5]。此時,張之洞著力培育尊經書院的學古風氣,尊經書院

---

[1] 張之洞:《創建尊經書院記》,見苑書義、孫華峰、李秉新主編:《張之洞全集》第12冊,10074~10075頁。

[2] 張之洞:《書目答問》,見苑書義、孫華峰、李秉新主編:《張之洞全集》第12冊,9976頁。

[3] 張之洞:《致譚叔裕》,見苑書義、孫華峰、李秉新主編:《張之洞全集》第12冊,10129~10133頁。

[4] 譚宗浚:《止庵筆語》,南海譚祖任刻本,1922。

[5] 宋育仁:《續文史校讎匡謬正俗》,載《國學月刊》,第15期,1923。

的主講並未更換。張氏一面讓薛煥等人將譚宗浚所出觀風題寄呈，一面命二錢翻刊《書目答問》與《軒語》[1]。一八七八年冬，譚宗浚彙集尊經學子三年以來課藝及下車觀風超等卷，刊為《蜀秀集》八卷，即被人認為「所刊皆二錢之教，識者稱為江浙派」[2]，《蜀秀集》秉承張之洞主漢學的思路，以「實事求是，博稽制度」為綱，「課之以研經，引之以讀史，旁兼諸子，下逮百家」[3]。尊經弟子張祥齡也認為「同治甲戌，南皮張先生督學，提倡阮、紀兩文達之學」，「以《說文》及《提要》為之梯階」，「川省僻處西南，國朝以來不知所謂漢學，於是穎異之士，如飢渴之得美膳，數月文風丕變，遂沛然若決江河」[4]。

張之洞創尊經書院的本意是以蜀學為江浙漢學的支脈，丁寶楨後來聘請王闓運為尊經書院山長，經王闓運一番教化，與江浙派立異，卻成為晚清乃至民國「蜀學」的主題。王闓運認為：「治經以識字為貴，非識《說文解字》之文字為貴」[5]，「六經之文，字無虛下，解經不詞，先師蚩之。經文非獨無剩字，亦無煉字」，「今願與諸子先通文理，乃後說經，文通而經通，章句之學精，然後可言訓詁義理，而先師之所祕密自負者，必恍然於昔者之未通章句也」[6]。

---

1 錢寶宣：《與繆荃孫書》，見顧廷龍校閱：《藝風堂友朋書札》，721頁，上海：上海古籍出版社，1980。
2 廖幼平編：《廖季平年譜》，19頁，成都：巴蜀書社，1985。
3 譚宗浚：《蜀秀集》〈序〉，見《蜀秀集》，成都試院，1880。
4 張祥齡：《翰林院庶吉士陳光明君墓誌銘》，見《張祥齡集》，217～219頁，成都：巴蜀書社，2018。
5 王闓運：《釋賁》，《尊經書院初集》第一卷，見趙所生、薛正興主編；《中國歷代書院志》第16冊，17頁。
6 王闓運：《釋蒙》，《尊經書院初集》第一卷，見趙所生、薛正興主編：《中國歷代書院志》第16冊，12頁。

丁寶楨稱「斯言誠後世說經者不易之準繩」[1]。王闓運在尊經書院講經學以《儀禮》、《春秋》為主。一八八○年，王闓運作《春秋例表》，指導廖平研究《春秋》。皮錫瑞曾閱覽四川尊經書院課藝，「知川學宗旨，大抵出於王壬秋先生」，「《春秋》兼用《公羊》、《穀梁》新義，間出前人之外；《禮經》尤精，說《易》說《詩》，皆以禮證之，故其說雖新而有據，異於宋明諸人。」[2]此後，尊經學子業有專攻，對王氏之教各有取捨，廖平及其弟子甚至對王氏經學不以為然，但不可否認王闓運以《儀禮》、《春秋》教導蜀士，啟發蜀學形成不同於江浙學派的學術風格。費行簡認為：「院生日有記，月有課，暇則習禮，若鄉飲、投壺之類，三年而彬彬進乎禮樂。其後廖平治《公羊》、《穀梁春秋》、《小戴記》，戴光治《書》，胡從簡治《禮》，劉子雄、岳森通諸經，皆有家法，未嘗封於阮氏《經解》，視詁經、南菁、學海之徒曰經解者，蓋不可同日語。蜀學成，還主長沙校經書院。」[3]錢基博稱道尊經弟子「能不為阮元《經解》所囿，號曰『蜀學』，則闓運之以也」[4]。費行簡、錢基博強調「蜀學成」正有將「江浙派」與「蜀學」截然為二的意味。繆荃蓀對此不以為然，稱錢保塘「在蜀三十五年」，「傳經弟子，不乏英儁，至今稱頌不置，使蜀士常奉君為依歸，何至邪說暴行流毒於天下耶」[5]。費、錢二人所言「蜀學」，繆氏所言「邪說暴行」，一褒一貶，其中關鍵就是廖平。

---

1 丁寶楨：《尊經書院初集》〈序〉，見《中國歷代書院志》第16冊，1頁。
2 皮名振：《清皮鹿門先生錫瑞年譜》，26～27頁，臺北：臺灣商務印書館，1978。
3 沃丘仲子：《近代名人小傳》，22頁，臺北：文海出版社，1967。
4 錢基博：《近百年湖南學風》，63頁，北京：中國人民大學出版社，2004。
5 繆荃蓀：《清風室詩文鈔序》，見錢保塘撰：《清風室文鈔》，海寧錢氏清風室，1913。

廖平早年篤好宋學，治經亦有小學基礎。據向楚《廖平》所記，「時南皮張之洞督學四川，以紀（昀）、阮（元）之學為號召，見平文大喜，以高材生調入尊經書院，蓋平以『狾犬』義釋《論語》『狂狷』之文。蜀士舊無知許氏《說文》者，獨平偶得之於敗簏中而好之，故為之洞所嗟異」[1]。廖平入尊經書院，便從篤好宋學轉而博覽考據，「予幼篤好宋五子書、唐宋八家文。丙子（1876年），從事訓詁文字之學，用功甚勤，博覽考據諸書。冬間，偶讀唐宋人文，不覺嫌其空滑無實，不如訓詁書字字有意。蓋聰明心思，於此一變矣」[2]。廖平轉向博覽考據，於《說文》一書用功最多，「予丙子為《說文》之學者數月，後遂氾濫無專攻，辛巳冬作《轉注假借考》，頗與時論不同。丙戌春間，乃知形事之分」[3]。在一八七八年刊刻的《蜀秀集》中收錄廖平的作品有《爾雅舍人注考》、《六書說》、《滎波既豬解》等數篇，在尊經書院眾多弟子中收錄作品最多。王闓運講學，提倡今文家說，主通大義，在某種程度上促成廖平早年學術的重大變化：「庚辰以後，厭棄破碎，專事求大義，以視考據諸書，則又以為糟粕而無精華，枝葉而非根本，取《莊子》、《管》、《列》、《墨》讀之，則乃喜其義實，是心思聰明至此又一變矣。」[4]廖平是否專求大義，學界有所爭議[5]。不過，王闓運就觀察到張祥齡、廖平、戴光等尊經弟子學術傾向的游移，「方寸待難測」，

---

[1] 向楚：《廖平》，載《文學集刊》，第2期，1946。

[2] 廖平、吳之英：《經學初程》，見舒大剛、楊世文主編；《廖平全集》（1），467頁，上海：上海古籍出版社，2015。

[3] 廖平：《六書舊義自識》，見舒大剛、楊世文主編：《廖平全集》（10），225頁。

[4] 廖平、吳之英：《經學初程》，見舒大剛、楊世文主編：《廖平全集》（1），467頁。

[5] 相關討論，可參見吳仰湘：《論廖平1880年並未轉向今文經學——「庚辰以後，厭棄破碎，專事求大義」辨析》，《湖南大學學報》（社會科學版），2009（3）。黃開國：《公羊學發展史》，602～603頁，北京：人民出版社，2013。

「彼互相非，吾無以定」[1]。

王闓運注重《公羊》，廖平側重通過《穀梁》尋求《春秋》大義。蒙文通指出廖平與王闓運的學術區別在於：「湘綺言《春秋》以《公羊》，而先生治《穀梁》，專謹與湘綺稍異。其能自闢蹊徑，不入於常州之流者，殆亦在是」，「依傳之例以決範、何、鄭氏之違失，而杜後來無窮之辯，植基堅厚。旋復移之以治《公羊》、《左氏》，皆迎刃自解。」[2] 自一八八一至一八八五年間，廖平集中研討《穀梁》。一八八五年八月，廖平編訂《穀梁春秋內外編》，所作《穀梁》著述共計達三十七種五十卷之多，探討《穀梁》禮制成為廖平專攻大義，進而貫通六經的關鍵。廖平自稱「積疑三四年，經七八轉變」，乃打通《王制》與《穀梁》：

> 辛巳秋，檢《曲禮》「天子不言出」、「諸侯不生名」數節，文與《春秋傳》同，又非禮制，因《郊特牲》、《樂記》一篇有數篇、數十篇之說，疑此數節為先師《春秋》說，錯簡入《曲禮》者也。癸未在都，因《傳》有二伯之言，《白虎通》說五伯首說主兼三代，《穀梁》以同為尊周外楚，定《穀梁》為二伯，《公羊》為五伯。當時不勝歡慶，以為此千古未發之覆也。又嘗疑曹以下，何以皆山東國稱伯、稱子，又與鄭、秦、吳、楚同制？爵五等，乃許男在曹伯之上？考之書，書無此疑；詢之人，人不能答。日夜焦思，刻無停慮，蓋不啻數十說。而皆不能通，唯闕疑而已。甲申，考大夫制，檢《王制》，見其大國、次國、小國之說，主此立論，猶未之奇也。

---

[1] 王闓運著，馬積高主編：《湘綺樓日記》，光緒六年十一月二十一日，968 頁，長沙：岳麓書社，1997。

[2] 蒙文通：《廖季平先生傳》，見《經史抉原》，139頁，成都：巴蜀書社，1995。

及考其二伯、方伯之制,然後悟《穀梁》二伯乃舊制如此,假之於齊晉耳。考其寰內諸侯稱伯乃三監之說,然後悟鄭、秦稱伯,單伯、祭仲、女叔之為天子大夫,則愈奇之矣。猶未敢以為《春秋》說也。及錄《穀梁》舊稿,悉用其說,苟或未安,沉思即得,然後以此為素王改制之書,《春秋》之別傳也。乙酉春,將《王制》分經傳寫鈔,欲作《義證》,時不過引《穀梁傳》文以相應證耳。偶抄《〈異義〉今古學異同表》,初以為十四博士必相參雜,乃古與古同,今與今同,雖小有不合,非其巨綱,然後恍然悟博士同為一家,古學又別為一家也。遍考諸書,歷歷不爽,始定今古異同之論。久之,悟孔子作《春秋》、定《王制》為晚年說,弟子多主此義,推以遍說群經。漢初博士皆弟子之支派,故同主《王制》立說。乃定《王制》為今學之祖,立表說以明之。[1]

廖平在此將其如何通過比較《王制》、《穀梁》,解除心中困惑,提出以禮制平分今古的心路歷程和盤托出。就清代學術的內在脈絡而言,陳壽祺父子早已「漸別今古,由粗及精」,清理經今古文所載禮制的異同。龔自珍從「治法」角度講「三世」,扭轉了早期常州學人從「書法」角度講「三世」的傾向,這些可謂廖平、康有為以「三世」論制度的先聲[2]。廖平以禮制言家法條例,正是從經典中禮制記載的異同入手,思索其中因緣,「綜其終始」。一八八一年,廖

---

[1] 廖平:《今古學考》,見李耀仙主編:《廖平選集》(上),92頁,成都:巴蜀書社,1998。

[2] 汪暉:《現代中國思想的興起》(上)第2部《帝國與國家》,北京:生活·讀書·新知三聯書店,2015。李長春:《清儒的「三世」說與廖平的「制度」論》,載《中山大學學報》(社會科學版),2016(5)。

平研究《穀梁》學之初，通過考察禮制，注意到《曲禮》與《穀梁》存在「錯簡」的問題。一八八三年，廖平第二次上京應試之時，對照《穀梁》、《公羊》中「二伯」、「五伯」的分歧，發現《穀梁》與《公羊》中有兩套禮制系統。一八八四年，廖平考察《王制》中二伯、方伯之制與《穀梁》的二伯說相符合，認定《王制》為《春秋》大傳，註解《穀梁》當「以《王制》為主，參以西漢先師舊說，從班氏為斷」[1]。一八八五年，廖平考訂舊本《王制》經傳與注文，寫成《王制定本》，擬作《王制義證》，引述《穀梁傳》相互印證。同年，廖平撰寫《重訂穀梁春秋經傳古義疏凡例》與《穀梁大義》，以素王為主，「改制、三世、親魯、故宋、黜杞、尊周、二伯、八方伯、六卒正、外夷狄、進退諸侯皆從之」；從「奉天、正道、貴民、重信、親親、尊尊、賢賢、賤利、貴讓、仁義、五倫、權謀、終始、有無、謹始、復仇、明時、法古」等角度發明《春秋》制義之事[2]。在編纂《古今學考》中「今古學異同表」時，確信「今古異同之論」。范大榮視廖平此舉為「大鬧天宮」，「自東漢以來，其說久佚，今為之一返其舊，覺雲垂海立，石破天驚，足以駭人聽聞」[3]。廖平貫通《王制》與《穀梁》，證明孔子改制之義，《王制》是孔子改制的產物，解釋《春秋》應當以《穀梁》為基準[4]。以此為基礎，一八八六年，廖平刊刻《今古學考》，書中以禮制平分今古的理念與方法成為近代學人判分經今古文的重要依據。

---

[1] 廖平：《重訂穀梁春秋經傳古義凡例》，見舒大剛、楊世文主編：《廖平全集》（6），18～23頁。

[2] 廖平：《重訂穀梁春秋經學外篇敘目》，見舒大剛、楊世文主編：《廖平全集》（6），712～715頁。

[3] 李伏伽：《六譯先生年譜補遺》，見舒大剛、楊世文主編：《廖平全集》（15），683～684頁。

[4] 郜積意：《漢代今、古學的禮制之分——以廖平《今古學考》為討論中心》，39頁。

《今古學考》上卷二十表，排比今古文經傳異同，以禮制構建經今文學與經古文學兩大系統；下卷原計劃對應上卷表格分析解釋，然因廖平急切將此重大發現公諸於世，「倉促未能撰述」，遂從《經話》中「取其論今古學者，以為此卷」。廖平自認《今古學考》在內容與結構上仍未臻完善，其中諸多未定之說，有待後續再行補正[1]。周予同認為廖平《四益館經學叢書》十數種中，「以《今古學考》一書為最有系統」[2]。胡適曾指出《今古學考》是中國今古少有的「精心結構而有系統的著作」[3]。何謂系統？胡適注重考察書中的學說是否能聯絡貫串，「凡能著書立說成一家言的人，他的思想學說，總有一個系統可尋，決不致有大相矛盾衝突之處」[4]。《今古學考》之所以被民國學界譽為有系統的著作，正在於其看似鬆散的著作形式背後，蘊含廖平整合六經系統以資經世致用的學術抱負[5]。

二　通經致用：別戶分門與息爭調和

　　乾嘉學術以音韻、訓詁為主流，視其為下學上達的門徑，其流弊

1　廖平：《今古學考》，見李耀仙主編：《廖平選集》（上），67頁。
2　周予同：《經今古文學》，見朱維錚編校：《經學通論》，73頁，上海：上海人民出版社，2012。
3　曹伯言整理：《胡適日記》（1919～1922），《胡適全集》（29），597～598頁，合肥：安徽教育出版社，2003。
4　胡適：《中國哲學史大綱》（外一種），21頁，石家莊：河北教育出版社，2001。
5　關於廖平《今古學考》旨趣的既有研究，可參考向珂：《廖平與「通經致用」》，載《現代哲學》，2013（4）。皮迷迷：《被「建構」的今、古文經學及其意義——另一種看待廖平今、古學之辨的視角》，見《哲學門》第34輯，163～178頁，北京：北京大學出版社，2016。

在於「學者但致力於聲音訓詁，自以為絕學，而不知更有其他」[1]。廖平認為相較宋明理學，清代漢學「門戶一新」，但是未嘗考察微言大義，「迂曲不適用，究其所得，一知半解，無濟實用」，「如段氏《說文》、王氏《經傳釋詞》、《經義述聞》，即使全通其說，不過資談柄、繡鞶帨，與帖括之墨調濫套，實為魯衛之政，語之政事經濟，仍屬茫昧」。阮刻《學海堂經解》「多嘉道以前之書，篇目雖重，精華甚少」，「上半無經學，皆不急之考訂」，「下半亦非經學，皆《經籍纂詁》之子孫」[2]。嘉道以來，號稱博通，然其撰述「多近古董，喜新好僻，凌割《六經》，寸度銖量，自矜淵博，其實門內之觀，固猶未啟」。換言之，清初經學近乎空疏，乾嘉學術近於古董，道咸新學流於鈔胥，未窺經學堂奧，無法應對時局[3]。相較於康有為託古改制學說所寄託的政治抱負，學術界普遍以經生之見定位廖平學術。實際上，廖平深切體會到儒家義理、制度與現實政治的張力，希望創造性解釋儒家義理與制度，回應時局與各界質疑。

廖平屢次出川，接觸南北學界，成為其學術自信的催化劑：「居蜀時，未敢自信其說，出遊後，會俞蔭甫、王霞舉諸公，以所懷疑質之，皆莫能解，膽乃益大。於湘潭之學，不肯依傍。」[4]廖平認為南學竅要在博覽，「難於默識，臨事更亂於辨說，以其博而不精，故非初學所宜」；北學簡要，綱目在心，「學者學之，固易於入手，用之

---

1 俞樾：《致于邨》，見汪少華整理：《俞樾書信集》，820 頁，上海：上海人民出版社，2020。
2 廖平：《知聖篇》，見李耀仙主編：《廖平選集》（上），208 頁。
3 廖平：《經話甲篇》，見李耀仙主編：《廖平選集》（上），401 頁。
4 吳虞：《愛智廬隨筆》，見趙清、鄭城編：《吳虞集》，93 頁，成都：四川人民出版社，1985。關於廖平 1883 年出川的經歷，可參考李曉宇：《尊經·疑古·趨新：四川省城尊經書院及其學術嬗變研究》，138～143 頁，博士論文，四川大學，2009。

尤端委了然，以其精而不博，最便初學」。北學易簡，中材以下三年功夫便有規矩，有助身心但缺乏應對時弊之策；南學繁雜，上智者非三十年不能成家[1]。廖平以南學、北學指代漢學與宋學，二者在考據與性理方面各有優長，但無法真正做到通經致用。作為儒林的標準，通經致用並非是「將經中所言施於政事」。古今時勢不同，歷代經生若拘泥於經說，「不流於迂疏，則入於庸懦」。歷來建立功業者皆閱歷深廣，面對盤根錯節的時勢，方能「決斷裕如」。儒生往往難以得到歷練機會，那怎麼辦呢？廖平遂將經學與天下、國家政事相類比，從治經中體會經世之法：

> （六經之中）義例文句，精粗微顯，參雜紛煩，萬有不齊，與國家政事同也。其巨疑大難，百思不通，則國家之盤根錯節，以一人之心思窮幽極渺，攬目振綱，積以年月，參以師友，然後雜亂有序，變幻歸則，始終相貫，彼此不淆。從開宗以至絕筆，無一字一句不血脈貫通。以此治經之法治天下，然後大小並包，難易合律，舉王公以至匹夫匹婦，從大政以至一草一木，莫不得其性情，措施無弊。此乃通經致用之法也。[2]

通經致用包含經學義法與治經之法兩個層次，一是揭示義理與制度的體用關係，重整經學系統以資時下取法，一是將經學比擬為國家政事，治經可涵養治國者的性情與能力，以治經之法歷練治國之術。此時，中法戰爭失敗，朝野上下為之震動。六經皆因時救弊而作，「今之言治，莫不欲改弦更張」，時下第一要義便是扭轉以考據為學

---

[1] 廖幼平編：《廖季平年譜》，29頁。
[2] 廖平：《經話甲篇》，見李耀仙主編：《廖平選集》（上），402頁。

的風氣，激發經學的活力。廖平曾指出研究經學第一戒為「不得本原，務循支離」，六經為大綱根本，支流餘裔因緣而生，經學立說必須確立主腦，探驪得珠，此後解經遂可迎刃而解[1]。儒家倫常義理，百世可知，「《六經》同出一源，其宗旨、大義、禮制，皆相同；而其體制、文字，則諸經各自不同。西人《人體新論》，謂人之骨節，因地而異，竊謂經之體例，意亦如此。經猶人也，此經之骨節與他經不同」[2]。六經蘊含共同的倫理原則，孔子因革損益，唯在制度，今古分別意味著落實禮制原則的方式不同。《今古學考》以義理統合今古，分析今古禮制異同，支撐經義。「今之為說，無往非因，亦無往非創；舉漢至今家法融會而貫通之，以求得其主宰。舉今古存佚群經，博覽而會通，務還其門面，並行而不害，一視而同仁。彼群經今古之亂，不盡由康成一人。今欲探抉懸解，直接卜、左，則舉凡經學矇混之處。皆欲積精累力以通之，此作《今古考》之意也。」[3]經今古文之分全在制度，不在義理，以義理而言今、古相通。

何謂制度？朱熹將三禮分作二類，《周禮》為一類，即「禮之綱領」；《儀禮》與《禮記》為一類，即「儀法度數」[4]。廖平認為禮儀與制度有別，「禮為司徒所掌，如今之儀注，即《儀禮》是也；制度則經營天下，裁成萬類，無所不包，如《王制》是也。」禮儀是政教活動、日常生活中的行為方式與規範，制度在國家政治與社會規則的綱領與樞紐，欲達到通經致用的功效，「急宜從制度一門用功」。若斤斤計較於儀節的細節，「不惟不能法通，人亦多至過腐」。劉向撰《別錄》，「制度為專門，與禮儀別出」。《儀禮經傳通解》、

---

[1] 廖平：《經話甲篇》，見李耀仙主編：《廖平選集》（上），399 頁。

[2] 廖平：《經話甲篇》，見李耀仙主編：《廖平選集》（上），410 頁。

[3] 廖平：《今古學考》，見李耀仙主編：《廖平選集》（上），76 頁。

[4] 黎靖德編、王星賢點校：《朱子語類》，2225 頁，北京：中華書局，1986。

《禮經綱目》、秦氏《通考》則職官志也；其言等著作皆以禮包含制度，本末顛倒，喪失六經本義[1]。既然制度與禮儀功能有別，那麼說經與議禮的方法注定不同，「議禮可以斟酌古今，擇善而從；說經則當墨守家法，雖有可疑，不能改易，更據別家為說。今注古學，乃欲兼有今學之長，採今易古」[2]。孔子託古改制，「六藝即其典章制度，與今六部則例相同」[3]。孫寶瑄受此啟發，認定「讀史之要，必精求其制度」，讚許廖平「說經者亦必精求制度」之說，「蓋制度者，經史之樞紐，聖賢精理奧義之所由見，而世界盛衰治亂所從出也」[4]。

六經以明制度為大例，「《春秋》以謹禍亂、辨存亡。所有安危禍福，舊說多闕，今悉採備，以明得失成敗之數」[5]。廖平將《王制》升格為制度統宗，意在使經學重歸致用之途。俞樾基於何休《公羊》禮，提出《王制》為孔子遺書，七十子後學者所記。「王」是指素王。孔子不得位，托魯史而成《春秋》，立素王之法，垂示後世。俞樾認為《公羊》傳承《春秋》的微言大義，何休能發明《公羊》大義。《公羊》師說與《王制》所載，往往符合，「後儒見其與周制不合而疑之，不知此固素王之法也」[6]。廖平贊同俞樾所言《王制》為孔子素王改制之書，應當以「《王制》統六經」，闡發素王改制的大義微言與制度創設。不過，《春秋》為萬世之經，《公羊》以救文從

---

[1] 廖平：《知聖篇》，見李耀仙主編：《廖平選集》（上），194頁。
[2] 廖平：《王制集說凡例》，見舒大剛、楊世文主編：《廖平全集》（5），133-138頁。
[3] 廖平：《知聖篇》，見李耀仙主編：《廖平選集》（上），175頁。
[4] 中華書局編輯部：《孫寶瑄日記》，269頁，北京：中華書局，2015。
[5] 廖平：《群經凡例・公羊春秋補證凡例》，見舒大剛、楊世文主編：《廖平全集》（2），525頁。
[6] 俞樾：《達齋叢說・王制說》，見《春在堂全書》第3冊，41～42頁，南京：鳳凰出版社，2010。

質，誤認《春秋》為一時之書，與經義不合。《春秋》新義以損益禮制落實名教綱常，制度以三統通其變，禮義百世不變，六經傳記中的禮制、義理以此為本，「《春秋》之作，上考三王，下俟百世。今立古、今二例，上徵六經，下統諸史，政治、典禮悉考其沿流焉」[1]。經今、古文學包含兩套不同的政治制度，分別以《王制》、《周禮》為核心。廖平認為「漢人今古之說，出於明文者少，出於推例者多」，綜合經傳原文與經師推例，論證漢代的禮制系統，從建國、職官、爵祿、選舉、巡狩、親迎、禘祫、明堂、宗廟、稅制、祭時等方面考察今古異同，完成《今學損益古學禮制表》、《今學因仍古學禮製表》等表，並一再申明《王制》中禮制記載無一條不與《穀梁》相同。比照史志的體例，《王制》體國經野，宏綱巨領，堪稱一王大法：「其言爵祿，則職官志也；其言封建九州，則地理志也；其言命官、興學，則選舉志也；其言巡守、吉凶、軍賓，則禮樂志也；其言國用，則食貨志也；其言司馬所掌，則兵志也；其言司寇，則刑法志也；其言四夷，則外夷諸傳也。」[2]

廖平在以禮制判今古之後，進而思考如何解釋這兩派禮制的形成。廖平指出講經「皆當力求秦漢以前之說。故五經今古先師之說，多與以前同。今當以秦以前者為正義，漢以後者為晚說」[3]。孔子初年問禮，因尊王命、畏大人而有「從周」之言。然而，周代禮制到了春秋時代，積弊最多。孔子晚年擔憂王道不行，以繼周而改制，不得不親自改訂，以挽弊補偏，寓其事於《王制》，寓其義於《春秋》，「當時名流莫不同此議論，所謂因革繼周之事」。晚年傳經弟子學習

---

[1] 廖平：《群經凡例·穀梁春秋經傳古義凡例》，見舒大剛、楊世文主編：《廖平全集》（2），527-530頁。

[2] 廖平：《今古學考》，見李耀仙主編：《廖平選集》（上），94、106頁。

[3] 廖平：《今古學考》，見李耀仙主編：《廖平選集》（上），80頁。

孔子手訂之文,「專學此派,同祖《王制》」。孔子一人之言,前後不同,「從周為孔子少壯之學,因革為孔子晚年之意」。古文經學源自孔子早年從周所教,今文經學源於孔子晚年因革所傳。魯為孔子之鄉,弟子多傳孔子晚年定論,篤信遵守。起初以此解《春秋》,後遍說群經。燕趙弟子多在孔子未修《春秋》以前,聽聞孔子從周之言,懷疑魯弟子造偽而依託孔子,「篤守前說,與魯學相難」,「不信今學而攻駁之,乃有《周禮》、《左傳》、《毛詩》之作。自為朋黨,樹立異幟,以求合於孔子初年之說」。其實,今學對於經典改易者少,不改者多。「今所不改,自當從古。凡解經,苟今學所不足,以古學補之可也。」齊人遊離於二學之間,「為鄉土聞見所囿,不能不雜採」。魯為今學正宗,燕、趙為古學正宗,「其支流分派雖小有不同,然大旨一也」。經今文學內部可以地域劃分派別,「今學由鄉土分異派」,故有魯派、齊派、韓派之別。古文分派皆「緣經立說」,分為《周禮》派、《國語》派、《左傳》派、《孝經》派。先秦經學存在多元系統,廖平將爭訟不決的漢代今、古之分,齊、魯與燕、趙學問之別以及今古文兩套禮制系統等問題,都歸結於孔子學說的演變,經學系統內部的差異源於孔子授徒的時間與弟子地域之別。正如蒙文通所言:「廖師由禮以明兩漢,人知之,因於禮則由《春秋》以明晚周而破兩漢,人未之知。」[1]

孔子以《王制》為後世立法,秦漢制度與《王制》不同,遂以《王制》為無用之書。秦漢以後,經今古文兩套系統混淆,導致孔子改制大義的隱沒。西漢今文學興盛,哀平之間,今學盛極而衰,古學方興未艾。劉歆推崇《左傳》,「據以為今學之敵,昌言求立」。東漢時期,古學興盛而今文衰微。鄭玄註解《禮記》,將禮制的歧義歸

---

[1] 蒙文通:《井研廖師與漢代今古文學》,見《經史抉原》,135頁。

結於殷、周異制，原本暗合經今古文派分，但是兩漢經師無法知曉「《王制》為今學之祖」，鄭玄因此未能區分今古學派。許慎以《公羊》「朝聘」為虞夏制，鄭玄以《王制》為殷禮，僅知道虞夏、殷商禮制與《周禮》不合，不知《王制》為孔子手訂之書，是改周救文的大法，「非一代所專，即今學之本也」。鄭玄之前學人多有今古之分的意識，今、古學的混亂，「始於鄭君，而成於王子雍」。鄭玄既主今、古混合，王子雍欲與鄭玄爭勝，「殊乃尤而效之，更且加厲」，「鄭君之說，猶各自為書；至於王氏，則並其堤防而全潰之」[1]。

經今古文是孔子早年、晚年的兩套學說體系，後世「以古亂今，不分家法」，如今要通經致用，應當撥開迷霧，歸宗於孔子，「於數千年後得其根源，繼絕扶微，存真去偽，雖清劃繁難，固有不能辭者矣。」廖平通過辨析源流、推闡經例，歸納出今古兩套禮制系統，撰寫《今古學考》，「意在別戶分門，息爭調合」[2]。《今古學考》以禮制平分今古，確立《王制》、《穀梁》為經世之道和孔學正宗，會通《王制》與《穀梁》闡發六經大義，「其意全在救弊」，非僅誅已往，更在正將來。孔子為救弊振衰，若僅以《王制》徒託空言，難以深切著明，遂假借春秋時事以推演《王制》之制度，「《王制》所言皆素王新制，改周從質，見於《春秋》者也。凡所不改，一概從周」。歷代的選舉、郡縣、治化之道皆本於《王制》，襲用《王制》之義創設的制度，多有裨益，「倍於《王制》者多為害」，後世往往習焉不察。廖平計劃編纂《王制遺政考》，歸納歷代安危要政，先考《通典》，再為推廣，提綱挈領，與《王制》相比較，以《王制》評判今古，「以掃一切支離破碎無用之說、不急之辨。以《王制》為

---

[1] 廖平：《今古學考》，見李耀仙主編：《廖平選集》（上），69～72頁。
[2] 廖平：《四譯館雜著・與宋芸子論學書》，見舒大剛、楊世文主編：《廖平全集》（11），659頁。

經，以《典》、《考》諸書為之傳書」[1]。此後，廖平又計劃約集尊經書院同人，撰《王制義證》。以《王制》為經，今《易》、《尚書》、《春秋》、《公》、《穀》、魯齊韓《詩》、《孝經》、《論語》皆統於《王制》，「務使詳備，足以統師今學諸經」，「附錄古學之異者，以備參考」。以後學者但凡註解今學群經禮制，以《王制義證》一書為門徑即可，「起視學官註疏，不惟味同嚼蠟，而且膠葛支離，自生荊棘」。《王制義證》完成之後，再作《周禮義》以統古學。[2]

治經先識字為乾嘉以後學界共識，廖平提倡治經必從《王制》入手，「意在經世制用」[3]。《今古學考》成書過程中，廖平頗為關注晚清政局變化。王闓運曾向廖平詢問易佩紳、張之洞二人志趣，廖平稱二人不太相合。中法戰爭之時，岳森與廖平感悟時局，賦詩曰：「五經同異分今古，十載知交見性情。聞道越南烽火急，引杯看劍氣縱橫。」[4]有學人曾總結漢代經今古學政治理念的異同，今文經學為新派，古文經學為舊派，前者維新，是王權專制政治的反映；後者守舊，是宗法政治的反映。在制度設計層面，西漢今文學明顯強幹弱枝，維護中央專制集權政體，西漢古文學維護世卿與豪門地方政治[5]。現有史料雖無法直接證明廖平是否有借此表達對時政的態度，但廖平強調今學以簡執繁，專力於養教之事，古學以吏、兵、刑為重，時人視為「以經濟解經之專書」。《春秋》諸侯四等論恰可與同光時勢相比擬，「京師如周，南北洋大臣如二伯，行省督撫如方伯，

1　廖平：《王制集說凡例》，見李耀仙主編：《廖平選集》（下），23頁。

2　廖平：《今古學考》，見李耀仙主編：《廖平選集》（上），87頁。

3　廖平：《光緒井研藝文志》，見舒大剛、楊世文主編：《廖平全集》（16），1207頁。

4　岳森：《重到尊經書院晤廖季平、張子馥有感即賦》，見《癸甲襄校錄》第 3 卷，31～32 頁，成都：尊經書院，1895。

5　孫筱：《兩漢經學與社會》，296～315 頁，北京：中國社會科學出版社，2002。

各省道員如卒正」[1]。以《王制》入手，通經致用，旬日便可通曉制度綱要，以此讀經讀史，迎刃而解。廖平將研讀《王制》比擬為學習西政之義，政高於藝[2]。《今古學考》集歷代經學之大成，張明兩漢師法，今古學派各自成家，宗旨個別。學者可以性之所近，選擇一門專精研究，「用力少而成功多」，不再像乾嘉學術「使人墮於五里霧中」[3]。王樹枏恰恰指責《今古學考》啟人簡易之心，則經學不足貴。廖平提倡《王制》旨在經世致用，學者治經當從《王制輯證》入手，該書篇幅少，為經學大宗，制度綱領俱在，有助於經營製作；《王制》可包羅《易》、《書》、《詩》、《禮》，由六藝推及群書，「巨綱在手，足以駁變」，「今習其宗，則群書易讀」，「不過期月，端委皆通」[4]。

《今古學考》完成後，廖平學術逐漸自成體系，突破張之洞、王闓運二人的學術主張。清代雍乾以降，鄭學盛行，治漢學者，「寧道周孔錯，不言馬鄭非」。鄭玄之學混合今、古。廖平自稱：「予之治經，力與鄭反，意將其所誤合之處，悉為分出。經學至鄭一大變，至今又一大變。鄭變而違古，今變而合古。離之兩美，合之兩傷，得其要領，以御繁難，有識者自能別之。」廖平遂計劃邀約師友分經合

---

1 廖平：《何氏公羊解詁三十論》，見李耀仙主編：《廖平選集》下，137頁。
2 廖平：《知聖篇》，見李耀仙主編：《廖平選集》上，208頁，蒙默：《素王改制：廖季平先生經學思想的核心》，見《川大史學·文化史卷》，522～561頁，成都：四川大學出版社，2016。
3 廖平：《初變記》，見舒大剛、楊世文主編：《廖平全集》（2），886頁。
4 廖平、吳之英：《經學初程》，見舒大剛、楊世文主編：《廖平全集》（1），467～468頁。日本學人小島祐馬高度讚譽廖平學術之於政治制度、人類生活方式建設的意義，認為廖平不僅是經學家還是思想家，其學說逐步由「國家主義的政治」（第一、二變時期），過渡為「世界主義的政治」（第三變），最後提升至「人類的藝術與宗教生活」（四變之後）。田玉：《廖平經學研究述評》，載《中國文哲研究通訊》，1995（2）。

作,編纂《凡例》,著述《十八經註疏》:

> 予創為今、古二派,以復西京之舊,欲集同人之力,統著《十八經註疏》(《今文尚書》、《齊詩》、《魯詩》、《韓詩》、《戴禮》、《儀禮記》、《公羊》、《穀梁》、《孝經》、《論語》,《古文尚書》、《周官》、《毛詩》、《左傳》、《儀禮經》、《孝經》、《論語》、《戴禮》。《易》學不在此數),以成蜀學。見成《穀梁》一種。然心志有餘,時事難就,是以初成一經而止。因舊欲約友人分經合作,故先作《十八經註疏凡例》。既以相約同志,並以求正高明,特多未定之說,一俟纂述,當再加商訂也。[1]

六經要旨以制度為綱,辨等威,決嫌疑。清代學人治經多聚焦於小學,廖平認為治經要領在制度不在名物,經學以素王為主,受命改製為群經大綱。嘉道年間,陳奐、陳立、劉寶楠、胡培翬等人在金陵貢院中,相約分治經疏,後來各自成書。廖平欲纂《十八經註疏》,由疏進而「並欲作注」,遵循治《穀梁》學的原則,講家法條例,以《王制》、《周官》為今、古學的總綱,明經說本旨,闡發孔子《春秋》撥亂反正之義,發明孔子所定的一王之制。廖氏六變之學,尊孔與致用為其主軸。吳虞評價廖平:「恥為《經籍纂詁》之子孫,超出阮王二家,自成六變;直指《讀書雜誌》無師法,離開湘潭一派,獨有千秋。」[2]

---

[1] 廖平:《今古學考》,見李耀仙主編:《廖平選集》(上),89頁。
[2] 中國革命博物館整理:《吳虞日記》(下),651頁,成都:四川人民出版社,1984。

三　學術迴響：從平分今古到尊今抑古

　　經過十幾年的經營，尊經書院治學成效日益顯著，漢學漸成為四川學術主流。一八八六年，王闓運返回湘潭，尊經書院山長由錦江書院山長伍肇齡兼任。伍氏意圖將錦江書院的辦學宗旨與學風移植到尊經書院，幾次欲用宋學取代漢學。尊經弟子多有不滿。尊經弟子大體可分為考入國子監南學的成均派，岳森為代表；師承張之洞的南皮派，以楊銳為代表；尊行王闓運學術主張的湘綺派，以宋育仁、胡從簡、戴光等人。廖平依違於南皮派與湘綺派之間，《今古學考》一出，廖平儼然成為弘揚蜀學的代表，「吾蜀學術思想其由文章空言而入經史實學，實啟於南皮，成於湘潭，至廖季平、吳之英諸人出，研經治史，發揚而光大之，於是自楊升庵、李雨村後，蜀中學人復為世重」[1]。在廖平眼中，學界認為《今古學考》是「以經解經之專書，天下名流因本許、何，翁無異議」，實則川省內外的南北學人對此書褒貶不一。

　　劉子雄閱讀《今古學考》後，認為「治經不講今、古，是為野戰，講今、古又不免拾人牙慧」，遂捨棄經學，專攻詩詞[2]。蕭藩贊譽廖氏平分今古之功可與顧炎武、閻若璩之學比肩，「國朝經學超絕古人者得二事焉，顧亭林之論古音，閻百詩之攻偽《尚書》是也。季平專精《王制》，恢復今古舊學，雖原本漢人，然其直探根本，分析條流，規畫乃在伏（勝）、賈（逵）之間，西漢以來無此識力，比之

1　《受經堂集・提要》，中國科學院圖書館整理：《續修四庫全書總目提要》第 36 冊，254 頁，濟南：齊魯書社，1996。
2　廖平：《知聖篇》，見李耀仙主編：《廖平選集》（上），205 頁。

於顧、閻二君,未審何似?」[1]廖平曾與同年丁樹誠商談存往繼絕的千秋大業,丁樹誠得知《六書舊義》、《今古學考》已經刊刻,稱讚二書與《穀梁注》、《公羊注》等著作「以《禮》之《王制》為綱,以抉經心。足使何、范二公變色失步」[2]。廖平將《今古學考》、《穀梁古義疏》寄給國子監南學就讀的岳森,《今古學考》通過這一途徑傳至京城。岳森自述為學經歷:

> 己卯夏初,學看《說文段注》,所引有古《左氏》說、古《周禮》說。竊意古以今名,有古必有今,然謂今之《左傳》非古之《左傳》,則可謂今之《周禮》非古之《周禮》,則不可格滯於心,無從考究,問諸邱、丁,均不能答,遂仍置之,於時譾陋之至,尚未知今古為學派也。嗣閱《隋志》,見論緯篇有云:「孔安國、毛公、王璜、賈逵之徒,因漢魯恭王、河間獻王所得古文,參而考之,以成其義,謂之古學。當世之儒又非毀之,竟不得行。魏代王肅推引古學,以難其義,王弼、杜預從而明之,自是古學稍立。壬午秋,看俞氏《古書疑義舉例》。乙酉正月,就館蘇坡橋,看陳氏《異義疏證》,乃知漢儒有今文、古文二家之學。文既各別,義亦相縣,兩京聚訟,大率在是。然零散弗整,缺略難詳,窺龍一麟,終疑首尾,隨赴拔場,不復理矣。[3]

岳森自道與廖平有相近為學經歷與困惑時期,由初識清代漢學主

---

[1] 蕭藩:《分撰兩戴記章句跋》,轉引自黃開國:《廖平評傳》,283頁,南昌:百花洲文藝出版社,1993。
[2] 丁樹誠:《丁治棠行紀四種》,102頁,成都:四川人民出版社,1984。
[3] 岳森:《南學報廖季平書》,見《癸甲襄校錄》第5卷,52~55頁。

流而疑惑今古問題,但並未深究。岳森稱讚廖平「識力超絕,得未曾有。充其所造,經將大明,即論現在,業定不朽」,《今古學考》的撰述意境涵括修己治人,「兩京聚訟得此可以盡平」。在南學舉貢中,岳森參考廖平學說,作《辨經》、《守詁》、《觀通》、《別禮》四篇。岳森認為文有今古,人人知曉;學分今古,為學者所忽視。晚近俞樾、陳壽祺方才鉤沉絕學。漢代學術分為今學與古學,「各守其詁,其道為精」;鄭玄會通各派,「其道至博」。漢學為「守詁之真」,鄭學開「信心之漸」。時下綜合群經,應當注意四點:「製作有損益」,「傳記有流別」,「時制有變異」,「篇章有脫誤」[1]。國子監祭酒盛昱對岳森大加賞譽,取列第一名。

　　京城講學風氣盛於乾嘉,嘉道之後有所衰歇,同光時期得以復興,「五老七子」樂於束身修業,鑽研樸學,五老為潘祖蔭、翁同龢、徐桐、黃體芳、李鴻藻,七子為王先謙、李慈銘、盛昱、王懿榮、張百熙、黃紹箕、蔡賡年。岳森在國子監流傳廖平著述,《今古學考》契合潘祖蔭推崇公羊的風氣,講學諸公「頗見推許,亦有微詞」,「老宿推服,末學驚駭」,主要有三種意見:其一,講學應當窮源竟委,有本有末,方能顛撲不破。古學祖周公,今學祖孔子,為《今古學考》的大綱。然而,《兩戴記》、《論語》與陽湖《集語》所記孔子的言行,或從周,或從殷,層見疊出,「一人之派,不應自歧」。其二,《今古學考》認為從周為孔子壯年之志,改周從殷為孔子晚年之說,此說似有道理。今學盛於西京,古學昌於東漢,鄭玄調和今古,為經學家宗主。經學分為今古學沒有疑義,但不可非議鄭學混亂六經,「漢之鄭氏,宋之朱子,二君於藝林無遺憾,不許後生末

---

[1] 岳森著,吳仰湘整理:《為學通義》,見干春松、陳壁生主編:《經學的新開展》,233～250頁,北京:中國人民大學出版社,2012。

學擅下雌黃也」。其三,《今古學考》將孔子學派分為魯、齊、燕、趙,「此為理今古學分合出入之源」,此說支離誕漫,貌似小說家言,魯學猶有道理,齊學幾近勉強,燕、趙當無影響,「某部曹謂,以兩漢儒林傳略考之,疵謬不啻十數,吹毛櫂碎,非尺牘所能罄也」。岳森指出上述意見中前二條可謂人各有見,無容相強。第三條以地域分別今古源流,廖平視為巧妙之極,「但天下事之極巧至妙者,每慮傷其實際,是以責言所在,不能代決」,希望廖平參酌核定[1]。岳森認為廖平所講一為《春秋》之學,一為今古學之學,其中《春秋》義理太過簡略,難以彰顯孔子旨義,《今古學考》體例過於繁雜,「恐不足以昭畫一」。若能撰成《穀梁註疏》、《王制義證》二書,已可不朽。《王制》為《春秋》禮傳,「發前人所未發,足為定論」。《今古學考》大旨近似,罅漏尤多。例如,甄別《周官》,割裂《左傳》,宋代學人已有成說。《周禮》為劉歆偽托,「俞、王、趙、邱早有是說」。岳森期望廖平將《公羊》、《穀梁》、《王制》三冊,「勘合洗剔,勒以問世」。《今古學考》體系龐大,內部各說難以統一,應當「再集思廣益,然後定稿鏤板。他人於學,患在因循;吾子之病,正坐勇速。擅此睿智絕力,再能出以沉鬱,免得旋成旋悔,省剞劂之力多矣」[2]。

　　東南學人對廖平著《今古學考》「以成蜀學」的意圖也是各持己見。廖平自稱己丑在蘇州拜會俞樾,「極蒙獎掖,謂《學考》為不刊之書」,對於廖平三傳會通的取徑,則「不以為然」,「俟書成再議」[3]。俞樾晚年懊悔其學說啟發廖平、康有為,「以《王制》一篇

---

[1] 岳森:《南學報廖季平書》,見《癸甲襄校錄》第5卷,52~55頁。
[2] 岳森:《南學報廖季平第三書》,見《癸甲襄校錄》第5卷,68~72頁。
[3] 廖平:《經話甲篇》,見李耀仙主編:《廖平選集》(上),445頁。

為孔子將作《春秋》，先自定素王之制，門弟子掇其緒前而為此篇。蜀士廖季平見而喜之，採入其書，遂為康氏學之權輿。雖康學非淵源於此，然高談異論，終自悔失言也」[1]。江瀚閱覽《今古學考》後，致信廖平，從下列幾點質疑今古派分。其一，孔子以《詩》、《書》六藝設教，受業之徒本來就以個人性之所近，轉相流傳，傳承孔子之道自然稍有歧異。西漢今文家列為學官之時，各家質問疑義，各持所見，紛然不一，難以判斷孰為有師法，孰為無師法。《今古學考》崇今古，無法適從，「且其所謂家法者，即當時之功令」。其二，廖平表章《王制》，可謂獨創之見，但《王制》與孔子學說似有抵牾之處，如黜陟四凶、四誅，「附從輕、赦從重之義不合，非仁人言也，矧曰孔子法乎」？其三，廖平將《周禮》視作「莽、歆偽書，瀚亦不敢附和」，歷代經師對待《周禮》疑信參半，「然必曰莽、歆所為，終無定」。其四，廖平力攻鄭玄，「論亦非是」。鄭玄之學博大精深，冠絕兩漢。「經義深廣，靡得悉窮，雖在大賢，詎能無失。且所注既多，或有先後不同，彼此互異，補苴罅漏，繄來者是賴。」近世尊奉鄭玄者，流於「寧道孔聖誤，諱言鄭服非」，「是誠過矣」。但若如姚際恆、魏源之大言非毀，則矯枉過正。「君子之為學也，唯求其是」，「奈何皆為誦法洙泗，乃妄分畛域」，在「宗鄭」的立場上「混合今古，固未足為病」[2]。文廷式對今文學頗不愜意，勸導皮錫瑞「不講常州及川學」，皮氏認為「陽湖莊氏之學，嘗蹈宋人改經陋習，川學即廖季平一派，分別今古文，各自為學，甚是，然多失之附會」[3]。

---

1 俞樾：《致瞿鴻禨》，見汪少華整理：《俞樾書信集》，402頁。
2 江瀚：《與廖季平論今古學考書》，載《中國學報》，第2期，1912年。
3 皮名振：《清皮鹿門先生錫瑞年譜》，26頁，臺北：臺灣商務出版社，1981年。

廖平刊刻《今古學考》，原本意在「約同志講求，非敢以為定說」。廖平起初認為「今古學人好言今、古學得失，爭辨申難，無所折中」，今學、古學因地制宜，各有利害，但以今文為孔子晚年定論，已經帶有尊崇今文的意味。《今古學考》原本意在息爭調合，結果卻激化了當時今古相爭，「於人則掩善而著惡，於己則蓋短而暴長。自旁觀言之，則莫非門戶之見，徒為紛更而已。」對於各界關注的古學緣起問題，廖平一直舉棋不定。《今古學考》中一度懷疑古學出自西漢哀平之際學人所開創，《左傳》雖非偽造，但劉歆依據《左傳》與今學為敵，以求立言。劉子雄在日記中記錄下一八八七年間廖平的思想狀態。四月十一日，劉子雄來談，廖平認為《周禮》當以王莽制參考。次日，廖平約劉子雄治《王制》，戴光治《周禮》，證以周秦古說，再兼取西漢、東漢，「急欲成之」。六月，廖平撰成《王制周禮凡例》，以《周禮》為劉歆偽作，並告知劉子雄《左氏》作偽的痕跡明顯。廖平進而撰《續今古學考》，自駁前說，指出「周制全不可考，概為孔子新制。《周禮》固為偽託，即《左氏》之言《周禮》者，亦推例而得，以《周禮》同《王制》者多，異者不過數條，又無師說，故知襲今學而作，即《國語》亦是今學」，「文王所演之《易》，即是孔子《繫辭》」。劉子雄批評廖平「近來新說愈無忌憚」，《今古學考》本足以自樹一幟，若隨意疑經改經，「反無以自立，適召彈射」，《續今古學考》「不似經生語」[1]。廖平自述丙戌（1886）以後，懷疑古學乃新出之學，非周代舊法，於是擬分作兩篇，《辟劉》言古學，《知聖》倡今學，戊子（1888）以後，「是今非古」。

廖平致信告知岳森其思想的轉變，稱「《學考》以《王制》為今

---

[1] 王承軍：《廖季平先生年譜長編》，98～100 頁，北京：中華書局，2019。

學主續，考以六經，皆為孔子定，古學始於劉歆」，並自信以此足以「高光重興、羲轡復旦」。岳森則認為「惟六經皆由孔子潘定一語，至當不易，無瑕可攻」。至於「今學之主」與「古學始於劉歆」之說，仍是斡旋騎牆之說，僅足以彌縫《今古學考》的矛盾失當之處[1]。從岳森、江瀚的書信中，可知《今古學考》刊行後，廖平在師友間講學與論辯的過程中，從起初的「今古同重」，發展為認可李滋然所言的「古不如今」，懷疑劉歆篡偽《周官》。在《古學考》跋文中，廖平談及「丙戌（1886）以後，力功《周禮》，大綱數條」，宋育仁專治《周禮》，二人「般攻墨守，相持不下」[2]。因為今古學中有孔子與周公二宗而不安，廖平擬以新莽偽造來解決這一問題。在《今古學考》內在學術緊張與各方異議的刺激下，廖平「歷經通人指摘，不能自堅前說」，勢必進一步解釋經說之間的分歧，以六藝之本真確立儒學統系應對時局：

> 兩漢之學，《今古學考》詳矣。本可以告無罪於天下，惟一經之中，既有孔子、周公兩主人，典禮又彼此矛盾，漢唐以下儒者，所以有經說及《典》、《考》政治諸書，又於其中作調人。牽連附會，以《周禮》為姬公之真書，《王制》為博士所記，與《周禮》不合；又以為夏、殷制。考《左》、《國》、《孟》、《荀》，以周人言周事者，莫不與《王制》切合；所有分州建國、設官分制之大綱，則無一條與「古文」家說相同。或分或合，皆無以切理饜心。[3]

1　岳森：《南學報廖季平第三書》，見《癸甲襄校錄》第5卷，68～69頁。
2　廖平：《跋》，見張西堂校點：《古學考》，1頁，北京：景山書社，1935。
3　廖平：《四益館經學四變記》，見李耀仙主編：《廖平選集》（上），548頁。

孔子與周公、《周禮》與《王制》的禮制分別，導致「一林二虎，勢必兩傷」，這自然刺激廖平整合經學內部的分歧，以期致用，除弊興利，「故說經者如議瓜，如原詿，為聚訟之場。凡學皆愈深則愈慧，惟學經者愈學愈愚。其歸宿即流為八股，深為學術政治之大害」。在劉子雄的提示下，廖平傾向於《周禮》出於劉歆之手，「為新室製作，其書晚出，故專條西漢無一引用，《移博士書》亦不援以自助。」[1]廖平一改之前鄭玄、王肅混淆今古的主張，轉而認定劉歆竄改《周官》，與今文立異，「博士說六藝，皆祖孔子，六經新制，素王製造，微言不能宣佈。歆與博士成仇，思敗之，改《周禮》，亂經制。國史諸說因緣而起，以周公敵孔子，以國史敵賢述，於是群經皆歸周公、國史，撫孔子殆盡。六朝後甚行，二千年來沉蔽愈甚」[2]。《今古學考》詳於經說，《古學考》專詳事實；《周禮刪劉》專門論證《周禮》是「劉歆本《佚禮》屢臆說糅合而成」，以此解釋禮制區別；《知聖篇》以素王改制說統會六經，「此義一立，則群經皆有統宗，互相啟發，箴芥相投。自失此義，則形體分裂，南北背馳，六經無復一家之言」，「今欲刪除末流之失，不得不表章微言，以見本來之真。洵能真知孔子，則晚說自不能惑之矣」[3]。

　　《今古學考》從歷史的眼光解釋經學流變，以禮制為標準劃分經學流派，確立經學真義。岳森與廖平有同樣的學思歷程，特別能體會廖平撰《今古學考》構思與心路歷程，「因搜《穀梁》古義，遍索天漢遺書，得此卻蒙，銳意批導，初躐蹤影，漸啟局蒙，於《王制》得今學之主，於《周禮》得古學之主，於齊魯燕趙，理其分合出入之

1　廖平：《古學考》，見李耀仙主編：《廖平選集》（上），124頁。
2　廖平：《經話甲篇》，見李耀仙主編：《廖平選集》（上），497頁。
3　廖平：《知聖篇》，見李耀仙主編：《廖平選集》（上），175頁。

源，然後詳考班、許，以明其證，處分二戴，以會其歸，而又上論周秦諸子，下次漢魏存書，以釐定其條流、底平其爭競，苦心孤詣，聰明睿智，敘述諦當，彌縫完善」[1]。廖平自知海內評價其學術，多以《今古學考》為主，「雖曰淺近易循」，不過若要考察「後來再變之說，亦未有不以此篇為始基者也」[2]。《今古學考》雖說是廖平初變未定之學說，但其學術風格業已確立，由此可以窺探六變之學中不變的要旨。其一，尊崇孔子，以孔子改制實現經世致用，趨時應變，「既用西漢之學，不得不主聖人，既主聖人，不得不捨羨裡」[3]。廖平學術闡釋禮制基於兩漢今古，論述《春秋》大義溯源周秦，其由「禮」轉入「義」乃「尊孔、救國」所逼，《今古學考》雖為一變之學，實則「二變萌蘖之生耳」[4]。其二，廖平以平分今古為起點，嘗試以今文整合六經。《公羊》雖兼採古學，與《王制》不同之處，「宜有以斡旋之」[5]。其學術六變始終都以重新確立經學系統為指歸，闡發群經大義，「折群言而定一尊」，有意「通撰九經、子、史成一類書」[6]，其三，重建六經系統，釐清經學的層次，息爭調和。《今古學考》以禮制平分今古，導致周公、孔子二人之制內外紛爭。尊今抑古說認為劉歆竄改《周官》，將《左傳》歸於今學，調和今古紛爭之後的難題在於如何使「一家之中，務求和協」。會通三傳，統括六藝成為廖平二變之學的關鍵。摯友劉子雄批評《周禮刪劉》為闇

---

1 岳森：《南學報廖季平書》，《癸甲裹校錄》第5卷，52～55頁。
2 廖平：《光緒井研藝文志》，見舒大剛、楊世文主編：《廖平全集》，1240頁。
3 廖平：《四益館雜著·答江叔海論今古學考書》，見舒大剛、楊世文主編：《廖平全集》（11），640頁。
4 廖平：《六變記》，見李耀仙主編：《廖平選集》（上），558頁。
5 廖平：《何氏公羊解詁三十論》，見舒大剛、楊世文主編：《廖平全集》（9），2139頁。
6 王闓運著，馬積高主編：《湘綺樓日記》，光緒十五年六月二十一日，1567頁。

割之法,「於已說相連,指為竄改,不免武斷」,開闢新說必須「群經傳記,無一不通,方為精博」,意在引導廖平貫通六藝經傳。廖平襄校尊經時,「同學相與講明古學之偽,除課藝外,同學各任一門」。不久,在廖平應張之洞邀請赴粵時,尊經學子百餘人聚集成都延慶寺,條列今古義例,「相約分任編纂」,以期「煌煌蜀學,自成一家」,「繼續兩漢」[1]。恰逢此時,廖平與康有為相遇,既引發了近代學術史上的一大公案,又激發出近代學術轉型的多重路徑。

四　經史分流:廖平、康有為學術公案的餘緒

廖平與康有為的學術關聯,學界聚訟不已。章太炎為廖平撰《墓誌銘》時,直接斥責「康氏剽竊」。錢穆曾詳盡辨析此事,認為:「長素辨新學偽經,實啟自季平,此為長素所深諱,而季平則力揭之。」、「長素繼《新學偽經考》而成者,有《孔子改制考》,亦季平之緒論。」顧頡剛親自見到《知聖篇》原書稿本藏於康家,「頗多孔子改制說」。廖平雖多次提及此事,但「長素則藏喙若噤,始終不一辯」,「長素書出於季平,長素自諱之,長素弟子不為其師諱也。其書亦本尤其弟子助成之,而其弟子即不盡以師書為然」[2]。誠如有學者所言過分糾纏廖、康交涉而忽視學人思想的內在理路,以後起門戶認定起先學人學術立場,難免扞格難通[3]。若根據現有史料,釐清廖平、康有為二人交往時的學術境況與當事人對此事的態度,或可進

---

[1] 鄭可經:《鄭本四變記》,載《國學薈編》,第7期,1915。

[2] 錢穆:《中國近三百年學術史》,見劉夢溪主編:《中國現代學術經典·錢賓四卷》,562〜563頁,石家莊:河北教育出版社,1999。

[3] 吳仰湘:《重論廖平、康有為的「學術公案」》,載《中國社會科學》,2020(4)。

一步辨析廖康交涉背後更深層次的學理脈絡。

一八八九年，廖平應張之洞之召赴廣州，居住於廣雅書院。此時廖平完成《知聖篇》，「欲刊此本，或以發難為嫌。東南士大夫轉相抄錄，視為枕中鴻寶，一時風氣為之改變」。東南士大夫自然包括康有為無疑，之後，湖南學界論述以為「素王之說倡於井研者」，來源於此。己、庚冬春之際，康有為慕名拜訪廖平於廣雅書局，庚寅春間廖平回訪康有為於安徽會館。廖平對這兩次交涉有如下記述：

> （康有為）戊己間從沈君子豐處得《學考》，謬引為知己。及還羊城，同黃季度過廣雅書局相訪，余以《知聖篇》示之。馳書相戒，近萬餘言，斥為好名驚外，輕變前說，急當焚燬。當時答以面談，再決行止。後訪之城南安徽會館，黃季度〔以〕病未至，兩心相協，談論移晷。明年聞江叔海得俞蔭老書，而《新學偽經考》成矣。[1]
>
> 庚寅羊城安徽會館之會，鄙人《左傳》經說雖未成書，然大端已定。足下以左學列入新莽，則殊與鄙意相左，因緣而及互卦，尤為支蔓。在吾子雖聞新有左氏之說，先入為主，以為萬不相合，故從舊說而不用新義，此不足為吾子怪也。……昔年在廣雅，足下投書相戒，謂《今古學考》為至善，以攻新莽為好名，名已大立，當潛修，不可鶩於馳逐。純為儒者之言，深佩之。[2]

評判康有為與廖平之間學術糾葛首先是要考慮廖平、康有為兩次

---

[1] 廖平：《經話甲篇》，見李耀仙主編：《廖平選集》（上），447頁。
[2] 廖平：《四益館文集・致某人書》，見舒大剛、楊世文主編：《廖平全集》（11），634頁。

會面商榷的主要議題。從廖平的追述中，可知雙方爭論的焦點之一是如何看待《知聖篇》。康有為因《今古學考》而將廖平視為知己，自然認同以禮制平分今古。初次會面時，康有為起初對《知聖篇》不以為然，雙方往復辯論後，康有為才由疑轉信。其二，《左傳》的今古文歸屬問題，廖平、康有為各持己見，並未達成共識。上一節已經提到，廖平一八八八年已經明確劉歆造偽《周禮》，創發古學。《左傳》成書於先秦，廖平起初將《左傳》劃歸古學，一八八九年以後，將其劃入今學，專力研究，在禮制、義例方面會通《穀梁》、《公羊》、《左傳》三傳，「水乳交融，無一不合」。在與康有為會面之前，廖平曾拜訪俞樾，告知其學術轉變與「三傳合通事」，俞樾不以為然，稱「俟成書再議」。康有為則直接將《左傳》歸於劉歆造偽，雙方並未說服對方。

　　《左傳》歸屬的討論從側面反映康有為關於新學偽經的框架已經形成，康有為更關心廖平《知聖篇》的內容。如今《知聖篇》最初稿未能得見，但根據廖平學術演變的線索，《知聖篇》發揮今學，「無論傳記、子史皆以六藝傳於孔子，並無周公作經之說」[1]，這一觀點恰恰可以構成康有為從「新學偽經」到「孔子改制」的重要環節。廖平並未提到《辟劉篇》，其《古學考》成書也在康有為《新學偽經考》之後。錢玄同曾攜廖平著作與張西堂研討，認為《知聖篇》、《新學偽經考》、《古學考》中，康有為著作刊行雖在《古學考》前，而實際上受到《知聖篇》的影響。顧頡剛曾在康同璧處見過疑似康有為所抄《知聖篇》最初稿，與後來刻本大不相同，想必是廖平在廣州出示給康有為閱覽，顧頡剛將其中異同錄在扶輪社的《知聖篇》

---

[1] 廖平等撰：《光緒井研藝文志》，見舒大剛、楊世文主編：《廖平全集》（16），1239頁。

排印本上[1]。顧頡剛、錢玄同或許是少數看過《知聖篇》抄本的學人，都認為康有為的見解遠高於廖平，但並不否認《新學偽經考》受到《知聖篇》的影響，可以推斷《知聖篇》最初本以孔子作六經為主題，兼涉偽經、辟劉的議題。廖平在一八八八年的《知聖篇自序》中提出「六藝之學，原有本真」，千百年來，「微言絕息，異端蜂起，以偽作真」，《知聖篇》旨在「以管窺天」，「重光古法」[2]。另一方面，《辟劉篇》（即《古學考》）信今駁古，詳於事實，綜合「今古門戶攻擊之事實，則家法愈明」。從一八八六至一八八九年廖平與學界關於今古文學的討論中可知，廖平對古學形成的事實尚未有定見。劉子雄日記中的記錄正反映出廖平此時的焦慮與糾結。廖平二變之學中，尊今與抑古一體兩面，康有為相對系統的新學偽經說，既令廖平感到知己難覓、其道不孤的欣喜，更為廖平尊今抑古提供了史事依據。廖平認定秦火經殘說是「儒門第一魔障」，康有為新學偽經說的重大貢獻就在於「秦焚六經未嘗亡缺」，廖平在《古學考》中予以肯定，並多次命弟子予以補證。廖平民初回覆江瀚批評時，指出二變之學中質疑《周禮》與《左傳》，源自康有為的發明，「非原書所有。舊說已改，見於《四變記》中」[3]。廖平早就質疑《周禮》與《左傳》真偽，為何卻將發明權歸於康有為？恰好能說明羊城之會之前，廖平建構經學系統時，對於如何安置《周禮》、《左傳》的位置，一直猶豫不定。廖平弟子蒙文通反而強調廖平受康有為的影響，導致由尊今抑古到大統小統說的變化：廖平起初認為古文為從周，今

---

1 楊天石主編：《錢玄同日記》（整理本），1935年1月24日，1066頁，北京：北京大學出版社，2014。

2 廖平：《知聖篇自序》，見李耀仙主編：《廖平選集》（上），173頁。

3 廖平：《四益館雜著·答江叔海論今古學考書》，見舒大剛、楊世文主編：《廖平全集》（11），640頁。

文為改制,「實不刊之至論」,「一史學,一經學者,經學固即哲學,而政治之理想也」。廖平受到康有為「古文學出新室」學說的影響,後又知曉康有為學說難以自洽,又轉變為大小天人之學,「凡致廖氏之說於岐罔者,皆康氏之由」,學界認為康有為剽竊廖平,以及康有為能光大廖平學說,均為「膚薄無識之論,何足以辨哉」[1]。

廖平與康有為羊城之會始於康有為慕名來訪,廖平示以《知聖篇》,康有為「馳書相戒」,廖平赴安徽會館面談,二人「兩心相協,談論移晷」,往復論辯後,「議論相合」。相合之處除了廖、康均對清代漢學風氣不滿之外,更深層次的原因當是二人學說互相成就,相輔相成。一八九五年前後,廖平致信康有為,首次提到二人交往之事:

> 吾兩人交涉之事,天下所共聞知,余不願貪天功以為己力。足下之學,自有之可也。然足下深自諱避,致使人有向秀之謗,每大庭廣眾中,一聞鄙名,足下進退未能自安,淺見者又或以作俑馳書歸咎鄙人,難於酬答,是吾兩人皆失也。天下之為是說,惟吾二人聲氣相求,不宜隔絕,以招讒間。其中位置,一聽尊命,謂昔年之會,如邵、程也可,如朱、陸也可,如白虎、石渠亦可,稱引必及,使命必道,得失相聞,患難與共。

從信中提到「人有向秀之謗」、「淺見者又或以作俑馳書歸咎」,可見時人已有康有為抄襲廖平著述的傳言。廖平對於康有為此時著述與講學中,沒有提到羊城之會,稍有不快,但未曾涉及所謂「剽竊」之事,自己更不願貪天之功。廖平僅是規勸康有為不當「私

---

[1] 蒙文通:《非常異義之政治學說》,載《重光》,第1期,1937。

立名字，動引聖人自況」，並以朱陸之會比擬二人的羊城之會，希望兩人珠聯璧合，聲氣相通，南北二宗，不自隔絕，自稱「吾之學詳於內」，康有為「詳於外」，不過此時二人「未能相兼」，因此，「通力合作，秦越一家，乃今日之急務，不可不深思而熟計之」[1]。廖平此時提示出二人學術各有側重，若能珠聯璧合，定能相得益彰。

戊戌時期，時人對廖平與康有為的學術關聯，說法不一。皮錫瑞認為：「康學出於廖，合觀其書，可以考其源流。」皮錫瑞擬作《春秋義說》，「似與廖氏、康氏書可互相證」[2]。宋恕指出廖平與康有為學術主旨相同，甚至比康有為更偏激，「早嘗著書盛稱及康，近日康黨盛張，廖近著頗詆康，以為剽竊其學，是否彼此出入，源委實未可知」[3]，宋恕暗示因康黨的政治立場，導致廖平對康有為的態度有所轉變。廖宗澤在《六譯先生年譜》記述戊戌政變後，廖平門人施煥自重慶發來急函，告知朝廷株連甚廣，坊間盛傳康有為學說源自廖平，請廖平速焚有關著作，「於是新成之《地球新義》，亦付之一炬」[4]。廖平及其門生此後多次提及康有為因襲其學說，「牽涉無辜，持論甚固」[5]，劃清二人學說界限，不無避禍自保的意味。

康有為在講學時曾批評「近時廖季平謂今古文同時，謬甚」[6]，並未正面回應廖平內外相通的提議，但對坊間「剽竊」之說一直糾結

1　廖平：《四益館文集・致某人書》，見舒大剛、楊世文主編：《廖平全集》（11），663～664頁。

2　皮錫瑞：《皮錫瑞日記》，見吳仰湘編：《皮錫瑞全集》（9），744～752頁，北京：中華書局，2015。

3　胡珠生編：《東甌三先生集補編》，124頁，上海：上海社會科學院出版社，2005。

4　廖宗澤：《六譯先生年譜》，見舒大剛、楊世文主編：《廖平全集》（11），534頁。

5　廖平：《跋》，見張西堂校點：《古學考》，1～2頁。

6　康有為：《康南海先生講學記》，見姜義華、張榮華編校：《康有為全集》（2），108頁，北京：中國人民大學出版社，2007。

於心。一九一三年，廖平將《四變記》摘錄寄給康有為，並致信稱：「憶昔廣雅過從，談言微中，把臂入林。彈指之頃，七級寶塔，法相莊嚴，得未曾有。巍然大國，逼壓彈丸。鄙人志欲圖存，別構營壘，太歲再周，學途四變，由西漢以進先秦，更由先秦以追鄒魯，言新則無字不新，言舊則無義非舊。」此次主要意圖是詢問康有為對於《倫理約篇》的意見，「求證高明，斟酌可否」[1]。康有為回信卻詳細解釋《新學偽經考》的著述緣由：

> 昔以端居暇日，偶讀《史記》，至《河間獻王傳》，乃不稱古文諸書，竊疑而怪之。以太史公之博聞，自謂網羅金匱石室之藏，厥協六經異傳，整齊百家雜語，若有古文之大典，豈有史公而不知？乃遍考《史記》全書，竟無古文諸經；間著「古文」二字，行文不類，則誤由劉歆之竄入。既信史公而知古文之為偽，即信今文之為真，於是推得《春秋》由董、何而大明三世之旨，於是孔子之道四通六辟焉。

信中康有為詳述《新學偽經考》的著述機緣與成書過程，對二人未能及時研討今古文學表示遺憾：「執事信今攻古，足為證人，助我張目。道路阻修，無由講析，又寡得大作，無自發明。」[2]廖平對於所謂剽竊之事早已不再措意，再度致信與康有為論辯陳煥章所轉述的「小康有君，大同則無君」的觀念[3]。相形之下，康有為在《新學偽

---

1 廖平：《集外文・與康有為書》，見舒大剛、楊世文主編：《廖平全集》（11），832～833頁。
2 康有為：《致廖季平書》，見姜義華、張榮華編校：《康有為全集》（10），19頁。
3 廖平：《集外文・再與康有為書》，見舒大剛、楊世文主編：《廖平全集》（11），835～838頁。

經考》〈後序〉中，再度申明《新學偽經考》源自考校《史記》、《漢書》，「吾向亦受古文經說，然自劉申受、魏默深、龔定庵以來，疑攻劉歆之作偽多矣，吾蓄疑於心久矣」，後來以《史記》為主，遍考《漢書》而辨析今古之真偽，「以今文為主，遍考古文而辨之；遍考周、秦、西漢群書，無不合者」。其中若偶有竄亂或儒家以外之雜史，「則劉歆採摭之所自出也」。至此，今古問題「渙然冰釋，怡然理順，萬理千條，縱橫皆合」。《新學偽經考》「粗發其大端，俾學者明辨之，捨古文而從今文，辨偽經而得真經」。康有為一面稱讚今文經說「同條而不亂，一致而無歧」，「學者用力少而蓄德多，孔子之微言大義昭然發矇」；一面批評廖平既尊今文而攻古文，又尊信偽《周官》以為「皇、帝、王、霸」之運，「矛盾自陷，界畛自亂」。廖平學說「多有脈絡不清、條理不晰，其為半明半昧之識，與前儒雜糅今古者無異，何以明真教而導後士」，進而強調，「觀其尊偽《周禮》一事，而知其道不相謀，『翩其反而』也」[1]。

　　從廖平與康有為兩位當事人的態度而言，廖平並未糾纏於抄襲一事，而是更關切二人學術取徑的異同[2]。廖平多次讚許康有為奇才博識，以制度說經，精力過人。當聽聞康有為所撰《孔子會典》即將完成，廖平引之為同道，指出該書「用孔子卒紀年，亦學西法耶穌生紀年之意」，「以經包史，於近事尤詳，不泥不違，卓然大備，其有益經濟，尤勝於《三通》」。廖平放棄原定《王制義證》的計劃，反映其與康有為的政治抱負或有相通之處。康有為刊行《長興學記》，「大有行教泰西之意，更欲於外洋建立孔廟」，廖平推崇康有為「或

---

[1] 康有為：《新學偽經考後序》，見《新學偽經考》，401頁，北京：生活·讀書·新知三聯書店，1998。

[2] 常超：《「託古改制」與「三世進化」：康有為公羊學思想研究》，72頁，北京：北京大學出版社，2015。

亦儒門之達摩，受命闡教者乎！」[1]康有為《新學偽經考》力圖掃除劉歆偽學，「由西漢諸博士考先秦傳、記、子、史」，證成六經本義[2]。廖平稱道康有為「倚馬成書，真絕倫也」[3]，「後之人不治經則已，治經則無論從違者，《偽經考》不能不一問途，與鄙人《今古學考》永為治經之門徑」[4]。

　　《新學偽經考》刊行後，廖平時任尊經書院襄校，擬定《尊經書院堂課題》，其中包含不少與《新學偽經考》及其議題有關的課題：甲午三月題有「康長素以《爾雅》、《說文》為偽古文辨」，「六藝未嘗焚佚考（補康書所未備）」，「史公引用公羊說考」，「鄭學盛於六朝、古學淵源皆後儒偽撰實證」，「致康長素論《新學偽經考》書」；四月題有「古文學案（可否仿「烏臺詩案」為之，康書未備者補之，「五經不全」、「五經皆非孔子作」二條，尤宜闡發）」，六月題有「劉歆攻博士經文不全考」，「《爾雅》乃今學非古文說」等等[5]。廖平既希望在史事辨證方面補充《新學偽經考》的不足之處，更力圖糾正該書在方法與理念方面的偏弊。廖平認為《新學偽經考》對於目錄之學，尚有心得，「然未能深明大義，乃敢排斥舊說，詆毀先儒，實經學之賊也。其以新學名編者，不過即所謂今古文者而略為變通之，據序意，以賈、馬、許、鄭之學為新學，此漢儒之所謂古文也；宋人所尊述之經，即偽經，此祖詒肛說也。夫諸經中誠不免有後

1　廖平：《經話甲篇》，見李耀仙主編：《廖平選集》（上），447～448頁。
2　康有為：《長興學記》，見姜義華、張榮華編校：《康有為全集》（1），349頁。
3　廖平：《經話甲篇》，見李耀仙主編：《廖平選集》（上），497頁。
4　廖平：《四益館文集·致某人書》，見舒大剛、楊世文主編：《廖平全集》（11），663頁。
5　廖平：《尊經書院日課題目》，見舒大剛、楊世文主編：《廖平全集》（2），831～860頁。

人屢雜者，何得遍偽群經，一概抹殺耶？」康有為考察新學偽經問題，僅是在史學與目錄學層面盤旋，缺乏經學根柢，「《偽經考》外貌雖極炳烺，足以聳一時之耳目，而內無底蘊，不出史學、目錄二派之窠臼，尚未足以洽鄙懷也」[1]。廖平認為研討經學，貴在篤守舊說，致力於經傳中的微言大義，遇到可疑之處，應當以家法條例予以疏通、解釋。《周官》、《毛詩》中有後人屢雜的內容，應當就可議之處引申辨析，而不是遍偽群經，一概抹殺。康有為「力排舊說，獨逞肊見，皆謬誣之甚，妄誕之尤，不足以言治經」[2]。

廖平對《新學偽經考》的評價牽涉清季學人經與史、義與例觀念的異趣。章太炎認為清代經師「明故訓者，多說諸子，唯古史亦以度制事狀徵驗，其務觀世知化，不欲以經術致用」[3]。明故訓與觀世知化可謂史家之能事。廖平研究經學向來注重歷史沿革，研究禮學關鍵在於「辨等威、著沿革」[4]。《春秋》改制微言當於史事中尋求，治經者當述古以知今，「禮家述古易，知今難，學者判為二派，述古者鄙言晚近，治今者昧厥本源，皆非也」。經學與史學性質不同，史學以斷代為準繩，經學乃通行百代之書。史學泛言考訂，錄其沿革，《禹貢錐指》、《春秋大事表》等書皆以史說經，不得視為經學。「讀《禹貢》，須知五千里為百世而作，不沾沾為夏禹之一代而言」，胡渭「概不詳經義，泛泛考證，故以為史學，而不足以言經學」。經書以物、理分為二大門類，「《尚書》〈禹貢〉為物之王，

---

[1] 廖平：《四益館文集·致某人書》，見舒大剛、楊世文主編：《廖平全集》（11），663~664頁。

[2] 廖平：《評新學偽經考》，載《孔學》，第1期，1943。

[3] 章太炎：《清儒》，見徐亮工編校：《中國近三百年學術史論》，20頁，上海：上海古籍出版社，2006。

[4] 廖平：《經話甲篇》，見李耀仙主編：《廖平選集》，472頁。

〈洪範〉為理之本，以〈禹貢〉為案，而以〈洪範〉推行之。〈禹貢〉略如漢學，〈洪範〉略如宋學。一實一虛，一物一事」，根據〈禹貢〉研討名物，「乃知漢師破碎支離之不足以為學」；考察〈洪範〉的道理，可知理由事出，「宋人空虛惝恍之不足以為學」[1]。

康有為撰《教學通義》時，以歷史的眼光，考察禮制沿革，辨析經史關係仍以六經大義為第一義。第一次上書未果後，康有為講學長興裡，以復原孔教為宗旨，囊括中國數千年學術源流，歷史政治沿革得失，以萬國史事「比例推斷」。康有為以孔學、佛學、陸王心學為體，以史學、西學為用。綜合列強壓迫、世界大勢、漢唐政治、兩宋政治，「每論一學、論一事，必上下古今，以究其沿革得失，並引歐美事例以作比較證明」[2]。康有為要求弟子能通四史、四傳、四禮，「由董、劉而述《春秋》，因朱、陸而求《論語》，深沉之《四朝學案》，博考之以《通鑑》、《通考》，經史大義、聖道統緒，為學本末，亦得其綱領」。朱一新在評述《新學偽經考》時，認為六經切於世用，學術貴在應對時勢。當下如何濟世，「竊有治經不如治史之謬論」。朱一新主張史學要由源及流，融通經史，「移治經為治史」[3]。康有為批駁朱一新治史之論未能會通六經之大指，獲取長民輔世的良方。清代漢學「繁博而無統，迂遠而不切」，遂「積厭生叛，故不憚決然捨去，此其不溝通六經之害」。治史雖然可以從歷史事實中獲得經驗，但若拘泥於陳跡而不求其大義，「豈特三代為述而不可用，即近世漢、唐、宋、明之史，亦豈可用於中西大通之局

---

[1] 廖平：《知聖篇》，見李耀仙主編：《廖平選集》（上），215～216頁。
[2] 梁啟勳：《「萬木草堂」回憶》，見夏曉虹編：《追憶康有為》（增訂本），189頁，北京：生活・讀書・新知三聯書店，2009。
[3] 于梅舫：《浙粵學人與漢宋兼採——朱一新〈無邪堂答問〉論學旨趣解析》，載《近代史研究》，2010（4）。

哉？」[1]只有發揮六經大義，才能應對中西交匯的局面。一八九四年，康有為在桂林講學，宣稱義理、制度皆出自孔子，將公羊學義理比擬為律例，史書相當於案情。「通其旨義，則已通大孔律例，一切案情皆可斷矣」，「日抱案而不知律，則無星之秤尺，無以為斷案之地；若僅讀律而不詳覽案情，亦無以盡天下之變」。六經是孔子所確立的律例，通經之後，當遍覽子史群書，「無志於為官吏者，是甘心於下流；無志於辦天下大案者，是甘心為愚人」[2]。康有為確立公羊義理為律例，遍說群經子史，既確立孔子至聖先師的地位，又為以公羊三世說解釋歷史埋下伏筆。正如梁啟超所論康有為貫通經史，尋求治亂興衰、制度沿革的原理，「蓋先生之學，以歷史為根根，其外貌似急進派，其精神實漸進派」[3]。

起初，康有為的歷史觀注重史事流變，以史學印證經義，《新學偽經考》以兩漢史事論證經學的真偽。此後，康有為提倡公羊三世說，以進化論類比中國文明進程，上古時期史事茫昧無稽，「六經之前無覆書記」，三代文教之盛實由孔子推託，「得一孔子而日月光華」，「夷考舊文，實猶茫昧，雖有美盛，不盡可考」；東周時期，諸子並起創教，自立旗幟，激烈論辯；孔子生於亂世，創立儒教，據亂世而立三世之法，「垂精太平」，「天下歸往，大道統一」；康有為宣揚孔子改制意在影射時局，「思立教以範圍天下」。梁啟超認為康有為、廖平學術異同是義、例之別：「康先生之治《公羊》，治今

---

[1] 康有為：《來書三》，見《論學：朱蓉生侍御與康長素工部往來札》，光緒年間廣東刻本。感謝吳仰湘老師惠贈資料，相關研究參見吳仰湘：《朱一新、康有為辯論《新學偽經考》若干史實考——基於被人遺忘的康氏兩札所作的研究》，載《文史哲》，2010（1）。

[2] 康有為：《桂學答問》，見姜義華、張榮華編校：《康有為全集》（2），19頁。

[3] 梁啟超：《南海康先生傳》，見夏曉虹編：《追憶康有為》（增訂本），28頁。

文也,其淵源頗出自井研,不可誣也。……然所治同,而所以治之者不同。囊昔治《公羊》者皆言例,南海則言義。惟牽於例,故還珠而買櫝;惟究於義,故藏往以知來。」[1]在梁啟超看來,廖平研究《公羊》拘於經例,難以發揮《公羊》致用的功能,恰恰是康有為發揮《公羊》大義,指示未來之路。陸寶千指出廖平以王制為中心,貫穿今文經學;康有為則以禮運為中心,貫穿四書,「公羊本一家之言,至是而氾濫於群經諸傳」[2]。廖平以史事論證經例,張大公羊學「三統」說為重建經學系統的重要環節。康有為因事而闡發改制之義,以三世說解釋《春秋》,貫穿三統,三世之義旨在「以進化之理,釋經世之志,遍讀群書,而無所於閡,而導人以向後之希望,現在之義務」[3]。三世之義與進化史觀標舉人類歷史的普遍原則,以敘述歷史的方式解釋當下,描繪未來的希望。廖平致力於重建經學系統,維繫六經價值的普遍性與神聖性;康有為以改制學說與大同理想察往知來,為現實政治提供理論指導。二人學術重心的差別預示著今文經學在近代經史轉型過程中的不同道路。

康有為的史學觀經歷了由史事考訂、推斷經義到以公羊三世說會通歷史進化論的歷程,這一演變無疑啟發後學藉助三世之義解釋中國歷史變遷。在《變法通議》中,梁啟超明確提出中西史學存在「君史」和「民史」之別:中國之史,長於言事,所重「在一朝一姓興亡之所由,謂之君史」;西國之史,長於言政,所重「在一城一鄉教養之所起,謂之民史」[4]。梁啟超在時務學堂講求史學,譚嗣同、徐仁

---

[1] 梁啟超:《論中國學術思想變遷之大勢》,載《新民叢報》,第58號,1904。

[2] 陸寶千:《清代思想史》,259頁,上海:華東師範大學出版社,2009。

[3] 梁啟超:《論中國學術思想變遷之大勢》,載《新民叢報》,第58號,1904。

[4] 梁啟超:《變法通議‧論譯書》,見《飲冰室合集‧文集之一》,70頁,北京:中華書局,1989。

鑄等維新人士一致反思中國史學注重一家天下的興亡、維護君主一己之私的缺點；推崇西方史學以天下為公，關注民族進化與人群發達的原理。在《讀春秋界說》第九條「春秋立三世之義」中，梁啟超明確《春秋》「以明往古來今，天地萬物遞變遞進之理，為孔子範圍萬世之精意」，進而以三世說對應從變形蟲到「人」的生物進化論、從石器經銅器到鐵器的歷史發展說[1]。一九○二年，梁啟超高舉新史學的旗幟——新史學應當敘述人群進化之現象而求得其公理公例。以此為標準，中國無史學，舊史學有四病二蔽三惡果，其重要原因即在於專制制度和群智未開：「中國史家之謬，未有過於言正統者也。言正統者，以為天下不可一日無君也，於是乎有統。」、「統之云者，殆謂天所立而民所宗也。正之云者，殆謂一為真而餘為偽也。」梁氏認為民族進化應基於群力、群智、群德的發達，「統也者，在國非在君也。在眾人非在一人也。捨國而求諸君，捨眾人而求諸一人，必無統之可言，更無正之可言」[2]。一九○四年，夏曾佑刊行《中國古代史》，鮮明提出「本篇亦尊今文者」，與清朝經師不同，該書不專在講經，而是「凡經義之變遷，皆以歷史因果之理解之」，以公羊三世說與進化論詮釋中國古代歷史進程[3]。

康有為提出諸子皆有創教之舉，廖平主張只有孔子才有改制立教的資格，諸子創教說「最為謬妄」。自從康有為以《公羊》為變法宗旨，「天下群起而攻《公羊》，直若《公羊》故立此非常可駭之論，

---

1 參見狹間直樹：《東亞近代文明史上的梁啟超》，36 頁，上海：上海人民出版社，2016。
2 梁啟超：《新史學》，見《梁啟超史學論著四種》，242 頁，長沙：岳麓書社，1989。
3 夏曾佑：《中國古代史》，211 頁，上海：上海人民出版社，2014。

為教人叛逆專書，遂云凡治《公羊》皆非端人正士」[1]。廖平在《經話》開篇就批評：「或以諸子皆欲傳教，人思改制，以法孔子，此大誤也。」[2]廖平將朱一新的經史觀視之為「奴隸之奴隸」，康有為「本講王陽明學，而熟於廿四史、九通；蓋長於史學者，於經學則門外漢」[3]。廖平始終維繫孔子的崇高地位與經學的神聖價值。一八九九年，章太炎評述廖平學說有以下要點：「一曰經皆完書無缺，以為有缺者劉歆也。一曰六經皆孔子所撰，非當時語，亦非當時事，孔子構造是事而加王心也。一曰四代皆亂世，堯、舜、湯、文之治皆無其事也。一曰《左氏》亦今學，其釋經亦自造事蹟，而借其語以加王心，故大旨與《公》、《穀》同，五十凡無一背《公》、《穀》也。一曰諸子九流皆宗孔子也。」總而言之，廖平「欲極崇孔子，而不能批郤導窾，以有此弊。尋其自造六經之說，在彼固以為宗仰素王，無出是語，而不知躡其說者，並可曰孔子事亦後人所造也」，其後果導致古代歷史「無一語可以徵信」，「欲以尊崇孔子而適為絕滅儒術之漸，可不懼與？」[4]章太炎肯定漢學有古文、今文之別，分別今、古文是治經的前提，自稱「廖平之學，與余絕相反，然其分別古今文，確然不易」，「余見井研廖平說經，善分別今古文，蓋惠、戴、凌、劉所不能上」[5]。廖平說經善於分別今古，但尊孔過甚。廖平門生回應到，經學有微言、大義兩派，孔子素王改制的宗旨為微言，群經所

---

1 及門公輯：《家學樹坊・〈知聖篇〉讀法》，見舒大剛、楊世文主編：《廖平全集》（2），766～767頁。

2 廖平：《知聖篇》，見舒大剛、楊世文主編：《廖平全集》（1），203、212頁。

3 吳虞：《愛智廬隨筆》，見趙清、鄭城主編：《吳虞集》，90～91頁。

4 章太炎：《今古文辨義》，見湯志鈞編：《章太炎政論選集》（上），114-115頁，北京：中華書局，1977。

5 章太炎：《太炎文錄初編・程師》，見上海人民出版社編：《章太炎全集》第4卷，138頁，上海：上海人民出版社，1985。

載典章制度與倫常教化為大義。西漢以後，微言斷絕，兩千年來專講大義。若無微言，大義顯然無法自存，「六經道喪，聖道掩蔽」，孔子在人們心中，「非三家村之學究，即賣驢之博士」。有鑒於此，廖平「收殘拾缺，繼絕扶危，以復西漢之舊」，「合中國學術而論，以孔子為尊，必先審定孔子」[1]。

廖平學術三變之後，力主經史分流，倡導經學改良，提出舊學「專以史讀經為述古」，時下應當「以經為新經，為萬世立法。非古人陳跡」。舊學以「誦讀乃為經學」，新經學應當以「社稷人民即為學」[2]。廖平反對以經為古史，六經並非述古，而是知來，以經為古史，疵病百出。在《闕裡大會大成節講義》中更是系統陳述以經為史的弊端：「凡史事成跡，芻狗糟粕，莊列攻之，不遺餘力，孔經新，非舊經，非史」，「經說若主退化……須知經言退化，實行經意則為進化也」，「經先文後野，先大同而後小康，其說顛倒」[3]。經學是哲學，不是歷史。民初，廖平致信江瀚，說道：「今則各教林立，彼此互攻，乃逼成一純粹尊孔之學說。」[4]為了維持儒家的普遍理想，不得不高揚孔子學說的神聖價值。直到一九二〇年代給學生上課，廖平仍說：「什麼是『國學』？國學就是以歷史為基礎。什麼是『經

---

[1] 黃鎔、胡翼等：《家學樹坊‧致莉室主人書》，見李耀仙主編：《廖平選集》（下），623頁。

[2] 廖平：《集外文‧經學改良表》，見舒大剛、楊世文主編：《廖平全集》（11），811～821頁。

[3] 廖平：《四益館雜著‧闕裡大會大成節講義》，見舒大剛、楊世文主編：《廖平全集》（11），469～474頁。

[4] 廖平：《四益館雜著‧答江叔海論今古學考書》，見舒大剛、楊世文主編：《廖平全集》（11），640頁。

學』？『經學』就是以哲學為基礎。」[1]

　　嘉道以降，學者論經多分別今古，陳壽祺父子分別今古，宋翔鳳以《公羊》闡釋《論語》中孔子的性與天道之說，俞樾倡導「王魯」學說，開啟闡發今文經典微言大義的風氣，《今古學考》集其大成，張明兩漢師法。蒙文通表示：「不有乾嘉諸儒之披荊臻、尋舊詁，以導乎先路，則雖有廖氏，無所致其功。」[2]廖平主張「治經以求實用為歸，違經則雖古書不可用，合經則即近人新作亦可寶貴」[3]。廖平為了重構道與六經的關係，一方面講家法、重條例，重建古代文獻的歷史層次；一方面將六經放在孔經哲學的框架上重新解釋，經例、經義的演變始終圍繞重建六經系統，「欲求世界大同，必先於學術中變大同，以《六經》為主，以九流為之輔。此吾中國學術之大同也。能化諸不同以為同，推之治法，乃有大同之效」[4]。

　　康有為闡發經義主要是為政治實踐提供理論指導，梁啟超等康門弟子注重以進化的眼光考察中國文明史的演化，並「將中國史的展開本身就等同於中國文明價值的辨證展演」[5]。

　　在經史遞嬗的洪流中，近代學界研究今文學，集中於劉歆造偽、託古改制；自廖平《今古學考》所開啟的以家法、禮制考察經今古學的傾向卻寥落無聞。顧頡剛認為廖平著述體例散亂，文辭晦澀，閱讀其著作如誦讀古籍，要花費一番整理的工夫，康有為的著作則清楚顯

1　姜亮夫：《憶成都高師》，見沈善洪、胡廷武主編：《姜亮夫全集（24）・回憶錄》，62頁，昆明：雲南人民出版社，2003。
2　蒙文通：《議蜀學》，見廖幼平編：《廖季平年譜》，177～178頁。
3　廖平：《知聖篇》，見李耀仙主編：《廖平選集》（上），210頁。
4　廖平：《集外文・大同學說》，見舒大剛、楊世文主編：《廖平全集》（11），799頁。
5　張志強：《經、史、儒關係的重構與「批判儒學」之建立——以〈儒學五論〉為中心試論蒙文通「儒學」觀念的特質》，111頁，載《中國哲學史》，2019（1）。

谿,「此康氏之書所以能鼓蕩一代思潮,而廖氏終不過涓涓之流」[1]。呂思勉注意到廖平、康有為的分別,康長素提倡孔子託古改制,導致「後古勝於今之觀念全破,考究古事,乃一無障礙」;廖平以禮制分別經今古文,「而後今古文之分野,得以判然分明」。廖平、康有為二人學說是「經學上之兩大發明」[2]。呂思勉還強調「後來人所謂託古改制,多非康長素的本意」,「所謂疑古者,亦和康長素無甚關係」,康有為極大影響後來史學思潮,「古史的不確實,這在今日,是人人會說的,而說起這話來,往往引起『託古改制』四個字」[3]。康有為破除「後古勝於今之觀念」,為進化史觀開道,古史辨運動揚棄康氏學說。廖平門生蒙文通、李源澄則重塑近代今文學系譜,表彰廖氏《春秋》學,嘗試建立儒史相資、義事兼備的學術系統。

---

[1] 顧頡剛著,王煦華整理:《綏齋藏書題記》(三),27頁,上海:上海圖書館歷史文獻研究所編:《歷史文獻》第三輯,2000。

[2] 呂思勉:《論經學今古文之別》,見《呂思勉讀史札記》(中),725頁,上海:上海古籍出版社,2005。

[3] 呂思勉:《從章太炎說到康長素梁任公》,見《呂思勉論學叢稿》,392~406頁,上海:上海古籍出版社,2006。

第二章
今古之爭：四川國學院時期的廖平與劉師培

　　近代學人中，劉師培、廖平二人素以多變著稱，廖平的「六變」不待多說，劉師培的三次政治轉向也常為世人詬病。雖說劉師培秉承家學，但稍加考察，不難發現，一九〇八年入端方幕府之後，其學術有較大轉變：由原來頗具意氣之爭意味，與今文學立異、格義中西甚至中西附會，轉向回歸樸學。辛亥入川，劉師培的政治立場有危及其性命之虞，使他不得不暫時遠離政治。相反，廖平是時正處於「四變」時期，清朝覆滅後不僅重獲被趙啟霖剝奪的教育權，而且由於在四川保路風潮中的積極表現，被四川軍政府任命為樞密院院長。一入民國，廖平的政治形象可謂相當正面。劉師培、廖平二人在一九一〇年代初，學術上，一回歸樸學，一神化孔子；政治上，一損一榮。截然相反的學術旨趣與人生境遇，或使兩位今古文大師即使並沒有正面交鋒，但在同時執教四川國學院時，隱然形成一種「爭辯今古」的氛圍。

一　「有東西無南北」

　　一九一二年二月，川省在清末四川存古學堂的基址上，以存古學堂的學生與經費組成國學館，用「存古學堂國學館」的名義繼續開

辦。國學館分為三部：教科部、印刷部、雜誌及講會部，而原有存古學堂學生概為舊班（又稱本班），並新招預備班，辦學宗旨及學科設置多沿襲存古舊制。辛亥革命時期，「大漢四川軍政府」沿襲唐宋舊制，設樞密院為諮詢機關，聘請廖平為院長，下設院士數人。尹昌衡任四川都督之後，為了整理四川文獻，蒐集國史文徵、編修光復史，將樞密院改組為國學院。劉師培入川時的尷尬身分與險惡遭遇，令他身心困頓。但或許正因為「川人到南人程度，尚待十年之後」[1]，故對兼有清代漢學殿軍、新學鉅子美譽的劉師培禮遇有加。政治風潮過後，國學院聘請名宿十人負責各項事務，以吳之英為院正，劉師培為院副，下設院員八人。國學院以研究國學，發揚國粹，溝通古今，切於實用為宗旨。所辦事宜主要有：編輯雜誌、審定鄉土誌、搜訪鄉賢遺書、續修通誌、編纂本省光復史、校定重要書籍、附設國學專修科。一九一二年十一月，四川省議會以國學院、國學館性質相近，為節省經費，將國學院與國學館合併，院址遷至存古學堂舊址。院正由吳之英擔任，原存古學堂監督謝無量與劉師培同任院副。國學學校附設於國學院，劉師培以院副兼任校長。可以想見，巴蜀學人對劉氏漢學殿軍、新學鉅子的雙重身分十分認同，吳虞更是亟不可待向劉師培請益研習漢學的方法。

「國學」一詞，古已有之，特指國家一級的學校。二十世紀初，近代意義的「國學」概念開始普遍使用，相對於新學多指舊學，相比西學多指中學。統而言之，即中國傳統學術[2]。這一模糊而籠統的界定使得「國學」一名的含義隨世遷轉，屢變不定。清末民初的「國

---

[1] 中國革命博物館整理：《吳虞日記》（上），49頁，成都：四川人民出版社，1984。

[2] 桑兵：《晚清民國時期的國學研究與西學》，載《歷史研究》，1996（5）。

學」觀，呈現出一種超越儒學的有意傾向[1]。章太炎於一九〇六年曾言：「為甚提倡國粹？不是要人尊信孔教，只是要人愛惜我們漢種的歷史。這個歷史，是就廣義說的，其中可以分為三項：一是語言文字，二是典章制度，三是人物事蹟。」[2]孫叔謙亦認為國學必須匯聚立國以來歷代思想學術，侷限於一家的思想學術只能稱為一家之學，而不能視為國學：「朕即國家之妄語，久為天下所棄。思想學術，猶有同情。一家之學，不稱國學，即渺渺之躬，不可命名國家也。」若僅以儒術為國學，「則若道，若墨，若法，若陰陽，若兵，若農，與鄒魯薦紳，勢類水火，將屏諸國學之外乎？指為夷狄之學，盜賊之學乎？」以儒術為國學，「名不稱實之舉也，朕即國家之學也」[3]。

相形之下，四川國學院為全省推廣國學，發揚國粹，編纂《四川國學雜誌》以尊孔研經為主旨，「以資發揚弘義，鼓吹群倫，事基重也。憶昔大地犿榛，東方先旦，神州建國，聖哲篤生，撰合乾坤而倫理出焉，天精地粹，會其極於我孔子」。《四川國學雜誌》志在「博文約禮，溫故知新，下學上達，自有夷途，近收麗澤之益，遠征心理之同」[4]。在「國粹以孔子為正宗」的義例下，四川國學會內部對如何發揚國學存在分歧。劉師培曾於二十世紀初指出中國不保存國粹：「世之稱中國者，孰不曰『守舊之國哉』？雖然守舊者，必有舊可守者也，必能保存國粹者也。乃吾即今日之中國觀之，覺一物一事之微，無一與古代相同者。吾得以一語而斷之曰：中國並不保存國

---

1 參見羅志田：《國家與學術：清季民初關於「國學」的思想論爭》，北京：生活・讀書・新知三聯書店，2003。
2 章太炎：《東京留學生歡迎會演說辭》，見湯志鈞編：《章太炎政論選集》（上），276頁。
3 孫叔謙：《國學：致甲寅雜誌記者》，載《甲寅》，第1卷，第4期，1914。
4 曾學傳：《國學雜誌義例》，載《四川國學雜誌》，第1期，1912。

粹」。究其原因,「按之中國之制,則非合進化之公理者也」,那麼,今日中國「豈猶有國粹之存耶?」[1]入端方幕府後,劉師培上書稱:「守禮即所以保邦。為學首基於植本」,主張興辦國學專門學校,「至學生畢業之期,限以三載,俾得各出其所習,施教於其鄉,以膺國學教員之任,庶尊孔愛國之詞,克以實踐。即正人心、息邪說之功,胥於是乎在」[2]。任教四川國學院,在為《國學雜誌》作序時,劉師培更是提出「夫為人之學,非徒接銜賴贏已也,詘伸偶變,用學混同。即志佛時,亦攸為已。何則,用世之術,卑邇斯周」,「治學之方,弟隆求是,秉執品科,以稽為決」[3]。國學院院正吳之英非常認可劉師培的主張,吳之英宗主鄭學,「創通大義,發疑正讀,與二戴、高密未知孰為後先,賈公彥以下弗及也」[4]。其論學主張專精求是,「古論學問,唯專乃精。約禮未能,博文無當」,「要所以成此專執,薈精一家,固無害其通才,乃有補於雅教,不然涉獵失御,枉娟心目,氾濫忘歸,猶矜口耳」[5]。

另一方面,四川國學院中,廖平、曾學傳倡言尊孔,組織與參與過多種尊孔團體。曾學傳主張「學當致用」,「君子之學,豈有殊端,令民生惑,惟革變之秋,群言蜂起,眾流競進,不為鈞元,曷贍大道,懿維孔學,群倫之宗,萬流之極,不可不察也。」孔子之學是性理學,「其為道也,經緯弘博,不名一家」;老學是生理學,「隆

---

[1] 劉師培:《論中國並不保存國粹》,載《警鐘日報》,1904-06-22。
[2] 劉師培:《第三次上端方書》,見萬仕國編著:《劉師培年譜》,174~176頁,揚州:廣陵書社,2003。
[3] 劉師培:《國學會序》,見萬仕國編著:《劉師培年譜》,220頁。
[4] 黃崇麟:《壽櫟廬叢書敍》,見《壽櫟廬叢書》,名山吳氏刻本,1920。
[5] 吳之英:《答人問博學書》,見吳洪武等校註:《吳之英詩文集》,285頁,成都:四川大學出版社,2008。

古治化旁流，吾民不識不知順帝之責」；管墨之學是生計學，「古者六府之修，五土之宜，食貨百工之治」；佛學是靈魂學，「非吾儒性理經世之學」，「可為權法，特非若董子所謂天地之常經，古今之通誼也」。在孔、老、管墨、佛四學中，孔學為「吾國學之粹也」，且「吾道固自足也，夫若佛老之去欲返本，管墨之為民謀生，良有足多者，故論之，俾學者知吾儒之粹，眾美悉備而無其失，巋然為倫理宗主，本末大小精粗一貫也」[1]。在梳理歷代儒學源流時，曾學傳批評章太炎「以為儒術惟文學著作而止，不及德行」，告誡學者應當「立天下之大本而後漸達於聖人經世之用」，切忌「饒瓷以文學自大，張己伐人，釣名賈利以欺天下之耳目」[2]。與曾學傳偏於尊孔的國學相比較，廖平有過之而無不及，「今欲尊孔保教，必先捨去制義講章之腐語，與夫心性道妙之懸言，而專就日用倫常研究其利害堅脆」[3]，「至聖生知俟後諸名義，久失其傳，諸儒不得其解，遂以古文考據義理八比為孔子，欲明經學，必先知聖與製作六經之本旨。近有《知聖編》、《製作考》等書。今擬掇其精華，分門別類，更加推闡，學者必先知聖而後可以治學，必先知經而後可以治中西各學」[4]。南方有學人稱「廖說若行，南方經學，罕能立足」[5]。朱昌時認為「廖氏其人厄於當道」，「但巋然獨存」，曾極力向鄧實表彰四益館諸書[6]。

劉師培曾作《南北考證學》，認為「近代之儒所長者，固不僅考

---

[1] 曾學傳：《國學鈎元》，載《四川國學雜誌》，第 1 期，1912。
[2] 曾學傳：《歷代儒學概論》，《世界觀雜誌》第 1 卷第 4 期，1915 年 11 月，57-58 頁。
[3] 廖平：《四益館文集・中外比較改良編序》，見舒大剛、楊世文主編；《廖平全集》（11），679 頁。
[4] 廖平：《四益館雜著・治學大綱》，見舒大剛、楊世文主編；《廖平全集》（11），628～630 頁。
[5] 吳虞：《愛智廬隨筆》，見《吳虞集》，91 頁。
[6] 朱昌時：《致鄧枚子書》，載《蜀報》，第 5 期，1910。

證之學。然戴東原有云：有義理之學，有詞章之學，有考證之學。則訓詁、典章之學，皆可以考證一字該之」，且「著作必原於考據，則亦可以考據該近代之學」。若就地域而言，「雖學術交通，北學或由北而輸南，南學亦由南而輸北，此學派起源，夫故彰彰可證者也，黃、惠、江、莊，謂非儒術之導師歟？且南、北學派雖殊，然研覃古訓，咸為有功於群經」。劉氏由此慨嘆，「近儒考據之精所由，非漢、魏以下所能及也」[1]。劉師培將近代考據學視作清儒學術精進的代表，以南北言考據學，東部學人習以為常。但歷經晚清近四十年的「蜀學」復興之路，巴蜀學人的自信心可謂空前高漲，楊贊襄質疑劉師培「南北考證學」的劃分，為「蜀學」爭名分：

> 楊贊襄曰：震旦山河，古今兩戒，流域分而流派異。南北學派之不同，實地理上之關係也。顧劉子之論此也。有諸子學派，有經學派，有理學派，有考證學派，諸子萃於周秦，經師衍於漢魏。性理盛於宋明。茲不具論，論考證學。考證之興，近今為盛，維新以前之學派，均考證學派也。惟是泰西文明，近輸遠東。舊新接觸，虛實互形。考古之勤，奚裨實用？抑考證學者，國粹之階鑰也。中國國粹，以經學為本源，自余皆其支流也。清朝考證以經學為中堅，自余皆其芧匯也。派中鉅子類博而精，既足附驥不朽，前任其勞，後享其逸，前說其博，後反其約，今治國學，實受其賜矣。抑此學者，又進化之影響也。西學進步，始自培根，首創歸納論理學，嗣是專科成立，學者復分科研討，遂成今日之文明。清朝諸大師，固憒於致用。然

---

[1] 劉師培：《南北學派不同論・南北考證學不同論》，載《國粹學報》，第 1 卷，第 4 期，1905。

為伯厚楊焦所弗逮，何則？南方學派三，北方學派二，皆由演繹而進於歸納者也。治一器而工聚焉者車為多，經學其考證家之車乎？解經必先訓詁也，於是有小學。讀經必求善本也，於是有校勘學。譚經必詳形勢也，於是有地理學。說經必考文物也，於是有制度學。而小學又分音韻學及金石學，校勘學又輔以輯佚學。經之內界，又分為今古文學，經之外界，又輔以史學、子學，學愈進則剖析愈精，近於生計家之分業矣。近人以東樵、百詩譬宋孫、胡，定宇、東原譬宋濂洛，王伯申父子譬宋紫陽，與此論不無出入，而皆有南北吳皖之見存。至於休寧戴氏，實集大成，以比陽明，毋寧以比晦叔。蓋皆皖產，據南北之陸際，有江淮之溝通，其吸收也易，其分佈也亦無難。故乾嘉以降，皆其附庸，即鄭子尹、俞蔭甫諸人，何莫非戴之支別哉？今汽船雲集滬上，鐵道輻輳漢口，滬漢者天下之樞也。故地氣自西徂東，則鐘於吳越，自東至西，則鐘於楚蜀。舊邦既煥新猷，舊學亦開新派。吳則劉子，越則太炎，其考證用古文法式，而理論則近於今文，又湛於佛。昔宋學藉玄理而昌明，二子其有意乎？楚南則湘綺提倡今文家說，及主講尊經書院，其道乃大行於吾蜀。吾師富順宋先生於微言大義，獨有會心，其宗旨在以教養致富強，夫然後通經乃能致用。襄及中江劉退溪，資州郭景南，拳拳服膺焉，資州饒焱之則得其小學，此富順學派也。井研廖氏亦別有會心，其宗旨以皇帝王霸循環逆數為歸宿，或咎其符命，不盡然也。其門人之篤信好學者，唯青帥王佐。廖學又逾嶺而南，康、梁實為鉅子，與章、劉旗鼓中原，遂影響於革命、保皇二黨，此井研學派也。夫章、劉、王、宋、廖、康皆思以其道易天下，太史公所謂此務為治者也，豈從前考證家所能及耶？湘綺門下蜀士，尚有華陽呂雪

堂,以樸學鳴,又有新寧傅晉卿,亦湘潭學派也。楚北則吳華峰,墨守古文家說,劉幼丹長於金石學,襄嘗問字焉,是亦舊考證家也。疇昔讀《漢書》〈儒林傳〉,至田何《易》東之嘆,竊疑兩漢經學有東西無南北,今之新考證家亦復如是。無山脈河流之扞格,而有船舶汽車之交通,理論漸趨統一而事實隨之,漢代所以威震華夷也。願以質之劉子。[1]

　　楊贊襄是宋育仁的高徒,時任國學院史學教員,他極力主張,學術之分在晚清以降當以「東西」代「南北」,「東」自然是漢學大本營「吳越」,「西」則是以今文學開關新考證學的「楚蜀」,甚至就「理論」而言,吳越也要納入今文的範圍,所謂「理論漸趨統一而事實隨之」。這言外之意自然是要以巴蜀為代表的今文學為學術正統、為主流,而「吳越巨儒」僅為附庸而已。此篇原屬舊作,此時發表一定意有所指,就文中所提及的蜀學鉅子宋育仁、廖平而言,宋育仁長期在川外遊歷,那麼「東」、「西」之爭落實在國學院中便是「古文學」大師劉師培與「今文學」大師廖平之間的角力。
　　今古觀念的分歧造成了國學會內部的人際分殊。國學院院正吳之英善說禮制,對廖平創分今古、發揮孔經哲學的主張頗不以為然,「禮制何必說古今,歷代損益聖賢心」,「每思君法我欲去,又憾我

---

[1] 楊贊襄:《書劉申權南北考證學不同論後》,載《四川國學雜誌》,第3期,1912。此文後有跋語:「此丙午舊作也,維時首夏清和,與陳衡山先生閱《國粹學報》,至儀征劉申叔所撰《南北學派不同論》,未嘗不嘆息,想見其為人,因昉康成憂《詩》之意,作《考證學書後》,以志景仰。駒光過隙,款已七年,廣州、成都發難於前,武昌、金陵成功於後,匪獨改換數千年政局,即發難地域,亦不在皖。是不幸多言而中也。所幸申叔入川,常相過從,商量邃密,今也其時,檢付手民,聊以志鴻雪因緣爾,民國元年九月中旬南公自跋。」

法君不與。擬革君法用我法，古人心情在何許？」[1]因此，吳氏希望劉師培能扭轉國學院中「肆揮今文」的學風。吳之英就此曾致信胡文瀾：「院士彬彬，頗盡西南之美。況廖季平，一廛近市，絳帳垂門。近與劉申叔清語，便如忘食忘寢。令我同治院事，尤為身臂相伏。」[2]吳、劉二人學風相近，相互之間多有讚譽。對廖平之學，二人則多持異議。國學會內部對今古相爭的情況有著清楚的認識，《國學雜誌》發刊義例中對此有所調和：「即或漢宋交攻，朱陸互辨，要在明理，非關爭鬥，折衷至當，道有攸歸，庶幾匡時之萬一。」[3]可以說，劉師培入川在某種程度上改變了四川的學術格局，對「漢學」在蜀地的推廣大有幫助，時人認為劉師培「手訂《左庵集》雕版行之，蜀學丕變」[4]。然廖平之學為「蜀學」大宗，弟子遍及川省，今古文大師廖平、劉師培於國學院角力，為民初國學院講學授徒之主線。二人爭辯今古，淵源有自，可謂清末「蜀學」與江浙學術爭鋒的縮影，「今古之辨」集於一校，更是近代學術史上少見的文化現象。

二　天人性命與禮制之別

當時，廖平在國學院內發揮今文學，高談「天人之際」。不過今文學與天人之學的講學對象存在差別。廖平在〈尊孔篇〉中提到：「此乃私家撰著，不必引為學堂課本。蓋宗旨雖極正義，入理至為深邃，恐程度不合，反生疑怪。為中外提倡微言，發明哲理，閱者以哲

---

[1] 吳之英：《寄廖平》，見吳洪武等校註：《吳之英詩文集》，67～72頁。

[2] 吳之英：《與胡文瀾書》，見吳洪武等校註：《吳之英詩文集》，261頁。

[3] 曾學傳：《國學雜誌義例》，載《四川國學雜誌》，第1期，1912。

[4] 尹炎武：《劉師培外傳》，見《劉申叔遺書》，17頁，南京：江蘇古籍出版社，1997。

學視之可也。[1]因此，廖平多在國學會定期講論微言之學，而在國學學校課堂講授群經大義則多以《經話》為依據，「其說經之書，初謂之《經話》，如《今古學考》諸作，皆自《經話》中錄出，遂成卷帙。所自著書，學人有持以問者，見輒改，數十年中著書百餘種，早年所定稿，亦時以晚說入之，數行之間，每有同異。刊定舊稿，於說之已變者時存而不改，曰以存入門之跡，故讀其書、聽其言，不易得其一是之書」[2]。劉師培主講音韻訓詁與《春秋左氏學》，「諸生六十人，人習一經，習《春秋左氏傳》者計十有一人」，有蕭定國、向華國、皮應熊、唐棣農、魏繼仁、李燮、李茵、華肅、楊斌、鄢煥章、馬璽滋等。劉師培主張治漢學唯在諦古言、審國故，「講授之餘，課以札記。有以疑義相質者，亦援據漢師遺說，隨方曉答」[3]。廖平、劉師培在辨明經史關係、天人性命之說、經今古文起源等重大問題上，「持各有故，言各成理」。

作為清代漢學的殿軍人物，廖平與劉師培皆批評清代漢學以《說文》與兩《經解》為主流、陷入小學家窠臼。廖平認為兩《經解》卷帙雖繁，但皆《五禮通考》、《經籍纂詁》之子孫，清代各經新疏與某經正義稿，大都不能擺脫小學家的窠臼。劉師培認為前世為類書者（如《太平御覽》、《藝文類聚》），散群書於各類之中；清世為義疏者（正義之類），又散各類書於經句之下。不過，劉師培仍堅持「讀書從識字始」，「先識字，次字義，次成句，次成文。習為本國文字也，訓詁為中國文字之本。習洋文不知訓詁，必取洋字以眩奇，滔滔不返，中國文字之亡無日矣。以許氏《說文解字》為本，輔以王

---

[1] 廖平：《尊孔篇》，載《國學薈編》，第2期，1914。
[2] 蒙文通：《廖季平先生傳》，見《經史扶原》，143頁。
[3] 劉師培：《春秋左氏傳答問·序》，見《劉申叔遺書》，311頁。

氏說文句讀,亦不至繁博而無實用」[1]。劉師培在國學院為諸生講解《說文解字》,現存〈答四川國學學校諸生問《說文》書〉一文,應當是講課之後,回答學生關於《說文》的若干疑義,如「音近誼通之說」,「古字通用定例」,「同部之字均從部首得形,所從之形亦或誼殊部首」,「許書讀若例」,「大徐新附得失」,「重編許書以六書為綱」等,此時劉師培一改前期音近義通與同音通用之字為偽跡的說法,對於新增事物,主張於《說文》中取義訓相當的古字命名,而反對添造新字新詞,這與之前劉氏提倡減省漢字,改用拼音字,統一國語的主張,判若雲泥[2]。現存一份蒙文通於一九一三年四川國學院考試「經學」的試卷。考題為院長劉師培所命:「大徐本會意之字,段本據他本改為形聲,試條考其得失。」蒙文通答卷三千餘字,工筆正楷,一筆不苟,得分九十八。劉師培批語:「首篇精熟許書,與段、徐得失融會貫通,區別條例,即昭且明。案語簡約,尤合著書之體。次亦簡明,後幅所得各例,均能詳人所略。」[3]劉師培的讚賞對蒙文通而言無疑是莫大的激勵,但廖平卻在此時責罵他:「郝、邵、桂、王之書,枉汝一生有餘,何曾能解秦漢人一二句,讀《說文》三月,粗足用可也。」[4]因為在廖平看來,「經學自小學始,不當以小學止」,「小學既通,則當習經,蓋小學為經學梯航。自來治經家未有不通小學者,但聲音訓詁,亦非旦夕可以畢功。若沉浸於中,則終

---

[1] 劉師培:《劉申叔集外佚文》,見梅鶴孫著,梅英超整理:《清溪舊屋儀征劉氏五世小記》,106頁,上海:上海古籍出版社,2004。

[2] 劉師培:《答四川國學學校諸生問《說文》書,見《劉申叔遺書》,1732~1736頁。錢玄同:《劉申叔遺書・序》,見《劉申叔遺書》,29頁。

[3] 李有明:《經史學家蒙文通》,見政協四川省文史資料研究委員會、四川省文史館編:《四川近現代文化人物》,157頁,成都:四川人民出版社,1989。

[4] 蒙文通:《廖季平先生傳》,見《經史抉原》,139頁。

身以小道自域，殊嫌狹隘。」[1]

　　中西學術競爭，文字為一大樞紐。為了尊孔與學術大同，廖平著力考察文字源流，於一九一二年寫成《中國文字問題三十題》，認為文字是孔子所創造，「將來四海統一，折衷一是，於地球中擇善而徒，必仍仿秦始，盡焚字母各書，獨尊孔氏古文」。在一九一三年出席北京全國讀音統一會上，廖平提出此說，有學者當即認為「非有古用字母之實跡，不足以厭服人心」[2]。廖平當時無以應答，遂與二三同學研究，得證十六條，考察文字起源問題，支持天人學說以及經史分流說。既然文字為孔子創設，那麼所謂古史記載自然在孔子之後，「古史不傳，今所誦習六書文字之說，統出孔後，全屬經說」。哲學與歷史事實或相反對，「惟孔子空言垂教，俟聖知天，全屬思想，並無成事」。舊史在孔子之前所臚列的帝王周公，全都屬於經學範疇。六藝為舊史，六經為新經，孔前舊史為駢音書寫，六書文字專屬於孔氏古文。「六經立言非述舊，空文非古史」，「其論孔學大要，在經史之分，語、文之別」。廖平反對把經學當成古史來研究，批駁「六經皆史說」，「龔定庵、章實齋之流，以經為古史最謬」[3]。經書記載上古以前的政治、社會越完美，史實卻是越古越荒蠻而未開化。這種矛盾現象恰恰被廖平作為經史分流的明證。六經與歷史時間的序列是顛倒的，經學以哲學為基礎[4]。

　　廖平此時主張天人之學、「經史分流」，主講孔經哲學，宣揚孔子製作。而出自《左傳》世家的劉師培向來傾向於「六經皆史」，去除經典的神祕性與神聖性，將經當作一般的史料文獻，將經典「文獻

1　廖平、吳之英：《經學初程》，見舒大剛、楊世文主編；《廖平全集》（1），460頁。
2　廖平：《文字源流考・敘二》，見李耀仙主編：《廖平選集》（下），577頁。
3　廖平：《孔經哲學發微》，見李耀仙主編：《廖平選集》（上），299～305頁。
4　王汎森：《從經學向史學的過渡——廖平與蒙文通的例子》，載《歷史研究》，2005(5)。

化」[1]。他雖在二十世紀初激烈的抨擊過今文家的改制說，不過，此時對於廖平「經史分流」的觀念劉師培給予了充分理解，並未予以正面批評。在為《中國文字問題》作序時，劉師培指出廖平「或貿更前籍，贅附駢辨」[2]，但卻支持廖平簡化文字，務反俗詞的主張。另外，為了給《左傳》傳經正名，劉師培在一定範圍內對「六經皆史」說有所修正：主張《春秋》「非從史」，「《春秋》名一書二，前史後經，史出魯臣所錄，經為孔子所修」。《左氏春秋》乃傳主弼經而作，「經者，製作之微言；傳者，經文之通釋」[3]。可見，有學者稱「在近代著名的經學家中，只有劉師培曾和廖平相處過一段時間，相互之間有一定的瞭解，因而他對廖平在經學上的貢獻所作的評價，比較客觀、全面、具體」[4]，確為的論。南桂馨也認為劉師培落入四川，與廖平、宋育仁等相往還，「稍渝其夙昔意見，於今文師說，多寬假之辭，曰：季平雖附會周章太甚，然能使群經連環固結，首尾相銜，成一科學，未易可輕」[5]。

或許正是出於瞭解，劉師培才肯定廖平學說「緘中紘外，持至有故，非躐踖駢辯之方也」，而認為時人對廖平的輕慢乃「率彼蔓附，支引諸誼耳，顧於本端則弗審」[6]。世人對廖平之學只知末節而不明根本。章太炎對廖平亦持類似態度，雖批評廖氏「欲極崇孔子，而不能批郤導窾」，流弊甚大；但亦認可其「精勤虛受，非鹵莽狂仞者

---

1 許惠琪：《劉師培論「六經皆史」》，載《中國文學研究》，2006（22）。
2 劉師培：《中國文字問題·序》，《左盦外集》，見《劉申叔遺書》，1771頁。
3 劉師培：《春秋左氏傳古例詮徵》，見《劉申叔遺書》，323-326頁。
4 李耀仙：《〈廖平選集〉（下冊）內容評介》，見《梅堂述儒》，381頁，成都：四川大學出版社，2005。
5 南桂馨：《劉申叔遺書·序》，見《劉申叔遺書》，32頁。
6 劉師培：《左盦外集·非古虛（下篇）》，《劉申叔遺書》，1415頁。

比」。針對有人輕薄廖平學說，章太炎申明：「廖季平的經學，荒謬處非常多，獨得也很不少。在兄弟可以批評他，別人恐怕沒有批評他的資格。」[1]有鑒於此，劉師培抓住廖平四變時的核心問題——天人性命學說，接連撰文與廖平討論「天人之學」與「性命之說」。廖平在《四益館經學四變記》裡以《大學》為人學，《中庸》為天學，人學為六合以內，天學為六合以外。孔子自稱不言鬼神，是為學次第問題，廖平創立「天人之學」，遂可通於天地、鬼神、生死等玄妙問題。儒釋道三家會通可使《素問》、《靈樞》、《楚辭》、《山海經》、《莊子》、《列子》、《穆天子傳》及佛典等原本被指摘為「詭怪不經」的言論，都得到合理的解釋，並證明為真[2]。一九一三年，廖平刊行《孔經哲學發微》，專節論述「天學神遊說」，強調「人事為學，天道為思」，孔子可「知天知人，觀志觀行」[3]。劉師培在入川之前少有文字直接論述天人性命學說，但當廖平將《四變記》相贈時，他隨即作《與廖季平論天人書》，對「天人之學」提出質疑：

> 夫經論繁廣，條流夼散，仰研玄旨，理無二適。蓋業資意造，生滅所以相輪；覺本無明，形名所以俱寂。勢必物我皆謝，心形同泯，理絕應感，照極機初，超永劫之延路，拔幽根於始造，非徒經緯地天，明光上下，逞形變之奇，知生類之眾己也。至於《詩》、《易》明天，耽周抱一，鄒書極喻於無垠，

---

[1] 章太炎：《留學的目的和方法》，見馬勇編：《章太炎講演集》，23頁，石家莊：河北人民出版社，2004。

[2] 參見謝桃坊：《批評今文經學派——劉師培在四川國學院》，載《成都大學學報（社科版）》，2008（2）。

[3] 廖平：《孔經哲學發微》，見李耀仙主編：《廖平選集》（上），374～377頁。

屈賦沉思於輕舉，雖理隔常照，實譚造宿業，使飛鳶之喻有徵，迓龍之靈弗爽。然巫咸升降，終屬寰中；穆滿神遊，非超系表。何則？輕清為天，重濁為地，清升濁降，輪轉實均，是知宙為遷流，宇為方位，宙兼今古，宇徹人天。內典以道超天，前籍以天為道，玄家所云方外，仍內典所謂域中耳。以天統佛，未見其可。[1]

劉師培力圖表明古代典籍繁多，學術源流雜亂，但孔學之真唯一。儒、釋、道各有其所應對的「宇」、「宙」範圍，以《詩》、《易》之「天」的觀念去包涵佛理，使之同一，自是不通。二者「部居既別，內外有歸」，若是「引為同法」，不但「無資崇孔」，反而「括囊空寂，轉蠱孔真」，陷入夷夏化胡的怪論之中。廖平覆信則重申「孔子製作，生民未有，六經五緯，道澈天人，墨列老莊，咸承派別」，「大義所揭，止於聖人，而微言之好，則極六合」，倡天人學說乃「例以進化」，「敢言先覺」[2]。廖平又發表《孔子天學上達說》申明：「昔者方士糅合道釋於六藝，識者莫不非之，今乃拾其餘唾者，以前為野蠻之牽合，今則為文明之變通。」廖平倡天人學說，旨在駁斥「偏經廢經之言」：「講時務者，方求切效於數年數十年內，今為此說，亦可謂迂闊不近事情，然分知行，辨大小。先師之說詳矣，並行不悖，無所取捨，或近或遠，各擇善從之可也。」[3]

至於天命學說，廖平在〈知聖篇〉中認為孔子五十知天命，「實有受命之瑞，故動引天為說。使非實有證據，則不能如此。受命之

---

[1] 劉師培：《左盦外集·與廖季平論天人書》，見《劉申叔遺書》，1731頁。
[2] 廖平：《復劉申叔書》，載《中國學報（洪憲）》，第2期，1916。
[3] 廖平：《孔子天學上達說》，載《四川國學雜誌》，第8號，1913。

說，惟孔子一人得言之」[1]。正是基於孔子受命之說，廖平才會將孔學進一步放大至「天人之際」。劉師培在國學學校專門撰《定命論》，根據上古典籍，明儒墨「命」說之別，與廖平商榷：

> 人無智愚，咸有趨福避禍之心，顧成敗禍福或出於不可知。中國古說計三家：一為墨家，以為鬼神福善禍淫；一為陰陽家，謂吉凶可依術數趨避。以今觀之，人世禍福，恆與積行不相應。墨說之乖，不攻自破。陰陽家之說，《論衡》所駁，頗中其微。以事有前知證之，則孔子惟命之說，迥較二家為長。孔言惟命，於命所自來，書缺有間。釋教以積因說命，說至纖悉。孔子之說，似弗與同。又深稽孔說，似以命由天界，且畀賦出自無心。天道悠遠，誠非淺學所窺。然果如孔說，則牴牾似稀，非若墨家之破也。

實際上，劉師培也承認惟命之說發自孔子，「古說不言命，言命乃孔子新說」，但後世歧說頻出：「後儒說無命，有鬼神，是主持《詩》、《書》舊說；說有命，無鬼神，是主持孔子新說。廖井研說六經皆孔子作，何孔子一口兩舌耶？」廖、劉二人的分歧在於廖平志在倡言孔子以應付世變，故言「受命」、「天命」，劉師培則本於漢學求真求是之傳，為中國學術前途考慮，故以世法言孔學：「惟命之說為孔學真宗之一，並非淺近科學家所能道破，命與宇宙相始終，惟出世法，言孔學惟命之說當依據世法言之。」[2]在四川國學院，他特意向學生提出六個值得思考的問題：命當研究之原因、孔子論命與古

---

[1] 廖平：《知聖篇》，見李耀仙主編：《廖平選集》（上），187頁。
[2] 劉師培：《左盦外集‧定命論》，見《劉申叔遺書》，1701～1702頁。

說不同、命之有無、命所由來、命可改不可改、儒者論命之誤，並略抒己見，啟發後學的思考。

劉師培和廖平在諸多問題上的各持己見，重點集中在經今古文問題，廖平專就禮制之別考察經今古文學，主張今學禮制在《王制》，古學禮制在《周禮》，著為《今古學考》，綱舉目張，「然後二家所以異同之故，燦若列眉」，今古文分歧糾葛，得以縷析區分，各歸部居，不相雜廁。一開始，劉師培堅信「所謂今古文者，以其由古文易今文有先後之殊，非以其義例有不同也」，但後來逐漸接受了廖平以禮制分今古的觀念，並稱讚廖平「長於《春秋》，善說禮制」，通貫漢師義例，尋源竟委，涇渭分明；廖平批駁鄭玄、杜林、范甯等人之謬說，擊中要害，如泥牆崩塌，實乃深知經學家法義例之傑出人才，「魏晉已來未之有也」。不過，通過考察兩週禮制之殊，劉師培也批評廖氏「以一王之制所以設規矩，備使用，弗容殊形異勢」，若依據前制，考察兩周史事，推跡行事，可證廖平之說「匪諶」[1]。正是出於對東周、西周禮制的不同認識，廖、劉二人在漢代經今古文學起源問題上，解釋各異且各自屢變不定，這讓國學院諸生感覺「朝夕所聞，無非矛盾，驚駭無已」。蒙文通對此便記憶猶新：

> 時廖、劉兩師及名山吳師並在講席，或崇今，或尊古，或會而通之。持各有故，言各成理。[2]
> 經學胡因而成此今古兩家，其說禮制又胡因而致今古之參錯，初則以為孔子晚年、初年之說不同也，說不安，則又以為孔氏之學與劉歆之偽說不同也，而《大戴》、《管子》乃有為古學

---

[1] 劉師培：《左盦外集・非古虛（下篇）》，見《劉申叔遺書》，1415頁。
[2] 蒙文通：《經史抉原・序》，見《經史抉原》，46頁。

作證者，則又以為大統、小統之異，《小戴》為小統，《大戴》為大統，歡然以為昔之說一林二虎，今之說若套杯之相成，此廖師說之累變而益幽眇者也。左庵師於此亦有二說：其以明堂有今古兩說者，蓋一為酆鄗之制，一為雒邑之制；其以疆裡有今古兩說之異者，一為西周疆裡，一為東周疆裡。皆欲究此兩家不同之故。[1]

關於廖平對經今古文起源解釋，隨著其學術思想的變化，都會做出相應的調整，學界論之尤詳。而依循蒙文通的敘述可以梳理四川國學院時期劉師培建構古文學「理論」的嘗試[2]。

《白虎通義》集漢代經今古文學說之大成，是以禮制辨今古的必備要籍。劉師培早在一九一一年一月就在《國粹學報》發表《白虎通義源流考》，劉咸炘稱讚該文論述《白虎通義》體例「最為詳確，無俟再說」[3]。在四川國學院期間，劉師培朝夕與廖平討教，專心於《白虎通義》、《五經異義》等書，深究今古文師說。《白虎通義源流考》一文重新刊佈於《四川國學雜誌》第七期，之後又載於川人康寶恕創辦的《雅言》雜誌第一卷第四期，足見劉師培對此文的重視。

《白虎通義》在歷代史書中還有《白虎通》、《白虎通德論》以及《白虎議奏》諸多名稱，其中《白虎議奏》早佚，唐代李賢和清人朱彝尊均把《白虎議奏》與《白虎通義》混為一談。清人莊述祖《白虎通義考》首先指出它們是不同的二書，劉師培進一步認為《通義》

1　蒙文通：《井研廖師與漢代今古文學》，見《經史抉原》，121頁。
2　關於劉師培學術思想的系統研究，可參見李帆：《劉師培與中西學術：以其中西交融之學和學術史研究為核心》，北京：北京師範大學出版社，2003。
3　劉咸炘：《評〈白虎通義〉》，見《推十書》（增補全本）甲輯，160頁，上海：上海科學技術文獻出版社，2009。

是在《議奏》的基礎上「撰集」而成,「體宜於舊,謂之撰,會合眾家謂之集」,「嗣則《議奏》泯湮,唯存《通義》,而歧名孽生」。《白虎通》則為《白虎通義》「文從省約」,去「義」而存「通」。至於《後漢書》〈班固傳〉所見《白虎通德論》一名,他認為是《白虎通》和《功德論》二書,「德論」之上,脫「功」字。劉師培從版本源流上認定「以禮名為綱,不以經義為區,此則《通義》異於《奏議》者」[1]。之後,劉師培又於一九一三年三月完成《白虎通義(定本)》。錢玄同曾稱:「《白虎通》全書有十卷,若次羽所藏為全璧,則真獲得拱璧矣。緣此書在漢代經學書籍中為碩果僅存之唯一要籍,而左庵於此書,用功又極深,其每節下所記『案此節用今文說』云云,分析極為精當,雖寥寥數語,實是一字千金,於經學上有極大之功績。」[2]這為劉師培以禮制治經古文奠定了良好的基礎,在國學院時期集中考察了明堂之制與西漢周官師說。

一九一三年,劉師培作《周明堂考》,考察周代明堂之制鎬洛本來不同,典籍備載,但自鄭玄以鎬京明堂之事移為洛邑明堂之事,「說與明堂解背」,蔡邕又「以鎬京明堂之制說洛邑明堂之事,又與《作雒解》文違,由是明堂之說解者益勢」。劉師培詳考史事,以史證經,因事證明今古二說各有所本,明堂之制本有今古兩說者,蓋一為劃部之制,一為雒邑之制,「左氏先師自據鎬京為說,奚得以洛制相詰乎?」[3]這也就暗示今古二家解經的歧說可以用上古史事來解釋,甚至今古之別在於所依據的上古制度不同,而並非劉歆偽造、大統小統之分。《周官》是學者解經歧義相爭的焦點,更是經今古文無

---

1 劉師培:《白虎通義源流考》,載《四川國學雜誌》,第7期,1913。
2 錢玄同:《致鄭裕孚》,見《錢玄同文集》(6),210頁,北京:中國人民大學出版社,1999。
3 劉師培:《周明堂考》,載《四川國學雜誌》,第10期,1913。

法會通調和的癥結。劉師培認為王莽、劉歆解釋《周官》,「旁推《王制》,互相證明」,而賈逵、馬融、鄭玄註解《周官》,疏漏頗多。鄭玄秉承馬融的餘緒,「參綜今學,附比移並,同事相違,疑炫難一,今古之樊,致斯亦抉。……六代暨唐,惟宗鄭說,隨文闡義,鮮闢旨要。西京逸緒,蘊奧難見,顧鮮尋繹,莫能原察」。一九一三年,劉師培撰《西漢周官師說考》,依據《漢書》〈王莽傳〉,引申王莽、劉歆之說,辨正鄭玄得失。如〈王莽傳〉記居攝三年王莽列爵分土之事,《王制》、《周官》說法的差別是時代不同、區域廣狹所致,「疆理既殊,禮文宜泮,各抒所知,著造傳記」,「方輿廣狹,經說駢歧,舉大舉小,孟荀疏原,荀主《周官》,與聖同契,孟符《王制》,宜肇後師」。原本由兩週疆域之殊而導致的經說分歧,歷經兩漢「同事相違,疑炫難一,今古之樊,至斯亦抉」[1]。《西漢周官師說考》以疆域禮文之殊,比次班書,甄錄賈、馬諸說,兼採《春秋》傳記、《大戴禮記》、《周書》之屬,以證《周官》師說同制,「櫱杙古學,立異今文」[2]。

三　「古文流派至此確然卓立」

劉師培在四川國學院時期正視了廖平以禮制辨別今古的說法,在評價《今古學考》時稱:「廖季平以前治漢學者,率昧師法。廖書斷古文學為偽,誠非定論(今亦不主此說)。武斷穿鑿,闕跡尤多。然

1　劉師培:《西漢周官師說考序》,見《劉申叔遺書》,166-167頁。關於辛亥革命後劉師培的經學研究,可參見陳奇:《劉師培的後期經學》,載《貴州師範大學學報(社科版)》3,1999(1)。

2　孫海波:《西漢周官師說考·提要》,見中國科學院圖書館整理:《續修四庫全書總目提要》第37冊,439頁。

區析家法，灼然復漢學之真，則魏晉以來所未有也。」[1]在四川國學院與廖平朝夕討教的經歷，使劉師培治學道路逐漸轉向以禮制講經古文，在考證經籍、疏通史蹟的基礎上為經古文學立家法條例。一九三〇年代，邵瑞彭對此就有見道之論：

> 辛亥入蜀居成都：蜀人為立講堂，奉廖先為本師，而君貳之，盍哉餘叚輒相諏討。時廖先已摒棄今古部分之說，君反倦倦於家法，尤好《白虎通義》。每就漢師古文經說尋繹條貫，溯流窮原以西京為歸宿，其所造述體勢義例迥異曩日。三百年來古文流派至此確然卓立，嗚呼！豈不盛哉？[2]

乾嘉以還，清儒治經，起初認為訓詁明而後義理明，並無不妥。戴震治學無所不通，最精熟者三：小學、測算、制度。至於《原善》、《孟子字義疏證》，由古訓而明義理，可謂其明道之書。但正如錢穆所論：「極其所至，訓詁小學日明，經學大義日晦，精熟《說文》、《爾雅》，豈遂通得《語》、《孟》義理乎？」[3]這確實是清焦治學的困境，代有學者力圖突破，晚清經今文學自然是清代漢學應時而變的產物，但經古文學自然不能依舊走老路，劉師培以禮制、疆域來解釋經今古文正是在為清代漢學建構「理論」，這也是劉師培晚年學術研究殫精竭慮之處。國學院院長吳之英亦執意挽留劉師培與廖平相抗：

1　萬仕國編著：《劉師培年譜》，217頁。
2　邵瑞彭：《禮經舊說題記》，見《劉申叔遺書》，99頁。
3　未學齋主（錢穆）：《略論治史方法（中）》，《中央日報・文史副刊》，第1期，1936-11-08。

> 蓋王駘鼓舌論道之日，正支離攘臂分米之年。不意張生肆揮今文，竟與通校《五經》之劉駒騋，同此玄解，美夫造物者之於我拘拘也。
> 唯幼興斷謀東歸，意將長寄丘壑，方談天人之際，胡叟寧何遠適邪？正賴惠施，深契莊子。儻違支老，更愁謝公。足下肯曲此達情，浼之暫駐否？望深望切。[1]

一九一三年六月，劉師培與南下尋夫的何震沿江北上山西，二人均任友人南桂馨的家庭教師。後由南氏介紹，劉師培任閻錫山的高等顧問；又由閻錫山推薦給袁世凱，任參政、上大夫。一九一五年八月，劉師培與楊度、嚴復等發起成立籌安會，作《君政復古論》、《聯邦駁議》，為袁世凱稱帝鼓吹，劉師培再度被世人詬病。雖說劉師培入川不到兩年便北遊晉、燕，在川時間雖短，卻促使其學術重心有所轉移，「入蜀之役」是劉師培學術道路上的重要轉折點。章士釗更是認為「申叔固有家學，然太炎先生實在把他捧得太高」，「以彼一九〇三年至上海參加革命，至一九〇八年而叛變，為端方偵探，至一九一一年而辛亥革命起，其間安得暇晷讀書？在成都、太原三年，是為其讀書時間」[2]。劉師培向來以治「春秋左氏之學」為學術界所稱道，而他本人晚年並不完全認同此點，反倒認為自己最得意的學問，全在「三禮」上。一九一四年致廖平書信，稱：

> 某不敏，進思黃髮之詢，而退懷索居之恥，常恐隕歿，犬馬齒窮，既竭吾才，仰鑽官禮，深惟大義，欲罷不能。每用悼心，

---

[1] 吳之英：《答劉師培書》，見吳洪武等校注：《吳之英詩文集》，268頁。
[2] 顧頡剛：《〈劉申叔遺書〉卷帙之富》，見印永清輯，魏得良校：《顧頡剛書話》，169頁，杭州：浙江人民出版社，1998。

坐以待旦。[1]

「仰鑽官禮,深惟大義」正是其晚年學術研究的重心所在。一九三六年冬,弟子陳中凡作〈劉師培《周禮古注集疏》跋〉一文,講到一九一九年秋劉師培臨死前曾在北平家中談起自己的生平學問,感慨良深地說:

> 余平生述造,無慮數百卷;清末旅滬為《國粹學報》撰稿,率意為文,說多未瑩;民元以還,西入成都,北居北平,所至任教國學、纂輯講稿外,精力所萃,實在三禮;既廣徵兩漢經師之說,成《禮經舊說考略》四卷,又援據《五經異誼》所引古《周禮》說、古《左氏春秋》說及先鄭、杜子春諸家之注,為《周禮古注集疏》四十捲,堪稱信心之作,嘗移寫淨本,交季剛制序待梓。[2]

《禮經舊說考略》就《儀禮》十七篇章句,廣泛徵引兩漢經師之說,加以辨析,提出自己的見解,或申說經義,或駁斥他說,或補經義不足。少量內容為勘正誤字、脫文、衍文,範圍不限於經本自身,延伸到後世注本、疏本及其他典籍。不拘今、古,不守一家。所引典籍,既有古文《左傳》、《尚書》、《毛詩》,也有今文三家《詩》、《公羊傳》、《穀梁傳》;所引傳注,既有古文家鄭興、鄭玄、馬融、許慎的說解,亦有今文的《公羊解詁》、《春秋繁露》、《白虎通義》。對於鄭玄、馬融之說多有箋正,於《春秋繁露》、

---

[1] 劉師培:《左盦外集・與廖平書》,見《劉申叔先生遺書》,1731頁。
[2] 陳鐘凡:《周禮古注集疏跋》,見《劉申叔先生遺書》,274頁。

《白虎通義》多有採錄，特別是《白虎通義》，大部條目均申其說，致有論者有「以兩京為歸宿」之語[1]。《周禮古注集疏》全書據其自述為四十卷，《劉申叔先生遺書》僅收錄十三卷。該書逐句疏解《周禮》中《天官》、《地官》、《春官》三篇，廣泛徵引鄭眾、賈逵、馬融、鄭玄、杜子春的注說，綜合比較辨析，斷以己見。《周禮古注集疏》立意在申論古文家說，但並未排斥廖平視為今文學的《穀梁傳》、《禮記》說[2]。劉師培將《周禮古注集疏》視為「信心之作」，謂「世有論予書者，斯其嚆矢矣」[3]。

一九三七年，錢玄同編纂《劉申叔遺書》之後，將劉師培學術生涯分為前後觀念不同的兩個時期：「癸卯至戊申（1903-1908）凡六年為前期，己酉至己未（1909-1919）凡十一年為後期」，「前期以實事求是為鵠，近於戴學，後期以篤信古義為鵠，近於惠學。」劉師培前期解經以實事求是為宗，趨於革新，闡發經中粹言，「故雖偏重古文，偏重《左氏》，偏重漢儒經說，實亦不專以此自限也」，後期趨於循舊，「篤信漢儒經說甚堅」。劉師培認為惠棟之學「確宗漢詁，所學以掇拾為主，扶植微學，篤信而不疑」，錢玄同認為以此評價劉師培《禮經舊說》、《西漢周官師說考》、《周禮古注集疏》、《春秋古經箋》、《春秋左氏傳時月日古例考》、《春秋左氏傳例略》等後期經學著作「最為恰當」[4]。錢玄同從求是與信古、革新與循舊的角度，將一九〇九年作為劉師培學術生涯的轉折點。從錢玄同

---

1 參見繆敦閔：《劉師培〈禮經舊說〉研究》，碩士論文，臺灣暨南國際大學，2000。
2 陳奇：《劉師培的後期經學》，23頁。
3 陳鐘凡：《周禮古注集疏跋》，見《劉申叔遺書》，274頁。
4 錢玄同：《劉申叔先生遺書序》，見《錢玄同國學文稿》，230～237頁，北京：中國畫報出版社，2010。該文手稿見北京魯迅博物館、湖州市博物館編：《疑古玄同——錢玄同文物圖錄》，159～164頁，鄭州：大象出版社，2016。

所列舉的後期經學代表作而言，入蜀講學「為劉氏學問轉變關鍵，其在川所出，《國學雜誌》而外，其他關於《左傳》之作不少，俱可以見其為學之概」，劉師培晚年殫心三禮，《禮經舊說考略》、《周禮古注集疏》二書尤為精粹，自許「二書之成，古學庶有根柢，不可以動搖也」[1]。蒙文通認為當世真正能知曉廖平學問者，「與其謂康南海，不如謂劉申叔」。侯也指出廖平雖主張今文，但也談《周禮》，主張《春秋》三傳折中，劉師培以「《左傳》世其家，或於先生有最深之瞭解」[2]。劉師培所稱「古學庶有根柢」之根柢，實即廖氏以禮制分辨今古之說，其用意也許在於拯漢學「支離破碎、不識大體」之弊，以建構「古學」新體系來回應今文學，希冀整合經今古文學，開漢學之新路。

1　明：《劉師培遺著之發刊》，見《大公報·圖書副刊》，第 13 期，1934-02-10。
2　侯堮：《廖季平先生評傳》，載《中國新書月報》，第 8 期，1932。

第三章
政學糾葛：近代今文學系譜的演化與生成

戊戌維新以後，今文學復興及其引發一系列學術文化思潮，牽涉晚清民國政治、社會、思想、學術等諸多層面。經今古文問題為清學漢宋之爭的子題，後演化為清末民初政教、學術轉型的樞紐。學界相關研究側重以康有為公羊改制為中心，發掘其經世內涵，近代今文學譜系自然以公羊學為中心，海內外學者大多認同從常州學人至康有為公羊改制為主軸的近代今文學譜系：莊存與開先河，劉逢祿繼承，經由魏源、龔自珍發揚光大，康有為戊戌維新達到高潮，孔廣森、凌曙、陳立等學者各有貢獻，但並非清代今文學的主流[1]。蔡長林就認為莊存與從未強調今文經說的特殊性，更未提煉「今文經學」此一概念[2]。蔡長林注意到以公羊學為中心難以包容近代今文學的整體脈絡，遂以考證與義理分別近代今文學與公羊學兩種脈絡，強調二者主旨與功能的差異性。不過，此種劃分割裂義理與方法，忽視學者自身的學術脈絡與本意[3]。王鶚嘉指出晚清時期，從莊存與到劉逢祿的今

---

[1] 陳其泰以進化論為視角勾勒出清代公羊學「有序的合乎邏輯的展開」系譜，見氏著《清代公羊學》，北京：東方出版社，1997。

[2] 蔡長林：《常州學派略論》，見彭林主編：《清代學術講論》，57頁，桂林：廣西師範大學出版社，2005。

[3] 蔡長林：《清代今文學派發展的兩條路向》，75～76頁。

文公羊學的學術傳承已為大多數學者所接受，但「劉逢祿的自我認定乃至於莊、劉學術取向的差異被選擇性忽略」，提出「身處於時代風潮之中的當事人的感受也許能提供更為直觀甚至真實的敘述」[1]。

就學術流派而言，有自稱、他指與後認三類。晚近學界往往「後認」學術流派，在綜述學術流變或撰寫學術史著作時，從後來的觀念逆推，追根溯源，建立代際清晰的系譜。學術譜系往往不是固定的歷史實體，而是反映後學與其先輩建立聯繫的要求[2]。然而，後學編訂的學術系譜不僅與先輩學人的自我定位不盡相符，更會誤導今人以後起的學派觀念出發去梳理近代學術流變，看似系統的論述，卻無意間忽視歷史的複雜性與學術的多樣性。近年來關於廖平、康有為學術糾葛的爭論與此不無關係。如若在晚清以來政治與學術的互動中，歷時性考察近代學人關於今文學派分的敘述，當能在近代學術發展變化的來龍去脈中考察學人本意，把握近代今文學系譜的演化與生成，展現政學糾葛與學術流變的外源因素與內在理路。

一　「復原孔教」與「康學大興」

湯用彤曾總結世界文明演進中的回歸原典現象：「大凡世界聖教演進，如至於繁瑣失真，則常生復古之要求。耶穌新教，倡言反求聖經（return to the Bible）。佛教經量部稱以慶喜（阿難）為師。均斥後世經師失教祖之原旨，而重尋求其最初之根據也。夫不囿於成說，自由之解釋乃可以興。思想自由，則離拘守經師而進入啟明時代

1　王鶚嘉：《學術史中的話語演變與譜系構建——清代公羊學史與莊存與》，139～150頁。
2　艾爾曼著，趙剛譯：《經學、政治與宗族——中華帝國晚期常州今文學派研究》，2～3頁。桑兵：《近代中國的新史學及其流變》，載《史學月刊》，2007（11）。

矣。」[1]回溯經典貫穿了中國歷代學術發展，儒學正是通過「復古」運動，在具體歷史語境中重組與重建，不斷更生。清代學術發展的內在理路本有研究對象越來越古的趨勢存在，「以復古為解放」成為清季民初學術界的某種共識。魏源曾說：「今日復古之要，由訓詁、聲音以進於東京典章制度，此齊一變至魯也；由典章制度以進於西漢微言大義，貫經術、故事、文章於一，此魯一變至道也。」[2]李慈銘認為自道光以來，經學著述汗牛充棟，諸儒考訂繁密，無以復加。魏源等心思才智之士，「苦其繁富，又自知必不能過之，乃創為西漢之說」，進而指出微言大義隱沒於東漢以後，遂「攻擊康成，土苴沖遠，力詆乾隆諸大儒，以為章句餖訂名物繁碎，敝精神於無用，甚至謂內外禍亂，釀成於漢學」[3]。李慈銘對魏源創發西漢之說不無譏諷，然而，講求西漢微言大義已然成為道咸新學謀求經世的重要渠道。廖平認為清代經學超越漢唐，「為一代絕業」，由東漢上溯西漢，由西漢以追先秦，更由先秦以追鄒魯，「群力所趨，數十年風氣一遍。每況愈上，粲然明備，與荀鄒爭富美，一掃支離破碎之積習」[4]。廖平判分今古，以成蜀學意在重塑經學系統以期經世，而非建立今文學派，「言新則無義不新，言舊則無義非舊」[5]。

康有為一生秉持「治」與「教」雙行的路線，「前乎我者數千年之治教，吾辨考而求之，存其是非得失焉；後乎我者數千年之治教，

---

[1] 湯用彤：《魏晉玄學論稿》，71頁，上海：上海人民出版社，2015。

[2] 魏源：《兩漢經師今古文家法考敘》，見《魏源集》，152頁，北京：中華書局，1976。

[3] 李慈銘：《越縵堂讀書記》，1046頁，瀋陽：遼寧教育出版社，2001。

[4] 廖平：《知聖篇》，見李耀仙主編：《廖平選集》（上），203頁。

[5] 廖平：《集外文·與康有為書》，見舒大剛、楊世文主編：《廖平全集》（11），832～833頁。

吾揣測而量之，聽其是非得失焉」[1]。一八八〇年代，康有為先後編寫《教學通義》、《康子內外篇》、《實理公法全書》，意圖在人類普遍法則與中國特殊國情之間尋求共通性。一八八八年，康有為第一次上書未果，「既絀於國，乃講之於鄉」。面對西力東侵，西教借勢而行的局面，康有為擔憂「必將毀吾學宮而為拜堂」，其後果甚於秦始皇坑儒之舉。在此國勢之下，孔子之教「非宣揚則亦不能」，今日最重要的便是「敷教之義」，「宣揚布護，可使混一地球」[2]。敷教的第一要義便是復原孔教，弘揚仁義之旨，以宋學義理之體，西學政藝之用，結合中外歷史，探尋救中國之法。康有為自述「讀劉、陳、魏、邵諸儒書」，推闡諸家旨義，編纂《新學偽經考》，「發古文經之偽，明今學之正」。康有為在序言中稱：「始作偽亂聖制者自劉歆，布行偽經篡孔統者成於鄭玄。……凡後世所指目為『漢學』者，皆賈、馬、許、鄭之學，乃『新學』，非『漢學』也；即宋人所尊述之經，乃多偽經，非孔子之經也。」[3]《新學偽經考》引發朝野上下廣泛的批評，陳廷瑛以隨文批註的形式，駁斥新學偽經說，自稱「與康某素未識面，絕無嫌怨」，「實因其說悖謬，不禁髮指，順筆批抹，朱墨並下，非故意與爭也」。康有為之學說兼有楊墨無君無父之弊，而且「目無儒先，是又無師，以此波蕩後生」[4]。

朱一新或許是《新學偽經考》第一位讀者與品評者，條分縷析康有為的學理邏輯：以劉歆遍偽群經為依據，建立同條共貫的今文、古

---

[1] 康有為：《康有為內外篇》，見姜義華、張榮華編校：《康有為全集》（1），103頁，北京：中國人民大學出版社，2007。

[2] 康有為：《答朱蓉生》，見姜義華、張榮華編校：《康有為全集》（1），325頁。

[3] 康有為：《新學偽經考》，見姜義華、張榮華編校：《康有為全集》（1），355～356頁。

[4] 陳廷瑛：《駁斥康祖逆書》，哥倫比亞圖書館藏稿本，感謝書胤宗博士惠贈該史料。

文派分，進而以公羊學統轄群經，將《公羊》的素王改制義推闡為群經的微言大義，「以董生正宋儒」[1]。朱一新對康有為「以己意治經」的取法一再加以規勸，認為公羊家多非常可怪之論，「要非心知其意，鮮不以為悖理傷教。故為此學者，稍不謹慎，流弊滋多」。近儒陳立研究《公羊》，深明家法，「亦不過為穿鑿」。劉申受、宋于庭、龔定庵、戴子高等更是「蔓衍支離，不可窮詰。凡群經略與公羊相類者，無不旁通而曲暢之。即絕不相類者，亦無不鍛鍊而傅合之」。以公羊學統攝群經可謂「捨康莊大道而盤旋於蟻封之上，憑臆造妄，以誣聖人，二千年來經學之厄，蓋未有甚於此者也」[2]。朱一新與康有為往復論辯，頗為明悉康有為著述的運思歷程與學術系統。不過，康有為深感朱一新對其復原孔教與敷教抱負缺乏同情，一再申辯道咸以來公羊學大盛，發明偽學乃時運使然。乾嘉訓詁之學「使學者碎義逃難窮老盡氣於小學，童年執藝，白首無成」。時下必先釜底抽薪，掃除劉歆偽學，「使知孔子大義之學，而後學乃有用」。敷教的次第首先是「先辟偽經，以著孔子之真面目」；其次是闡發「孔子之改制，以見生民未有」；再輔以禮學、字學，以成孔學之一統；隨後整理七十子後學與西漢以前五經註疏，以見孔學大宗。在此基礎上，發揚孔子微言大義，內可改革時政，外則宣揚孔教於域外[3]。孔子大義存於今學，中西古今之學皆「本之孔子之大義以為斷」[4]。康

---

[1] 于梅舫：《以董生正宋儒：朱一新品析《新學偽經考》旨趣》，載《廣東社會科學》，2014（1）。

[2] 朱一新：《無邪堂答問卷一》，見《朱一新全集》整理小組整理：《朱一新全集》（上），31頁，上海：上海人民出版社，2017。張爾田則批評朱一新論學多漢宋騎牆之見，「其箴砭常州莊劉公羊之學，所謂強不知以為知者」。張爾田：《屠守齋日記》，載《史學年報》，第2卷，第5期，1935。

[3] 康有為：《答朱蓉生書》，見姜義華、張榮華編校：《康有為全集》（1），325頁。

[4] 康有為：《致朱蓉生書》，見姜義華、張榮華編校：《康有為全集》（1），317頁。

有為並未以公羊家自限,「復原孔教」闡發孔學之真,旨在會通中西之學,明實理而後定公法。

一八九五年,甲午戰敗是近代思想中西轉化的關鍵節點,趨新趨西的風氣漸成壓倒性優勢,向西轉的改革成為知識階層的共識[1]。譚嗣同自稱:「三十以後,新學灑然一變,前後判若兩人。三十之年,適在甲午,地球全勢忽變,嗣同學術更大變,境能生心,心實造境。天謀鬼謀,偶爾不奇。故舊學之刻,亦三界中一大收束也。」[2]雖然康有為與公車上書的相關史事,學界存在不小的分歧,但不可否認的是無論康有為發起的公車上書是否成功,此事過後,康有為被視作開啟改革風氣的要角,時人稱「風氣之開,不可謂非彼力」[3],「公車第一書,更生以此得赫赫之名」[4],譚嗣同自述「見康而議論一變」,閱讀《新學偽經考》之後,大為歎服,「以為掃除乾嘉以來愚謬之士習,厥功偉;而發明二千年幽蔀之經學,其德宏」,然而對於康有為所謂「微言大義,悉未有聞也」[5]。

康有為提倡自強與保國,復原孔教既能推陳出新,又可接引西學,改革時政,成為保國與保種有效途徑。宋恕認為中國自漢初以來,儒教早已名存實亡,儒學淪為「陽儒陰法之學」,「陽尊孔孟,

---

1 羅志田:《新的崇拜:西潮衝擊下近代中國思想權勢的轉移》,見《權勢轉移——近代中國的思想、社會與學術》,18～81頁,武漢:湖北人民出版社,1999。葛兆光:《中國思想史》(下),530～550頁,上海:復旦大學出版社,2009。

2 譚嗣同:《與唐紱丞書》,見《譚嗣同集》整理組整理:《譚嗣同集》,203頁,杭州:浙江古籍出版社,2018。

3 張元濟:《致汪康年》,見上海圖書館編:《汪康年師友書札》(2),1574頁,上海:上海書店出版社,2017。

4 宋恕:《致飲冰子書》,見胡珠生編:《宋恕集》(上),602頁,北京:中華書局,1993。

5 譚嗣同:《壯飛樓治事十篇;治事篇第十·湘粵》,見《譚嗣同集》整理組整理:《譚嗣同集》,524頁。

陰祖鞅斯,務在錮民聰明,拂民天性,驅民入於狂榛之域、奴僕之區,嚴防其界,使民救死不暇,以是迎合世主」[1]。叔孫通、董仲舒、韓愈、程頤四人是「以法亂儒」的「四大魔」。如今拯救神州,「不必改教也,復教而已」,歐洲與日本日臻於文明,可謂「復教之明效」[2]。今日復原孔教應當「排洛閩之偽教,以復洙泗之真教」。

夏曾佑致函宋恕,辨析各家復原孔教的異同:「鄙人歸獄蘭陵,長素歸獄新師,公則歸獄叔、董、韓、程,似乎所見不同,各行其是,然實則無不同。」先秦為中國政教的一大關鍵,「先秦以前,所傳五帝三王之道與事,但有教門之書,絕無國家之史」。戰國時期,列國相爭,經世之教分為孔、墨二途。孔子之教以三科九旨為宗,儒教素王之道淆於荀子,荀子之學淆於劉歆,劉歆之學淆於偽學,「剝極於有明,其變已窮,於是而有顧、閻、戴、惠諸君講東京之學,而於是又有莊、劉、龔、戴諸君講西京之學,昔之往而益遠者,今且返而益近,而大道之行、三代之英,將在此百年間矣」。

復原孔教視為清代學術復古明道的流變,以此經世「則道之何以通?何以窮?何以周而復始?一以貫之,而無所疑於心目之間矣。蓋經世之教通於出世之教矣」[3]。宋恕、夏曾佑對康有為復原孔教的途徑雖有保留,但復原孔教,發明經學,闡發變法大義成為調和中西新舊的重要選項[4]。

梁啟超總結康有為孔教復原存在「排斥宋學」、「排斥歆學」、「排斥荀學」的遞進關係:宋學僅言孔子修己之學,「不明孔子救世之學;劉歆作偽,「誣孔子誤後世」;荀學僅傳孔子小康之統,「不

---

[1] 宋恕:《致岡鹿門書》,見胡珠生編:《宋恕集》(上),556頁。
[2] 宋恕:《致夏曾佑書》,見胡珠生編:《宋恕集》(上),528頁。
[3] 夏曾佑:《答宋燕生書》,見胡珠生編:《宋恕集》(上),530-531頁。
[4] 歐榘甲:《論中國變法必自發明經學始》,載《知新報》,第38期,1897年。

傳孔子大同之統」[1]，一八九七年，康有為著《禮運注》，批評孔子學說「始誤於荀學之拘陋，中亂於劉歆之偽謬，末割於朱子之偏安，於是素王之大道，暗而不明，鬱而不發，令二千年之中國，安於小康，不得蒙大同之澤」[2]，時下應以素王改制之旨，發揮大同之道。梁啟超將「《新學偽經考》、《大義述》、《微言考》、《孔子改制考》」譽為康有為「演孔四書」[3]。康有為撰寫《孟子公羊同義證傳》，令梁啟超校刻時，梁啟超視此為考據家舊習，督促康有為揭示孔子改制的微言大義，期望其早日完成《孔子改制考》、《大義記》、《微言記》等「言教精焉之書」。在康門弟子的推動下，康有為於一八九七年冬刊刻《春秋董氏學》與《孔子改制考》，完成戊戌時期「康學」的核心拼圖。《春秋董氏學》指出董仲舒以《春秋繁露》發揮公羊學的非常異義可怪之論，傳承孔子製法，經由董仲舒、何休的口說方可發明孔子改制之法。《孔子改制考》恢復孔子以託古改制的教主身份，發明「公羊」學、「三世」說等微言大義，「改制為第一要義，三世為解經宏綱」[4]。

一八九五年以後，新式學堂、學會與報刊的出現，改革思潮在轉型時代迅速傳播。康有為應時撰述，由復原孔教推演孔子改制之義，建構特色鮮明的「康學」系統。正如康有為注重口說、微言解釋孔子改制說在孔門後學中流傳，康有為與其弟子梁啟超等人正是通過講學口傳改制微言，以學會和辦報「廣聯人才，創開風氣」。康門一度成

1　梁啟超：《南海康先生傳》，見夏曉虹編：《追憶康有為》（增訂本），10頁。
2　康有為：《禮運注・敘》，見姜義華、張榮華編校：《康有為全集》（5），553頁。
3　梁啟超：《新學偽經考・敘》，載《知新報》，第32期，1897。
4　賈小葉：《戊戌時期學術政治紛爭研究：以「康黨」為視角》，北京：社會科學文獻出版社，2017。茅海建：《中學或西學？——戊戌時期康有為、梁啟超學術思想與政治思想的底色》，載《廣東社會科學》，2019（4）。

為士林的中心，康有為的「教主」的形象躍然而出，「南海先生傳孔門不傳之正學，闡五洲大同之公理，三代以還一人，孔子之外無偶」[1]。尊今文、講《公羊》成為康門鮮明的特色。宋恕曾稱：「（康有為）其學專主今文，攻古文，說《公羊》，排《周禮》，從其學者，人人宗旨如是，雖小有異同，而其旨不背，故一聆議論，不問而知為康門弟子也。」[2]章太炎致信譚獻時，自道與梁啟超等論及學派，「輒如冰炭」，「康黨諸大賢，以長素為教皇，又目為南海聖人，謂不足十年，當有符命」[3]。梁啟超在時務學堂宣揚康學，以《春秋公羊傳》為核心，講授「孔子改制」、「新學偽經」，貫穿康氏公理學[4]。葉德輝指出自梁啟超主講時務學堂，「以《公羊》、《孟子》教授湘中弟子，數月之間，三尺童子皆知言改制，言民權，言秦始皇不焚書，言王安石能變法。千百年之事（是），一旦得而非之；千百年之非，一旦反而是之」[5]。葉爾愷批評康、梁閱歷見識有限，學術乖僻，世人以康學即西學，新學反為人詬病，劉古愚「其人尚氣節，頗有伉直之概」，但其學術「惟服膺康學甚至」，恰可見劉氏無識之處[6]。無論是服膺，抑或批駁，「康學」成為朝野上下概括康門師徒學術的特定概念。康學蔚然成風，提倡維新變法，勢必落入康學窠臼，「除非不引經書，專講史事，復漢、唐之舊制，改宋、明

---

1 譚嗣同：《致歐陽中鵠》，見《譚嗣同集》整理組整理：《譚嗣同集》，560頁。
2 宋恕：《與劉紹寬談話》，見胡珠生編：《東甌三先生集補編》，124頁。
3 譚獻：《復堂日記》，415頁，石家莊：河北教育出版社，2001。
4 茅海建：《京師大學堂的初建：論康有為派與孫家鼐派之爭》，《北大史學》（13），234～302頁，北京：北京大學出版社，2005。
5 葉德輝：《明辨錄序》，轉引自鄺兆江：《湖南新舊黨爭淺論并簡介〈明辨錄〉》附《〈明辨錄〉序編目及書信按語〈西醫論〉》，載《歷史檔案》，1997（2）。
6 葉爾愷：《與汪康年書》，見上海圖書館編：《汪康年師友書札》（3），2267頁。

之陋風」[1]。

　　戊戌維新時期，康門以「康學」為旗幟，「新學偽經」與素王改制說確引發朝野上下的諸多爭議，不過朝野各界輿論都圍繞著「康學」、「康教」、「康黨」，尚未有派系分明的經今古文學派分野。一八九五年底，強學會解散，康有為歸因「今古學意見不同」，關鍵在於「孔子改制」學說[2]。葉德輝指出康有為以《周禮》為劉歆偽撰，作為「新學」、「偽經」的佐證，其目的僅在於「黜君權、伸民力，以快其恣睢之志，以發攄其儶不遇之悲」[3]。張之洞非常警惕素王改制說的流弊，批評公羊家新說創始於廖平，大盛於康有為，「其說過奇，甚駭人聽」，「廖、康之說，乃竟謂六經皆孔子所自造，唐虞夏商周一切制度事實，皆孔子所定治世之法，託名於二帝三王，此所謂素王改制也。是聖人僭妄而又作偽，似不近理」[4]，張之洞指責康有為主張素王改制，「自謂尊孔，適足誣聖。平等、平權，一萬年做不到，一味囈語」[5]。面對「康學」盛行的局面，張之洞感嘆：「康學大興，可謂狂悍。如何，如何！」梁鼎芬認為：「賊猖悍，則討之，不當云如何也。」[6]此時，張之洞既以「風疾馬良」規勸弟子廖平改易學說，又組織幕僚與門生著述批判「康學」。陳衍作《駁新學偽經考》、陳慶年擬編纂《衛經答問》、《衛教答問》，皆將矛頭

---

[1] 皮錫瑞：《師伏堂日記》，戊戌年七月十八日，見吳仰湘編：《皮錫瑞全集》（10），949頁，北京：中華書局，2015。

[2] 康有為：《致何樹齡徐勤書》，見姜義華、張榮華編校：《康有為全集》（2），100頁。

[3] 葉德輝：《葉吏部（栢軒今語）評》，見蘇輿編：《翼教叢編》，77頁，上海：上海書店出版社，2002。

[4] 張之潤：《致長沙江學臺》，見趙德馨主編，吳劍傑、周秀鸞等點校：《張之洞全集》（9），244頁，武漢：武漢出版社，2008。

[5] 陳慶年：《橫山鄉人日記》（選摘），載《近代史資料》，1989（76）。

[6] 陳慶年：《戊戌己亥見聞錄》，《近代史資料》，1992（81）。

指向新學偽經與孔子改制學說。張之洞撰寫《勸學篇》，以中體西用說維持名教，暗攻康學，「絕康、梁並以謝天下耳」[1]。陳寅恪曾追述戊戌維新的兩條思想線索：「南海康先生治今文公羊之學，附會孔子改制以言變法，其與歷驗世務欲借鏡西國以變神州之法者，本自不同。」[2]陳寶箴對朱一新駁斥康有為公羊春秋之說，深以為然，鑒於素王改制說可能帶來的政治隱患，陳寶箴認為《孔子改制考》「據一端之異說，徵引西漢以前諸子百家，旁搜曲證，濟之以才辯，以自成其一家之言，其失尚不過穿鑿附會」，此說在時下或將流為偏宕之辭，傷理而害道。康門弟子囂然自命，號為「康學」，而「民權、平等之說熾矣。甚或逞其橫議，幾若不知有君臣父子之大防」[3]。孫家鼐上折嚴厲指責康有為學術思想的後果，是使「人人存改制之心，人人謂素王可作」，設置學堂本以教育人才，若以康學為教學指導，勢必「轉以蠱惑民志，是導天下於亂也」[4]。

相形之下，維新同道對康有為「素王改制」學說多有同情。章太炎、宋恕、孫寶瑄三人學術宗主不同，章太炎「從許、鄭入」，宋恕「從三王入仲任、文中、陽明」，孫寶瑄「從洛、閩入」[5]，三人對「康學」均持有保留態度，但對於康有為的事功均予以讚賞。章太炎

1　辜鴻銘：《張文襄幕府紀聞・清流黨》，見黃興濤等譯：《辜鴻銘文集》（上），418～419頁，海口：海南出版社，1996。
2　陳寅恪：《讀吳其昌《梁啟超傳》書後》，見《寒柳堂集》，167頁，北京：生活・讀書・新知三聯書店，2001。
3　陳寶箴：《請釐正學術造就人才摺》，見汪叔子、張求會編：《陳寶箴集》（上），780頁，北京：中華書局，2003。
4　《協辦大學士孫家鼐奏為譯書局編纂各書宜進呈御覽摺》，見北京大學、中國第一歷史檔案館編：《京師大學堂檔案選編》，46頁，北京：北京大學出版社，2001。
5　宋恕：《致飲冰子書》，見胡珠生編：《宋恕集》（上），603頁。

指出「經說之是非，與其行事，固不必同」[1]。宋恕認為康有為「非立言之人，乃立功之人」，自中日戰後，能轉移天下人心風俗者，非康有為莫屬，「長素考古雖疏，然有大功於世，未可厚非也」[2]。《孔子改制考》出版後，宋恕開始信服康有為能傳承孔聖之學，「能行汙身救世之行」，對康學的疑義，煥然冰釋，「見《開制度局、十二局、民政局》一長折，則益信更生真刻不忘民，確為尼山嫡派」[3]。孫詒讓常斥責康有為「學術之謬」，但對於康有為上清帝書，「深欽佩其洞中中土之癥結。於卓如則甚佩服其《變法通議》之剴切詳明，不敢以其主張康學之執拗而薄之。此薄海之公論，非不佞之臆論也」[4]。維新同道對康有為事功的認可，充分體現今學與古學皆被視作經世的資源，昌言公羊改制學說並未侷限於後認的經今古文派分。

各方的褒貶不難窺見「康學」已然成為維新變法的有力指導，由「復原孔教」進而引申變法之說不得不發揮孔子改制說：「中國重君權，尊國製，猝言變革，人必駭怪，故必先言孔子改制，以為大聖人有此微言大義，然後能持其說。」[5]從《春秋》公羊家據亂、昇平、太平三世之說，可知古人學術之苦衷，「各因其時，不得已也」，這既是公羊學的可貴之處，更是時會使然[6]。康有為提倡孔子改制，意在為時下改革鋪平道路，「布衣改制，事大駭人，故不如與之先王，

---

1 諸祖耿：《記本師章公自述治學之功夫及志向》，《制言》，第 25 期，1936。
2 中華書局編輯部：《孫寶瑄日記》，241 頁。
3 宋恕：《致飲冰子書》，見胡珠生編：《宋恕集》（上），602 頁。
4 孫詒讓：《與汪康年書》，見上海圖書館編：《汪康年師友書札》（2），1332 頁。
5 皮錫瑞：《師伏堂日記》，戊戌年四月初七日，見吳仰湘編：《皮錫瑞全集》（10），883 頁。
6 中華書局編輯部：《孫寶瑄日記》，174 頁。

既不驚人，且可避禍」[1]。孔子改制說的可貴之處正在於既可以孔子改制的形象推動維新變法思想，又可以聖人的微言大義引入西方民主制度，「康學」在戊戌前後一度成為時人眼中溝通中西的典範。

戊戌維新前後，清季學界爭論的重心已漸漸從「漢宋」轉向「新舊（中西）」。「十年以來，漢宋既息，新舊代興」，面對儒術危殆之局，如何「存中學」、「固中體」？張之洞強調「今欲強中國，存中學，則不能不講西學」，故高度關注「西學為用」。[2]康有為自道學術宗旨為「合經子之奧言，採儒佛之微旨，參中西之新理，窮天人之賾變；搜合諸教，披析大地，剖析古今，窮察後來」，融通經子、儒佛，合會中西新舊，通古今之變，察往知來，以成就「不中不西，即中即西」的新學派。「不中不西」意味著新學派不拘泥於中西與新舊的對立立場，西學中學合二為一；「即中即西」表明新學派力圖以中學統攝西學，中學通過西學得以拓展，西學經由中學而發揮其用。梁啟超應門人要求，編撰《西學書目表》，主張中西會通，「捨西學而言中學者，其中學必為無用，捨中學而言西學者，其西學必為無本，皆不足以治天下」。西方學術應以公理、公法為經，以希臘、羅馬古史為緯，以近政、近事為用。在《變法通議》中，梁啟超提出變法主張與綱領，撰《西學書目表》確立政治思想的學術根據與基礎，提倡孔教，主張改制，「發明南海之說」[3]。賓鳳陽批判康梁以民權、平等「惑世」，梁啟超自命擅長西學，貫通中西，「究其所以立

---

[1] 康有為：《孔子改制考》，267 頁，北京：中華書局，1958。
[2] 張之洞：《勸學篇》，見苑書義、孫華峰、李秉新主編：《張之洞全集》第 12 冊，9724 頁。
[3] 清華大學國學院、中華書局編輯部合編：《梁任公先生年譜長編稿本》，344 頁，北京：中華書局，2015。

說者，非西學，實康學耳」[1]。

朱一新曾批評康有為「欲嬗宋學而興西學」，不無「陽尊孔子，陰祖耶穌」的嫌疑。戊戌政變後，蘇輿輯錄批康言論，刊行《翼教叢編》。該書一方面批評新學偽經與孔子改制說的悖謬，康學貌孔心夷，有動搖孔學根本的危險。葉德輝認為康有為復興今文，皆為假託之詞，「隱以改復原教之路得自命，欲刪定六經，而先作《偽經考》，欲攪亂朝政，而又作《改制考》，其貌則孔也，其心則夷」[2]。文悌指責康有為談治術專主西學，「欲將中國數千年相承大經大法一掃刮絕，事事時時以師法日本為長策」[3]。一方面揭發康學並非西學正宗，不能將「康學」與「西學」混為一談。王先謙區分西學與西教，認為「朝廷之改採者西學也，非命人從西教」，「康梁謬託西教，以行其邪說，真中國之巨蠹，不意光天化日之中，有此鬼蜮。今若謂趨重西學，則其勢必至行康梁之學，似覺遠於事情」[4]。葉德輝批判「康梁之說不中不西，學使之書非今非，庶二千年之正學，不得淆亂於異端」[5]，「今之公羊學，又非漢之公羊學也。漢之公羊學尊漢，今之公羊學尊夷」[6]。章太炎認為《翼教叢編》「駁康氏經說，未嘗不中窾要，而必牽涉政變以為言，則自成其瘢宥而已」[7]。然而，《翼教叢編》的過激反應恰恰說明朝野上下存在將「康學」作為復原孔教、引入西學的標竿。戊戌政變之後，穗石閒人駁斥康有為時，仍一再強調「康學是一事，西學是一事，採西學可行

---

[1] 賓鳳陽：《賓鳳陽等上王益吾院長書》，見蘇輿編：《翼教叢編》，144～145頁。
[2] 葉德輝：《葉吏部與劉先端、黃郁文兩生書》，見蘇輿編：《翼教叢編》，165頁。
[3] 文悌：《文仲恭侍御嚴劾康有為摺》，見蘇輿編：《翼教叢編》，30頁。
[4] 王先謙：《王祭酒與吳生學兢書》，見蘇輿編：《翼教叢編》，160頁。
[5] 葉德輝：《葉吏部〈長興學記〉駁義》，見蘇輿編：《翼教叢編》，97頁。
[6] 葉德輝：《葉吏部與石醉六書》，見蘇輿編：《翼教叢編》，163頁。
[7] 章太炎：《翼教叢編書後》，見湯志鈞編：《章太炎政論選集》（上冊），96頁。

者行之，可以致富致強；行康學則適以致亂世，人不分別，以康學混西學，故有千里毫釐之失」[1]。

甲午戰後的改革思潮有著濃厚的群體意識，嚮往一個未來的中國能把中國解放出來，並不斷追尋通向目標的途徑，危機意識、矚望的目標及其途徑構成有機的三重結構[2]。戊戌前後，康有為師徒廣聯人才而成「康黨」，又以「康學」創開風氣，「復原孔教」與大興「康學」成為內化此三重結構的有效方式。政界、學界雖有學派不同的意識，但尚未形成鮮明的今文學派，更沒有勢同冰炭的經今古文派分。譚嗣同在洋務經世的立場上，將廖平、康有為視為與湘學派合流，「吾湘魏默深本之以談洋務。今四川廖季平、廣東康長素及其門人彌宏斯旨，蔚為大國，皆與湘學派合者也」[3]。圍繞「康學」的爭議，集中於「素王改制說」引發的改革方式的分歧，既非《公羊》、《左傳》的經今古文之爭，更不能囿於中體西用視野下的中西新舊之爭[4]。不過，戊戌時期「康學」引發政教與學術層面的整體效應，章太炎等學者對康有為以教主自況言行的批駁，為後續構建以康有為為中心的近代今文學系譜以及近代今古文學的派分埋下伏筆。

二 「古學復興」視野中的今文學敘述

清末民初學人的國學觀念呈現出一種超越儒學、以史代經的有意傾向，勢必走向斬斷宗綱、質疑儒學正統的歷史敘述與價值系統。庚

---

[1] 穗石閒人手稿：《讀梁節庵太史駁叛犯康有為逆書書後》，《申報》，1898-11-01。

[2] 張灝：《群體意識的三重結構》，見《思想與時代》，379～380頁，上海：上海文藝出版社，2002。

[3] 譚嗣同：《與唐級丞書》，見《譚嗣同集》整理組整理：《譚嗣同集》，209頁。

[4] 于梅舫：《〈新學偽經考〉的論說邏輯與多歧反響》，載《社會科學戰線》，2019(5)。

子國難之後，在經世應變的刺激下，以學派突破道統，以國學對抗君學，成為清末學人救亡圖存、維持種性的有效途徑，「有學與無學」、「國學與君學」、漢宋與今古等論辯揭開清季重建學術傳統的序幕。鄧實強調國無學無以立，「國學不明，大義終塞，將有國破種亡之慘，學其烏可一日已乎」[1]。天下學術分為君學、國學與群學，一國有一國之學，國學為一國興亡之本，「而一種人心靈之所開也」，禮樂為大經，人倫為大本，夷夏為大防，「夫是之謂中國，夫是之謂中國之學」[2]。焚書導致國學亡佚，國學亡而君學興，專制政體由此而出。周秦時期，經師傳經，儒家傳道，「尚能以所學匡正時君之失，裁抑君權，申明大義，無所於畏」。焚書之後，以吏為師，「君學之統以成，國學之統以絕」，混國學於君學之內，以事君為愛國，功令利祿之學盛行，「真儒之學，只知有國，偽儒之學，只知有君」。華夏之所以綿延至今，「實賴在周有伯夷，在秦有仲連，在漢有兩生，在東漢有鄭康成，而在晚明有黃梨洲、顧亭林、王船山、顏習齋、孫夏峰、李二曲諸先生之學為一線之繫也」[3]。

依照鄧實君學與國學的分法，秦漢以降，君主竊國竊學，偽儒賣國賣學，中國腐儒學說以道統為最為悖謬。時人指出道統說源自唐宋諸儒標榜與君主愚民，至今未絕，其流弊有「不合論理」、「重誣聖賢」、「縮聖導之範圍」、「遏人民之思想」。中國學術日益衰落的根源是「宗師之一統」，即學術專制。「統一故無競爭，無競爭故無進步」，宋儒確立道統後，「始也排斥周末之子書，繼也排斥漢儒之考證，又繼也排斥魏晉之詞章，是則道統未立之先，僅為孔教統一，

1　鄧實：《國粹學》，載《政藝通報》，第 13 號，1904。
2　鄧實：《國學保存論》，載《政藝通報》，第 3 號，1904。
3　鄧實：《國學真論》，載《國粹學報》，第 27 期，1907。

道統既立之後，更為宋學之專制」。宋學專制，「凡立說之稍異宋學者，悉斥為事雜言龐，於是更緣飾經傳一二語曰『攻乎異端，斯害也已』，曰『道不同不相為謀』」。上古以來，「有學派，無道統。學派貴分，道統貴合；學派尚競爭，道統尚統一；學派主日新，道統主保守；學派則求勝前人，道統則尊尚古人；宗教家有道統，學術家無道統也」。宋儒與理學並非無足取信，不過應當「發明宋儒之學為學派，而不欲尊宋儒之學為道統」[1]。

君學與國學、道統與學派，前者將中國固有學術傳統中斷的原因歸結於秦漢之際的人君與偽儒，後者進一步明確為宋學專制，秦漢以來的學術專制直接導致君學一統，學派凋零，國學一線相繫。以學派重建國學，復興古學順理成章成為清末民初學人突破君學與道統的抉擇。其一，超越儒學，復興古學。君學專制，不能包容異說。清代學術，有漢學、宋學、今文學，「其範圍仍不外儒學與六經而已，未有能出乎孔子六藝之外而更立一學派也。有之自今日之周秦學派始」[2]。「學術至大，豈出一途，古學雖微，實吾國粹。孔子之學，其為吾舊社會所信仰者，固當發揮而光大之；諸子之學，湮歿既千餘年，其有新理實用者，亦當勤求而搜討之。」[3]其二，梳理中國學術流變，突破道統。作為道統的宋學，「論治多疏，不足以應當世之變（如論封建井田之必可行，既於事實不合，又過斥功利之學，鄰於消極主義）；制行過隘無以策中智之流」，因此道學尊崇近千年，其效果「僅藉以粉飾治具，張惶幽眇而不足為庇民強國之券」[4]。

康有為講學的一大特點是從學術源流辨析學派得失與分合。從一

1　《道統辨》，載《國民日日報彙編》，第3集，1904。
2　鄧實：《國學今論》，載《國粹學報》，第5期，1905。
3　鄧實：《古學復興論》，載《國粹學報》，第9期，1905。
4　希如：《宋學論》，載《文史雜誌》，第4期，1913。

九〇二年起,梁啟超撰寫《論中國學術思想變遷之大勢》,重新書寫中國歷代學術變遷,以西方文化為參照,總結中國固有學術思想的得失,劃定國族精神[1]。梁啟超反對學術一統,主張思想言論自由,以派分的視角描述中國歷代學術變遷。一九〇四年,梁啟超方才續寫「近世學術」,其中關於清代漢學的派別傳授,採自章太炎《書》,並加以增補,「且自下斷案」。周予同也認為「梁氏論述近三百年學術史,實在是從章太炎《清儒》那裡來的」[2]。關於清代學術的派分,章太炎的老師俞樾認為清代經學超越元明,可分為毗陵、新安、高郵三派:「毗陵一派,主微言大義,流弊最多,康氏之學亦出於此;新安一派,主名物制度,此其用力最勤,而實無益於當世,即如戴東原考古時車制,豈能制一車以行陸乎?高郵一派,主聲音訓詁,其事至纖細,然正句讀、辨文字,宜有前人所未發者。」[3]章太炎立足「以小學明經史,以經史致實用」的學術理念,勾勒清代三百年的學術流變與派分。乾嘉時期「吳始惠棟,其學好博而尊聞;皖南始戴震,綜形名,任裁斷」,惠棟與戴震開創清代漢學的兩大流派。桐城派與乾嘉漢學爭鋒,開啟文士與經儒交惡的風氣。「文士既已熙蕩自喜,又恥不習經典,於是有常州今文之學,務為瑰意眇辭,以便文士。」在革命與改良之爭的背景下,章太炎一改戊戌時期對公羊經世的認可,對今文學展開激烈批判。在國粹與歐化論爭中,章太炎批評今文經學以學術附會政治,提倡經術專主古文,「鄙意提倡國學,在樸說而不在華辭,文學誠優,亦足疏錄。然壯言自肆者,宜歸洮汰。

---

1 潘光哲:《「畫定『國族精神』的疆界;關於梁啟超〈論中國學術思想變遷之大勢〉的思考》,《「中央研究院」近代史研究所集刊》,2006(53)。

2 周予同:《中國經學史講義》,見朱維錚編:《周予同經學史論著選集》(增訂本),837頁,上海:上海人民出版社,1983。

3 俞樾:《致瞿鴻禨》,汪少華整理:《俞樾書信集》,402頁。

經術則專主古文，無取齊學」[1]。

在章太炎眼中，今文學派皆以公羊為宗，莊存與、劉逢祿尚守清代樸學的正軌，宋翔鳳「最善傅會，牽引飾說，或採翼奉諸家，而雜以讖緯神祕之辭」，「其義瑰瑋，而文特華妙，與治樸學者異術，故文士尤利之」。魏源「素不知師法略例，又不識字」，然「誇誕好言經世」，以今文為名高；龔自珍治《公羊》與魏源相稱譽，邵懿辰為《尚書通義》、《禮經通論》提出《逸書》十六篇、《逸禮》三十九篇為劉歆矯造，三人「皆好為姚易卓犖之辭，欲以前漢經術助其文采，不素習繩墨，故所論支離自陷，乃往往如評語」。研究《公羊》的學人，僅戴望「述《公羊》以贊《論語》，為有師法」。王闓運弟子廖平傳王氏之學，「時有新義，以莊周為儒術，說雖不根，然猶愈魏源輩絕無倫類者」。章太炎認為清世經儒「自今文而外，大體與漢儒絕異。不以經術明治亂，故短於風議；不以陰陽斷人事，故長於求是。短長雖異，要之皆徵其文明」[2]。章太炎以「求是觀化」總結清代學術，視之為中國學術思想發展的基本價值與發展方向[3]。

梁啟超將清代學術命名為「古學復興時代」，第一期順康年間為程朱陸王問題，第二期雍乾嘉年間為漢宋問題，第三期道咸同年間為今古文問題，第四期光緒年間為孟荀問題、孔老墨問題。葉德輝從學術爭論的角度預測說：「學既有變，爭亦無已，由實入虛易，由虛入實難，有漢學之攘宋，必有西漢之攘東漢。吾恐異日必更有以戰國諸

---

1 章太炎：《與劉師培書》，見馬勇編：《章太炎書信集》，77頁，石家莊：河北人民出版社，2003。
2 章太炎：《清儒》，見徐亮工編校：《中國近三百年學術史論》，8～9頁。
3 孟琢：《清代學術的歷史總結與思想突破：章太炎〈清儒〉的四重解讀》，載《北京師範大學學報》（社會科學版），2017（1）。

子之學攘西漢者矣。」[1]清代學術「實取前此二千年之學術，倒影而繚演之，如剝春筍，愈剝而愈近裡，如啖甘蔗，愈啖而愈有味，不可謂非一奇異之現象也」。在清末西哲實用之學的刺激下，梁啟超批評舊學派在學界的位置不過承襲宋明理學，「不墜其緒，未足為新時代放一異彩」，有近代學術的特色，必推顧炎武、黃宗羲、王夫之、顏元、劉繼莊，「五先生之學，應用的而非理想的」，五先生皆為時勢所造，卓然成一家言。乾嘉以來，惠棟、戴震一派為純正經學，龔自珍、魏源一派為應用經學，「雖似戲言，實確論也」。同光年間，世變日亟，域外交通大開。在世變與新知的雙重刺激下，「康、譚一派，所由起也」[2]。

有學者指出時下有關晚清今文學或今文學運動的知識，「其源頭不能不溯及梁啟超」[3]。在古學復興的視野中，梁啟超建構近代今文學的譜系：最近數十年來，西漢今文之學崛起，與惠、戴爭席，「駁駁相勝」。首倡者為莊存與，與東原友善，「然其學不相師」。戴震弟子孔廣森著《公羊通義》，「然不達今文家法，膚淺無條理，不足道」。劉逢祿專主董仲舒、李育，著《公羊釋例》，「實為治今文學者不祧之祖」。道光年間，今文學日盛，龔自珍、魏源為其中翹楚。龔自珍於《春秋》素有心得，「能以恢詭淵眇之理想，證衍古誼」，並發明民權與社會主義之義，「能知治本」，可謂「近世思想自由之嚮導」。此前治今文學，限於《春秋》，魏源推及他經，「排斥毛、

---

1 葉德輝：《與戴宣翹書》，見蘇輿編：《翼教叢編》，174 頁，清季「古學復興」問題可參見羅志田：《中國文藝復興之夢：從清季的古學復興到民國的新潮》，見《裂變中的傳承：20 世紀前期的中國文化與學術》，53～90 頁，北京：中華書局，2003。

2 梁啟超：《論中國學術思想變遷之大勢》，《新民叢報》，第 58 號，1904。

3 張勇：《知識的源流：梁啟超與晚清「今文學」運動》，見《梁啟超與晚清「今文學」運動：以梁著清學史三種為中心的研究》，1 頁。

鄭，不遺餘力」。晚近新思想發端的因緣「不得不遠溯龔、魏」，質疑乾嘉學術的中堅，思想界為之一變。經由李兆洛、宋翔鳳、邵懿辰等學人，「群經今文說皆出」。王闓運以《公羊》說六經，其弟子廖平集其大成。廖氏學說屢變，早年開拓千古、推倒一時，晚近雖然以六經支言碎語比附西學，進退失據，牽合附會，然其「集數十年來今學之大成者，好學深思之譽，不能沒也」。康有為研究《公羊》、治今文，淵源於廖平。不過，廖平重於例，康有為究於義，藏往而知來，「以改制言《春秋》，以三世言《春秋》」，改制之義意在「絀君威而申人權，夷貴族而尚平等，去內競而歸統一，革習慣而尊法治」。三世之義旨在「以進化之理，釋經世之志，遍讀群書，而無所於閡，而導人以向後之希望，現在之義務」。康有為之功在於「解二千年來人心之縛，使之敢於懷疑，而導之以人思想自由之途徑」。受此啟發，譚嗣同著《仁學》，「舉其冥想所得、實驗所得、聽受所得者，盡發之而無餘，而思想界遂起一大革命」。清代學術述而無作，學而不思，可視之為「思想最衰時代」。不過，「剝與復相倚，其更化之機，章章然次第進行」，今文學正是學術思想更化的樞紐[1]。

　　章太炎從「學」與「文」、「學者」與「文人」分野的視角，以「文士」的標籤輕視常州學派之學術；梁啟超將今文學譽為「思想先鋒」，注重梳理今文學的學術傳承，辨析廖平與康有為的宗旨異趣。梁啟超與章太炎對今文學的評價可謂判若雲泥，清末學人大體在這二人的框架下評價晚清今文學。高旭認為近世經世之學有典章制度與微言大義兩條道路。治典章制度之學以三禮為前驅，治微言大義之學以《公羊》為先導，希望「發明先聖之心傳，表彰前代之法制」，然「侷促於蝸角之中，沾沾自喜」。康有為、梁啟超雖不免「私心妄

---

[1] 梁啟超：《論中國學術思想變遷之大勢》，載《新民叢報》，第58號，1904。

斷，附會滋多」，但其能「力張新說，開他人不開之口，發前人未發之談」[1]。相形之下，鄧實認為明末清初以來，學術由不分漢宋演化為漢學、宋學，再由漢宋之爭變為西漢今文學。道咸以降，公羊家以三世改制說與維新變法相互配合，「外托今文以自尊，而實則思假其術以干貴人、覬權位而已」。今文學興起之後，國勢愈發難以挽回，「今文學者，學術之末流，而今文學盛行之世，亦世運之末流也」。鄧實詳細分析了常州今文學，風動一時的原因：其一，惠、戴之學，治經必先識字，需要畢生精力的積累方能得其要領，今文微言大義之學，則可「涉獵口耳而得」；其二，清代漢學樸質無文采，今文學則「詞義瑰瑋，蕩逸華妙，為文士所喜」，劉逢祿、宋翔鳳、龔自珍、魏源等人無不工於文辭；其三，道咸之際，漢學因破碎無用被時人所批判，今文學效仿西漢諸儒，通經致用，學者憑藉今文自詡經世；其四，清代學風，以說經為最高尚，文士不習經典被視為大恥，今文學上溯先秦，探尋微言大義，「視許、鄭之學尤高，依附其說，足以自矜」。上述原因促成常州今文「能以後起之學派，駿駮越惠、戴而上之，其勢力乃以掩被本朝下半期之學界，以致於今也」[2]。劉師培贊同章太炎所言，常州士人以文人治今文經，「慮擇術之不高也，乃雜治西漢今文學」，雜採讖緯之學以為新奇，意在「與惠、戴競長」[3]。劉師培又將清代漢學變遷分為懷疑派、徵實派、叢綴派、虛誣派：「懷疑學派由思而學，徵實學派則好學繼以深思，及其末流，學有餘而思不足，故叢綴學派易學而不思，若虛誣學派則又思而不學。」所言虛誣學派，特指南方學者承常州學派之餘緒，明顯針對康

---

[1] 高旭：《學術沿革之概論》，載《醒獅》，第1期，1905。
[2] 鄧實：《國學今論》，載《國粹學報》，第4期，1905。
[3] 劉師培：《南北學派不同論・南北考證學不同論》，見徐亮工編校：《中國近三百年學術史論》，204頁。

有為及其門生,此派學人對學術合於今文者,「莫不穿鑿其詞,曲說附會」;對學術異於今文者,「莫不巧加詆毀,以誣前儒,甚至顛倒群經以伸己見」;其學術方法「擇術則至高而成書則至易,外托致用之名,中蹈揣摩之習,經術支離,以茲為甚」[1]。

在復興古學、重建國學系統的過程中,近代經今文學與古文學的派分意識日漸清晰。正如章太炎所言清代漢學初興之時,尚無古今文之分別。因為今文家首先推崇今文,排斥古文,後有古文家反戈一擊,以古文排斥今文。不過廖平、康有為等時人眼中的「今文家」並未有意建構今文學派,恰恰是章太炎、劉師培在批駁今文學時,將常州學派至廖平、康有為一系視為今文學派,乾嘉以降漢學正宗視為古文學派,梁啟超進而回應「古文學派」的質疑。在雙方的往復辯論中,經今古文之爭被視作清末民初學界的主流,以今文學派與古文學派來劃分學術陣營。針對梁啟超清代考據學乃荀學遺毒之說,張爾田在《新學商兌》中認為餖飣考據不足以代表清代學術的全體,即便是考據學,仍是「於千載宋學封錮之後獨開門徑」,梁氏「欲蔽罪古人,巧為附會,真駕言污衊之尤者」[2];不過,張爾田接受以今古派分反思晚清學術,「乾嘉諸儒治經學,今古文多不甚區別」,道咸以來,今古兩派漸有角立之勢,廖平輩出而今文弊,章太炎輩出而古文弊,「今文之弊易見,古文之弊難見;易見其患淺,難見其患深。患淺者不過亡國而已,患深者且將滅種。道之興廢,豈不在人哉!」[3]宋恕在悼念孫詒讓時,認定孫詒讓為古文經學大師,精治《周禮》,

---

1 劉師培:《近代漢學變遷論》,見徐亮工編校:《中國近三百年學術史論》,165～167頁。
2 張爾田、孫德謙:《新學商兌》,見張京華編:《張爾田著作集》,45頁,上海:上海大學出版社:2018年。
3 張爾田:《屝守齋日記》,載《史學年報》,第2卷,第5期,1935。

「今文經學領袖嶺表某氏攻許、鄭甚力，於《周禮》直斥為劉子駿偽作」[1]。民國初年，錢玄同在編訂北京大學預科國文教材《中國學術論著集要》時，便以章太炎《清儒》與梁啟超《論中國學術思想變遷之大勢》中《最近世之學術》兩篇為清代學術蓋棺論定[2]。

至於近代今文學派孰為正宗、孰為支流，各方學人意見不一。辛亥鼎革之際，錢玄同注重今文大義，卻反對附會西學，遂將清代今文家分為三派：莊存與、劉逢祿、凌曙、陳立、宋翔鳳、戴子高謹守董仲舒、何休家法，「不雜其他誇詞」；廖平、康有為以西人學說強相比附，「不辨家法，不遵師說」，立說無據，「無怪乎治古文者欲屏斥之」；夏曾佑以緯解經，經緯並視，可謂今文學首要任務，孔子「微言大義，悉在於是」。時下研究今文，應當綜合莊存與、夏曾佑二家之法，「庶幾素王製作之精義可得」[3]。錢玄同認為皮錫瑞的《經學歷史》在今古文經學的分別上很有見解：「融會全經，分別今古，的是治經必備之書，以之為治經學先導尤佳，不致誤入歧途也。」[4]皮錫瑞梳理兩千年經學發展歷程，認為經學自兩漢之後千餘年，至清朝方才貞下起元，經學昌明，「學愈進而愈古，義愈推而愈高；屢遷而返其初，一變而至於道。學者不特知漢、宋之別，且皆知今、古之分」。嘉道之後講求今文大義微言，逐漸擺脫清代漢學瑣碎之弊，時下今文學猶有待於後人推闡，「有志之士，其更加之意乎！」[5]

---

1 宋恕：《又寄挽籀廎先生》，見胡珠生：《宋恕集》（上），477頁。
2 章太炎、梁啟超編輯：《中國學術論著集要》，北平：華北書局，1931。該書署名為章、梁二人，實則為1920年前後北京大學國文預科講義，由錢玄同、沈尹默、馬裕藻等編纂。
3 楊天石主編：《錢玄同日記》（整理本），1910年1月11日，208頁。
4 楊天石主編：《錢玄同日記》（整理本），1910年2月6日，215頁。
5 皮錫瑞：《經學歷史》，250～253頁，北京：中華書局，2004。

三　中國的文藝復興：今文學運動

正如陳柱所言：「吾國學術莫盛於周末。自秦以後，忽焉就衰。蓋周末為創作時期，其所著書，雖稱古先王，而實皆各有己意，唯以吾國民族，雅尚經驗，故以古言為重，非真復古。」、「以古學為重」僅是表達「己意」的途徑，而非真為復古，「有清一代之學術，言古學則可謂總前代之大成，論思想則可謂開今後之先河」[1]。不過，民初接續此「先河」者，言古學的旨趣卻大不相同，不同的學術化旨趣也決定了各派學人對清代學術不同的認知。一九一八年，梁啟超曾為子女講授「學術流別」，其中就有「前清一代學術」[2]。歐遊期間，梁啟超在倫敦演講《中國的文藝復興》，提到「余今日之根本觀念，與十八年前無大異同。惟局部的觀察，今視昔似較為精密」。一九二〇年，主張整理國故的胡適與梁啟超談到晚清今文學運動對思想界影響極大，梁啟超作為「躬與其役者」，應當著述為之紀念。恰逢應蔣百里之邀為《歐洲文藝復興時代史》作序，梁啟超遂撰寫《清代學術概論》，將清學比作中國的「文藝復興」，強調清代學術的考據方法所具有的科學性，通過「古學復興」體現近代啟蒙精神與科學方法的傳承。清代學術卓然成一潮流，具有時代運動色彩者，「在前半期為考證學，後半期為今文學」，清代考證學「對於宋明理學之一大反動」，「一言蔽之，曰『以復古為解放』」[3]。「以復古為解放」成為解釋清代學術流變的典範，這一解釋模式可過渡到梁啟

---

[1] 陳柱：《清儒學術討論集序》，見《清儒學術討論集》，1～2 頁，上海：商務印書館，1930。
[2] 丁文江、趙豐田編：《梁啟超年譜長編》，865 頁，上海：上海人民出版社，1983。
[3] 梁啟超：《清代學術概論》，見朱維錚校註：《梁啟超論清學史二種》，2～6 頁，1985。

超一直所宣揚的清代思潮「其動機及其內容,皆與歐洲之文藝復興絕相類」。蔣方震認為清代學術「惟由復古而得解放,由主觀之演繹而為客觀之歸納,清學之精神與歐洲文藝復興,實有同調者焉」[1]。

梁啟超認為學問的價值與研究的精神在於善疑、求真和創獲,清代考證學的遺傳實為科學成立的根本要素。清代晚出的今文派拓展經世致用傳統,學問應當改良社會,增進生民之幸福。一時代學術的興替,不必問研究的種類,僅當問其研究的精神。清學正統派的精神,「輕主觀而重客觀,賤演繹而尊歸納」,雖有矯枉過正之處,但存續治學的正軌。今文學作為晚出之別派,因大膽懷疑而得解放,可謂創作的先驅與清學分裂的導火索。梁啟超在書中大大渲染了公羊學與康有為在近代今文學譜系中的地位,「今文學之中心在《公羊》,而《公羊》家言,則真所謂『其中多非常異義可怪之論』」。莊存與為今文學啟蒙大師,著《春秋正辭》,「刊落訓詁名物之末」,專求微言大義。劉逢祿撰述《春秋公羊經傳何氏釋例》,「用科學的歸納研究法,有條貫,有斷制」,發明「張三世」、「通三統」、「絀周王魯」、「受命改制」學說,「在清人著述中,實最有價值之創作」。龔自珍「既受訓詁學於段,而好今文,說經宗莊、劉」,時常引述《公羊》大義議論時政,有功於晚清思想解放,「今文學派之開拓,實自龔氏」。夏氏討論「今文學」的淵源最為分明,贈詩梁啟超,稱:「璱人(龔)中受(劉)出方耕(莊),孤緒微茫接董生(仲舒)。」今文學初期專言《公羊》,馮登府、陳壽祺、陳喬樅、許鶴壽蒐集今文遺說,「皆不過言家法同異而已,未及真偽問題」。自劉逢祿出而《左傳》真偽成問題,自魏源《詩古微》出而《毛詩》真偽成問題,自邵懿辰《禮經通論》出而《逸禮》真偽成問題。上述諸家

---

[1] 蔣方震:《序》,見《清代學術概論》,92頁,上海:上海古籍出版社,2005。

仍是各取一書為局部的研究，進而尋求其系統，「古文諸經傳者，皆有連帶關係，真則俱真，偽則俱偽」，康有為遂將兩漢今古文全案重提覆勘，可謂「今文學運動之中心」[1]。

梁啟超認為治今文學喜以經術作政論是龔、魏的遺風。之前梁啟超詳細辨析康有為與廖平學術的異同，此時僅提及康有為學術思想受到廖平的影響，但新學偽經學說堪稱新文化運動的思想源頭：「第一，清學正統派之立腳點，根本搖動；第二，一切古書，皆須從新檢查估價。此實思想界之一大颶風也。」崔適在此基礎上，著《史記探原》、《春秋復始》，為今文派的後勁。《孔子改制考》揚棄漢宋學，「為學界別闢一新殖民地」；弘揚孔子建設新學派的精神，鼓舞時人；神聖經典被根本質疑，學界定一尊的觀念全然解放，開啟比較研究的風尚。《大同書》被視作社會主義的先驅。梁啟超自譽為今文學派「猛烈的宣傳運動者」，譚嗣同為晚清思想界的彗星。在清代學術的蛻分與衰落期中，章太炎應用正統派的研究法，「廓大其內容，延闢其新徑」，為正統派大張其軍。在思想解放層面，章太炎或不逮今文家。章太炎謹守家法，門戶之見，時不能免，「治經學排斥『今文派』，其言常不免過當」[2]。在此後的《中國近三百年學術史》中，梁啟超認為「有清一代學術，初期為程朱陸王之爭，次期為漢宋之爭，末期為新舊之爭」（後者亦有今古文之爭之說）。最近三十年思想界的變遷，其原動力是「殘明遺獻思想之復活」，近代今文學運動以公羊學為中心，康有為從常州派經學出身，以「經世致用」為標幟，堪稱新思想的急先鋒[3]。

---

[1] 梁啟超：《清代學術概論》，見朱維錚校註：《梁啟超論清學史二種》，61～63頁。
[2] 梁啟超：《清代學術概論》，見朱維錚校註：《梁啟超論清學史二種》，64～69頁。
[3] 梁啟超著，俞國林校：《中國近三百年學術史》，51、195頁，北京：中華書局，2020。

正如朱維錚先生所言，《清代學術概論》「並不是一部單純的論述清代『思想界之蛻變』的專門史著作，同時也是梁啟超個人的一部學術回憶錄」[1]。梁啟超以康有為公羊改制與大同理想為主線論近代今文學，晚近今文學的毀譽褒貶多繫於此。溫丹銘批評梁啟超論述清代學術「任意評譏，徒資口耳」[2]。胡樸安則將今文學興起視作清代漢學之衰落，廖平「著書頗多，時有怪誕之說」，康有為乃「竊廖氏之論，好為放言，不足道矣」[3]。一九二二年，章太炎在國學演講中即宣稱：「今文學家的後起，王闓運、廖平、康有為輩一無足取，今文學家因此大衰。」[4] 周予同認為梁啟超在《清代學術概論》中自稱是今文學派猛烈的宣傳運動者，實在是有所誤導，梁啟超是史學家，實在不能成為今文學者[5]。不過，周予同向來注重以學派論述學術史，認為民初純粹的今文學者，除了康有為、廖平之外，當推北京大學教授崔適，將從莊存與、劉逢祿一直到廖平、康有為、崔適稱為清代復興的今文學派，或者通俗地稱為常州學派或公羊學派[6]。在總結近代新史學發展歷程時，周予同將清代今文學派分為前後兩期：前期今文學派崛起於莊存與，「成立於劉逢祿，而下終於戴望」；後期今文學派「創始於龔自珍，發展於康有為，而下迄於崔適」。前期分經研究，「對於古文經典加以個別的打擊，對於今文經典予以個別的發揮」；後期綜合研究、發揮大義，「對於古文學派的學統與體系加以

1　朱維錚：《導讀》，見《清代學術概論》，3～4頁。
2　溫丹銘：《題梁啟超清代學術概論後》，載《鐸報》，第1期，1924。
3　胡樸安：《歷代研究群經者之派別》，見上海國學研究社編：《國學彙編》第3集，上海：國學研究社，1924。
4　章太炎演講，曹聚仁編述：《國學概論》，38頁，重慶：中國文化服務社，1943。
5　周予同：《經今古文學》，上海：商務印書館，1926年。
6　周予同：《〈大學〉和〈禮運〉》，載《中學生》，第65號，1936。

整個的攻擊,對於今文學派的『微言大義』加以高度的發揮」[1]。

作為今文學運動親歷者,梁啟超敏銳的抓住了學術思潮與政治變遷、社會改良之間的有機關聯,晚近學人大多接受了梁啟超關於今文學的論述,言晚清學術者「多以今文學派為主流,其說始自梁啟超之《清代學術概論》」[2]。蔣維喬在《中國近三百年哲學史》中,將近三百年學術思潮分為「復演古來學術」與「吸收外來思想」兩大時期,前者以考證派為代表,「重訓詁、憑實證,用科學的精神整理古籍」。乾嘉以後考證學窮途末路,道咸之際乃為文藝復興運動,公羊學派因時而生,「此派莊存與與劉逢祿倡之於前,龔自珍、魏源繼之於後,而大振於康有為」;公羊學派推倒清代考證家的古文學,復興西漢今文學[3]。康門弟子更是不斷宣揚康有為學兼漢宋,集今文派之大成,「最近二十年來,在中國思想界發生影響最鉅者,首推康、梁之學。戊戌變法,其第一主要人物,則康南海也。南海之學,雖從陸王心學入手;其研究範圍,則甚廣博。遠承龔、魏之遺風,而為今文學運動之中心。講學萬木草堂,得其傳者,梁任公也」[4]。

二十世紀三〇、四〇年代,科學學術與民族精神之間的張力日趨顯現,中國思想界興起以認同民族文化為中心的中國化思潮,學界開始質疑整理國故運動導致中國文化喪失本位,圍繞近代啟蒙思潮與學術中國化運動展開新一輪新舊之爭,進一步強化了康有為在近代學術思想史中的位置。郭湛波認定康有為是近五十年來思想史上第一個思

---

1 周予同:《五十年來中國之史學》,見朱維錚編:《周予同經學史論著選集》(增訂本),518~520頁。
2 齊思和:《魏源與晚清學風》,載《燕京學報》,第39期,1950年。
3 蔣維喬:《中國近三百年哲學史》,1~5頁,臺北:臺灣中華書局,1978。
4 甘蟄仙:《最近二十年來中國學術蠡測:為〈東方雜誌〉二十週年紀念作》,載《東方雜誌》,第21卷,第1期,1924。

想家，反映了中國農業社會與工業社會的矛盾時代，一方面尊孔崇經，另一方面將孔子學說和經典根本推翻[1]。一九四一年九月，范文瀾在中央黨校講授《中國經學史的演變》，毛澤東特意致信范文瀾：「第三次講演因病沒有聽到，不知對康、梁、章、胡的錯誤一面有所批判否，不知涉及廖平、吳虞、葉德輝等人否？越對這些近人有所批判，越能在學術界發生影響。」[2]范文瀾用馬克思主義清算經學，將中國經學史分為漢學系、宋學系與新漢學系三個部分，清代學術是新漢學推倒宋學，獨霸經學界，但本身又發生今古文的分化，戴震弟子孔廣森開始研究公羊學，莊存與繼續研究公羊義例，今文學規模粗備，劉逢祿、龔自珍、邵懿辰、魏源等人，正式向古文學攻擊，經學開啟今古兩派的鬥爭。今古兩派都以經學附會西洋文化，標榜「溝通中西」、「以古證今」等口號，古文派主張保守舊秩序，今文派主張改革制度，晚清今文運動以康有為、梁啟超、譚嗣同為領袖。康有為等人的今文學因政治上視為失敗而一度沉寂，廖平則始終專心講論，堪稱今文學大師[3]。侯外廬在《近代中國思想學說史》中，將龔自珍、康有為、譚嗣同、章太炎視為十九世紀中葉至二十世紀初葉的文藝再次復興的代表性人物[4]。

謝扶雅認為清代學術只是「中國的」與「中國性的」文藝復興，是一場純粹復古運動，絕不是西洋那種人本主義或自然主義的文藝復興，以清代學術比附文藝復興並不恰當[5]。不過，梁啟超將清代學術

---

[1] 郭湛波：《近五十年中國思想史》，19～20頁，濟南：山東人民出版社，1997。

[2] 毛澤東：《致范文瀾》，見中共中央文獻研究室編：《毛澤東書信選集》，149頁，北京：人民出版社，1983。

[3] 范文瀾：《中國經學史的演變》，載《中國文化》，第2卷，第3期，1940。

[4] 侯外廬：《近代中國思想學說史》，重慶：三友書店，1944。

[5] 謝扶雅：《文藝復興與清代學術》，載《知難》，第100期，1929。

與文藝復興相類比,並非要引入西方文藝復興的精神,而是將清代學術作為引入科學方法的歷史依據與學理基礎。作為新文化運動的重要環節,胡適、顧頡剛倡導的整理國故和古史辨運動在今文學的影響下,力圖以嚴肅的學術運動參與和支持反孔非儒的新思潮,其起點正是回歸原典,在繼承乾嘉漢學的基礎上更上一層樓。今文學復興雖是「以復古為解放」過程中的關鍵步驟,但新文化派與啟蒙思想家眼中解放的目標不再是復古代經典大義,而是西來的「德先生」、「賽先生」與啟蒙精神。然而,在堅守中國傳統文化本位的學者眼中,以公羊學為中心的近代今文學確實另一番景象。鍾泰批評「定庵後,習《公羊》之學者,有蜀人廖平,然支離怪誕,有識之儒所不道」[1]。羅振玉認為離開訓詁,高談微言大義為晚近講公羊學的流毒,康有為為使諸經不危及自身的政治主張,誹謗古文出於劉歆偽造,可謂「惑眾誣民」[2]。

四　真偽今文學之辨:《公羊》與《穀梁》

清季民初,復興蜀學成為川省學人的群體訴求,廖平著《今古學考》,以禮制平分今古,旨在揚棄乾嘉漢學傳統,在復古求解放的道路上更進一步。此後,巴蜀學人主張晚近學術當以「東西」代「南北」,廖平門生對以康有為公羊學為中心的近代今文學系譜提出質疑。蒙文通對近三百年學術也勾勒出近似「以復古為解放」的系譜:「近三百年來的學術,可以說全是復古運動,愈講愈精,也愈復愈古,恰似拾級而登的樣子。這三百年間的進步和結果,真是可驚。」

---

[1]　鍾泰:《中國哲學史》,362頁,北京:東方出版社,2008。
[2]　羅振玉:《清朝學術源流概略》,72頁,北京:商務印書館,2018。

近二十年的主流自然是今古文兩派，兩派領袖分別是康有為、章太炎，但此二人僅為廖平《今古學考》的修正派，不曾出離廖平學說的範疇，蒙文通要脫離《今古學考》而獨立。與梁啟超、胡適等人「解放」的目標不同，蒙文通不以「通經折傳」為滿足，而是緊接著追問：「現在講經，是不能再守著兩漢今古文那樣講，是要追向先秦去講」，力圖在經學上「博極群書、剖析毫芒」，發明泰州王學業已「闡發盡致」的「孟子之道」[1]。乾嘉以降，經典考證蔚成風尚，清儒群趨「道問學」一途，他們筆下雖仍不時出現「尊德性」的字樣，但在多數都是一種空泛的門面語，無所指涉[2]。蒙文通的抱負卻不僅僅只是道問學而已，他要通經明道，或者說由考據而明義理、因道問學而尊德性。一九二三年，蒙文通求學吳越，與江浙整理國故者深入論辯，返川之後，倡議蜀學，重建近代今文學系譜。

蒙文通認為，考據學最適合研究《詩》、《尚書》，「要在聲韻」，「詳在名物」，興蜀學立足於《禮經》、《春秋》「濟道術之窮」，闡發儒學新義。劉咸炘也批評晚清民國學界「以麼小考證易於安立，少引駁難，乃來名之捷徑」[3]。蒙文通揚譽廖平以禮制剖析漢代今、古家法，提倡廖氏春秋學：「廖氏之學，其要在《禮經》，其精在《春秋》」，「廖氏之說禮，誠魏、晉以來未之有也，至其考論《春秋》，則秦漢而下，無其偶也」[4]。蒙文通認為當下最緊要是清理門戶：「《議蜀學》一篇，則擬質之同志者，蓋昔儒多宗古文，其

---

1 蒙文通：《經學導言》，見《經史抉原》，10～12頁。
2 余英時：《清代學術思想史重要觀念通釋》，見《中國思想傳統的現代詮釋》，232頁，南京：江蘇人民出版社，1998。
3 劉咸炘：《推十文集·復蒙文通書》，見《推十書》，2209頁，成都：成都古籍書店影印，1996。
4 蒙文通：《議蜀學》，見《經史抉原》，101～103頁。

究心今文者,往往徒騁浮辭,不精禮學,或至比附怪緯,為世詬病,不祛此惑,學何由明,此則通之所為發憤忼慨者也。」[1]民初學界紛紛批評今文運動,連廖平也指出:「王(闓運)怪屬於舊,章(太炎)怪屬於新,要皆有以自成其學而獨立,與夫近來口談名教,依草附木,毫無新舊學之可言者,誠有鳳凰雞鶩之別矣!」[2]因此,蒙文通意圖摒除今文學浮辭,以禮制為本,祛除世人對今文學的詬病和疑惑。

基於此,蒙文通此後屢次梳理近代今文學之譜系。在《古史甄微》〈後序〉中,蒙文通認為:「兩漢言學,嚴守師法,各有義類統宗,於同道則交午旁通,於異家則不相雜越,篤信謹守,說不厭詳。而晚近言學者則異是。」宋翔鳳、魏源、龔自珍、康有為「肆為險怪之辯,不探師法之原,徒譏訕康成,詆詬子駿,即以是為今文」,「謂之能訕鄭學則可,謂之今文學則不可」;惠士奇、金鶚、陳奐、鄒漢勳,「陳說禮數,亦何嘗不征之先秦、以易後鄭,途徑豈出龔、魏下。彼固不自命為今文,此則張怪緯以自表」,「張惠言、陳壽祺之述論,則庶近之也。」所謂「前代之今文學唯一,而近代之今文學有二,魚目渾珠,已非一日」[3]。《古史甄微》〈後序〉在一九三三年被改作成《古史甄微》〈自序〉,在「偽今文學」的行列中增加了劉逢祿和崔適。

一九三二年,蒙文通作《井研廖季平師與近代今文學》,仍持「前代之今文學唯一,而近代之今文學有二」的看法,更系統地論述了清代今文學的傳承。蒙文通褒獎孔廣森、張惠言研討六經傳記,「倡家法,明條例,鉤深抉微,實能闡二千年來不傳之墜緒」,是有

---

1 蒙文通:《在昔》,載《甲寅週刊》,第1卷,第21期,1925。
2 吳虞:《愛智廬隨筆》,見趙清、鄭城編:《吳虞集》,94頁。
3 蒙文通:《古史甄微》〈後序〉,載《史學雜誌》,第2卷,第2期,1930。

清三百年「復古求解放」的上乘之作。但若以經今文學而言,張惠言、劉逢祿之流皆是未成熟之今文學,前者懂得依據家法條例,明一經之意,但「一經之義明,而各經相互間之關係尚未窺其全,是則所知者各家一隅之今文說,尚無綜合各家以成整個之今文學派」,此乃「有見一隅而不窺全體之今文學」;後者雖能從整體上聯繫各經與古文學劃清界限,但「徒以立學官與否為斷,是則知表而仍不知其裡」,此乃「知其大概而不得其重心之今文學」。在這兩派之外便是「本師」廖平「綜合群言而建其樞極」,此乃「成熟之今文學」,「廖師推本清代經術,常稱二陳著論,漸別今古。廖師之今文學固出自王湘綺之門,然實接近二陳一派之今文學」[1]。廖平曾言:「國朝經學,顧、閻雜事漢宋,惠、戴專申訓詁,二陳(左海、卓人)漸及今古,由粗而精,其勢然也。鄙人繼二陳而述兩漢學派,撰《今古學考》。」[2] 蒙文通也認為陳壽祺、喬樅父子的《五經異義疏證》專門區分今古家法,陳立的《白虎通義疏證》致力疏通漢代今文經說,「義例謹嚴」,實為依家法條例治漢學的代表作,只是因為「不以詭詞異論高自標詡」,才為人所忽視,不附於今文學之列[3]。蒙文通的今文學系譜將廖氏上接二陳,而排斥王闓運,正是認定善說禮制、家法條例之學才是正宗的今文學。

錢基博便批評「梁氏敘考證學極盛之反響,為公羊今文學」,乃「知其一而不知其二之論」,至於公羊今文學,「梁氏自以學所自出,著意敘述,不知公羊今文學之張設門戶,當以江都凌曙曉樓管其樞。」錢氏推凌氏為別子之祖,「以禮言《公羊》,著有《公羊禮

---

[1] 蒙文通:《井研廖季平師與近代今文學》,見《經史抉原》,104～105頁。
[2] 廖平:《四譯館雜著・與宋芸子論學書》,見舒大剛、楊世文主編:《廖平全集》(11),659頁。
[3] 蒙文通:《廖季平先生傳》,載《新四川月刊》,第1卷,第1期,1939。

疏》十一卷,《公羊禮說》一卷,開湘學王闓運、蜀學廖平之途徑。又以《春秋繁露》明何休,為《繁露注》十七卷,以開康有為《春秋董氏學》之先河」[1]。被蒙文通譽為齊學巨擘的邵瑞彭也強調以《公羊》講今文學與以家法條例治今文經二派有別,「莊、劉諸子,好言《公羊春秋》,則為今文之學,由是學者,始言門戶」。陳壽祺、陳喬樅,陳碩甫、陳立,「接踵而作,大氐以尋繹師法,辯章條貫為主」。二派「趣舍不盡同,要之各能自名其家。咸同以降,風氣益變矣」。龔自珍、魏源傳莊、劉之學,皮錫瑞與廖平謹守四陳之法,「以董理舊義,區分家法為己任」[2]。張爾田批評梁啟超「無端分河飲水,別出今文一派,以與古文角力,為位置其師張本。彼兩漢博士爭立學官,故有今古水火之異,此諺所謂『飯碗問題』」[3]。張爾田反對梁啟超的今文學系譜,劉逢祿之學傳至凌曙,再傳至陳立,「無不義據通深,已不尊用其師之說」,陳立之學已與莊氏無涉。此後皮錫瑞「本之以治他經,疏通西漢墜誼」,將陳、皮二人排斥於今文學系譜之外,「殆非篤論」[4]。蒙文通更進一步,認為廖平集「成熟今文學」之大成,「至廖師而後今文之說乃大明,道以漸推而漸備」。皮錫瑞則是近代經師中唯一能「遠紹二陳,近取廖師以治今文者」。「偽今文學」一派,蒙文通點出了龔自珍、魏源二人:「他若魏源、龔自珍之流,亦以今文之學自詡,然《詩書古微》之作,固不必求之師說,究其家法,漢宋雜陳,又出以新奇臆說,徒以攻鄭為事,究不

---

[1] 錢基博:《後東塾讀書記》,載《青鶴》,第1卷,第5期,1933。

[2] 邵次公:《重刊皮氏〈駁五經異義疏證〉序》,載《進德月刊》,第2卷,第5期,1937。

[3] 張爾田:《致李審言札》,見蘇晨主編;《學土》卷一,43頁,廣州:廣東高等教育出版社,1996。

[4] 王鐘翰:《張孟劬先生通堪書題》,載《史學年報》,第5期,1938。

知鄭氏之學已今古並取，異鄭不必即為今文……故龔、魏之學別為一派，別為偽今文學，去道已遠。」[1]

蒙文通提出「漢代之今文學唯一，今世之今文學有二」，晚清今文學分為成熟今文學與偽今文學。成熟今文學善說禮制、通曉家法條例；偽今文學不懂師說，不明家法，漢宋雜陳，高標新奇臆說，特別是偽今文學將「今文之義悉在《公羊》」，「言無檢束」，「書無漢宋」。簡言之，「偽今文學」者治今文學以公羊為中心，劉逢祿、宋翔鳳重公羊微言大義，龔自珍、魏源進而「闡發公羊三世、三統之義，論及時政，以為致用之方」，康有為更以公羊學倡言變法改制。劉逢祿、宋翔鳳尚且能立今文學之門戶，龔自珍和魏源不僅重微言大義，「由公羊而推至群經」，貌似經術，其實政論，此風氣一開，使得晚清今文學流於政論一派[2]。顧實指摘「康有為更拾廖平之唾餘，倡為一切古文，皆劉歆偽造」，「康氏何必以己之所能，責人以必然，康又倡為六經本無須文字，一切惟口說可憑。其弟子梁啟超，至今稍變師說，而又主張今文，排斥古文。總之，康梁之今文云云，不過借為弋取名利之具也」[3]，齊思和就認定「晚清今文運動，本為一政治運動」[4]，蒙文通早年一直認定此脈絡為偽今文學。李源澄認為康有為「以改制為利祿之階」，廖平不談政治；「近世公羊學者，劉、宋不善師學，其失也愚，猶未至於叛道」，康有為「所謂大義微言者，直董、何污垢穢濁之物」；「世方有憒憒然以今古學家自表異

---

1 蒙文通：《井研廖季平師與近代今文學》，見《經史抉原》，105頁。
2 錢穆：《中國近三百年學術史》，見《中國現代學術經典・錢賓四卷》，453～492頁，石家莊：河北教育出版社，1999。
3 顧實：《常州文學之回顧》，見上海國學研究社編：《國學彙編》第1集，上海：國學研究社，1924。
4 齊思和：《魏源與晚清學風》，載《燕京學報》，第39期，1950。

者,更有不治經術而斤斤於今古之爭以為名高者」,此乃「井研之旨不明,而流毒至是」[1]。

這裡,自然會遇到一個繞不過的問題:晚清以降,《左傳》、《公羊》、《穀梁》三傳優劣,與《穀梁》的今古派分。《春秋》三傳皆有家法,「今古相訛,迄於晚近,初爭乎文字,末判以制度」。平心而論,三傳各有短長,不外乎范寧所言:「《左氏》豔而富,其失也誣;《公羊》辨而裁,其失也俗;《穀梁》清而婉,其失也短。」《左傳》長在記事,不可以視為斷爛朝報;《公羊》能傳微言,「三科九旨,五始六輔,二類七缺之說,有變通之美」;《穀梁》獨得大義,善於說理,又非《左傳》、《公羊》可以比擬。[2]崔適遵照康有為的思路研究今文學,根據《漢書》〈梅福傳〉、《漢書》〈儒林傳〉、《後漢書》〈章帝紀〉等書判定劉歆偽造《穀梁》,進而以《穀梁》學為古文學。張西堂於崔氏之說,更近一步考訂《穀梁》不傳《春秋》,認為《穀梁》非真傳,乃雜取傳記編纂,「崔氏所論,固可徵信」[3]。戴增元視之為捕風捉影之談,「特以今古文之分,重在學說之歧異,與其禮制之區別」[4],以今文學而言,傳《春秋》者,惟《公羊》、《穀梁》二家。如俞樾所言:「本朝經學昌明,超越前代,而治《春秋》者喜言《公羊》,謂孔子立素王之制,托王於魯,變文從質,新周故宋,陳義甚高,立說甚辨……數十年來學術之大變即伏於此。」然而,《公羊》多非常異義可怪之論,《穀梁》則「體例甚精而義理甚正,無非常異義可怪之論」,是故

---

[1] 李源澄:《上章先生書》,載《學術世界》,第1卷,第2期,1935。
[2] 段生珍:《正續經解所收穀梁著述提要》,載《斯文半月刊》,第3卷,第7期,1943。
[3] 張西堂:《序》,見《穀梁真偽考》,1頁,北平:和記印書館,1931。
[4] 戴增元:《穀梁學通論》,載《蘇中校刊》第3卷,第105期,1935。

「《公羊》有弊而《穀梁》無弊」，而「方今學術之弊皆誤於《公羊》者，積而成之，欲救其弊，非治《穀梁》不可」[1]。柯劭忞認為《春秋》為中國經世之學，「公法之模型，外交之鼻祖」，時人之弊端在於「據《左傳》之事蹟疑《公》、《穀》二傳」，而未精研筆削之義，「以求有補實用」[2]。《穀梁》「文省而理密」，「義尤精深」[3]，如孔子故宋之說，《公羊》無明文，《穀梁》有之。《穀梁》所講尊周、親魯、故宋之說可謂獨得大義，以此可將何休等公羊家所謂「非常異義」一掃而空[4]。

若如蒙文通所言研究公羊學乃偽今文學，何以廖平反被蒙文通視為成熟今文學的集大成者？蒙文通首先申明廖平雖出自王湘綺之門，然實接近二陳一派，廖平學術的根荄在於以禮制言《穀梁》。他僅是以餘力說《公羊》，因為舉世治《公羊》學者皆未能領會《公羊》之義，廖平便以《公羊》大師著稱於世。廖平治《穀梁》而兼治《公羊》，是以魯學而兼治齊學，公羊學並非其學術根本。廖平並非是齊學大師，而是魯學巨擘，所以在其他學者多將廖平歸於公羊學一派時，蒙文通認為廖平以禮制講穀梁學，乃成熟今文學（即經生派）的集大成者。在蒙文通看來，「近代今文有二」不僅是因為有治漢學方法的區別，更因為有治《公羊》與治《穀梁》之別，晚清公羊學近乎偽今文學，所謂「清世言今學者皆主於《公羊》，遂以支庶而繼大統，若言學脈，則固不如此」[5]。李源澄也認為「近世治《公羊》者，往往失之附會，遂為世詬病，或者竟謂無大誼微言」，故主張

1　俞樾：《春秋穀梁傳條例十卷·敘》，載《國粹學報》，第68期，1910。
2　柯劭忞：《春秋學·穀梁》，載《國立歷史博物館叢刊》，第1卷，第3期，1927。
3　柯劭忞：《春秋梁傳注序》，載《學衡》，第64期，1928。
4　牟潤孫：《蓺園同學記》，見《注史齋叢稿》，539頁，北京：中華書局，1987。
5　蒙文通：《井研廖季平師與近代今文學》，見《經史抉原》，106頁。

第三章 政學糾葛：近代今文學系譜的演化與生成 | 133

「治《春秋》者，如能先以《穀梁》立其本，再求之於《公羊》，於董、何之說，分別去取，亦可以弗叛矣」[1]。只有以禮制為本，按家法條例治《穀梁》才是真今文學，而論定《穀梁》為今文正宗的途徑，旨在證明《穀梁》符合孔門原意，為孔子嫡傳。蒙文通遂「作《經學抉原》，深信齊魯學外，而古文為三晉之學，則經術亦以地域而分」[2]，以地域解釋今古文經學的形成及其差異，今文學是糅合魯學與齊學而成，魯學最純，是儒學正宗，齊學駁雜，出入諸子，古文學則是孔氏之學傳於三晉、雜以舊法世傳之史。

不過，劉咸炘、錢穆等學友對蒙文通重構的今文學系譜均持有異議。劉咸炘認為「今文學之極，若廖季平」，其說疏漏太多，其今文學說多「棄舊說」而從康有為。廖氏論述「古書、孔子、孔經、劉歆、世間事理、為學方法」語多「滑稽」，欲「尊經於古史之上」，「反使經等於諸子」[3]。錢穆撰《國學概論》時，大體沿襲《清代學術概論》中關於晚清今文學的論述，後來雖稱康有為「言《公羊》改制，終不脫廖季平牢籠」，但錢氏梳理近三百年學術流變，依舊附廖平學說於康有為，批評「學人之以戲論自炫為實見，未有如季平之尤也」[4]。錢穆進而批評晚清今文學家走的是「一條夾縫中之死路，既非乾嘉學派所理想，亦非浙東史學派之意見。考據義理，兩俱無當。心性身世，內外落空。既不能說是實事求是，亦不能說是經世致用。

---

1 李源澄：《與陳柱尊教授論公羊學書》，載《學術世界》，第 1 卷，第 11 期，1936。
2 牟潤孫：《蓺園問學記》，見《注史齋叢稿》，539 頁，北京：中華書局，1987。
3 劉咸炘：《經今文學論》，見《推十書》，109～112 頁。
4 錢穆：《中國近三百年學術史》，見《中國現代學術經典·錢賓四卷》，604、562 頁。

清儒到道咸以下，學術走入歧道，早無前程」[1]。范文瀾指出廖平學術「愈變愈離奇，牽強附會，不知所云」，雖然他還想「再變一下（第六變），雖然有十四年的時間，但終於沒有變出來」，這充分證明了今文學的「末路」，「末路」之後便僅剩下「死路」[2]。蒙文通恰恰認為新起之學「未得正途」在於今文學流入公羊改制一派。那麼，救弊的關鍵在重新闡釋今文學，蒙氏對今文學系譜的重構為其以史證經，由今古上溯齊魯埋下伏筆[3]。

民國以降，學界勾勒近代經今文學系譜以康有為為軸心展開，淵源有自。賀麟曾言：「學術和政治的關係，也可以說是『體』與『用』的關係。學術是『體』，政治是『用』。學術不能夠推動政治，學術就無『用』，政治不能夠植基於學術，政治就無『體』。」[4] 胡樸安認為：「政治與學術相表裡，政治表也，學術裡也。自來政治之良否，無不由於學術。」道咸以來，「西漢之今文學派代古文學派而興，方耕、申受開其先，定庵、默深繼之」，然「僅影響於思想而已，未能影響於政治」；直至廖平「今文之學獨深，本《禮運》而為『三世』之說，本《論語》而為『先進』、『後進』之說，其說多奇而可喜。南海康氏承之，更張大其詞，以召學者，號為維新，公車上書，為今文學派影響於政治之始，慷慨之言論，風靡於一時」，「今文學派有發揚宏肆之才，而無剛毅木訥之度，所以能促清廷之新，而不能綿清廷之祚」。章太炎立足古文學派，「深於歷

---

1 錢穆：《前期清儒思想之新天地》，見《中國學術思想史論叢》（8），397頁，合肥：安徽教育出版社，2004。

2 范文瀾：《中國經學史的演變》，見《范文瀾歷史論文選集》，296頁，北京：中國社會科學出版社，1979。

3 張凱：《〈經學抉原〉與民初經學之走向》，載《學術研究》，2014（4）。

4 賀麟：《學術與政治》，見《文化與人生》，248頁，北京：商務印書館，1988。

史，其於種族學說持之彌堅」，種族學派「有一往直前之勇，而無周密縝靜之思，所以能開民國之始，而不能定民國之基」[1]。康有為以公羊言改制，通經致用，經今文學由此影響清末民初政治、學術的走向，廖平學術成為康有為公羊變法學說的註腳。在學術與政治的糾葛之中，對近代今古文學的探討集中於公羊改制；在經史遞嬗的洪流中，今文學之重心被歸結於劉歆造偽；相反，自廖平《今古學考》所開啟的討論兩漢今古學之爭的經義、學理傾向卻寥落無聞。

顧頡剛自道：「戰國、秦、漢之世化古史料為經典，今日使命則復化經典為古史料」，「我輩生於今日，其所擔之任務，乃經學之結束者而古史學之開創者，此非吾人之故意立異，乃自宋至清八百年中積微成著之一洪流，加之西洋科學之助力，遂成一必然之趨勢」[2]。清代今文學的疑古思潮、康有為孔子託古改制說為整理國故與古史辨運動變經學為古史學，以史代經提供思想資源。顧頡剛指明清代今文學之中，「廖平之學由分析《五經異義》而來，康有為之學由比較《史記》、《漢書》而來」[3]。廖平批評康有為落人史學與目錄學的窠臼，未能通曉經學大義。廖平以禮制分野今古文，旨在「復古求解放」，尋孔孟大義。蒙文通重構近代今文學系譜，表彰廖氏《春秋》之學，志在復古求解放，由廖平以今古講兩漢，進而以《春秋》論先秦。二十世紀三〇年代，蒙文通由經今文學入史，以經御史，以《春秋》之義區分「撰述」與「記注」，弘揚儒學義理史學。

---

[1] 胡樸安：《二十年學術與政治之關係》，載《東方雜誌》，第 21 卷，紀念號，1924。

[2] 顧頡剛：《致吳康函》，見顧潮編著：《顧頡剛年譜》，337 頁，北京：中華書局，1993。

[3] 顧頡剛：《顧頡剛讀書筆記》（5），2411、1205 頁，臺北：聯經出版事業公司，1990。

以龔自珍、魏源為代表的道咸新學極大影響到後人對清代學術的認知，乾嘉漢學一線的觀念反受到忽視，因此有學人主張「寫出更具有包容性的清代學術史論著」[1]。此論誠為真知灼見。其實，在道咸新學之內，學人對清代學術脈絡的認知本有異議，今文學內部的分歧絲毫不遜於經今古文之爭。以康有為或者廖平為核心構建的兩條近代今文學系譜，實開啟了傳統學術近代轉型的兩種路徑。康有為引領的今文學運動以公羊學為中心，開闢晚清思想界革命，為傳統學術的外在轉向拓寬道路；廖平弟子對近代今文學系譜的重構，不僅豐富了對晚近學術流變的認識，更揭示出傳統學術內在深化的可行性路徑。

---

[1] 羅志田：《道咸「新學」與清代學術史研究》，載《四川大學學報》（哲社版），2006（5）。

第四章
「述文化於史」：宋育仁與近代經史學之省思

　　民國新學制建立後，學術分科化，以經學為主導的傳統學術格局最終解體，經學也日漸抽離其原有的學術內涵，在新學科體系中無棲身之所，新文化運動更對經學所蘊含的價值體系施予最有力的抨擊。由於胡適等人提倡整理國故，使得國學研究成為時尚。「西學」成為國學的參照物，而「科學」則成為整理國故的關鍵詞。四川學人曾批評新學制乃「一味崇拜歐西，以為緣飾」，成都的高校「尤不遵此軌」，「然功令所限始終有不得不同文共規之勢」[1]。「尤不遵此軌」一語道出川省確實存在許多不同的聲音。宋育仁曾在尊經書院師從王闓運學習今文經學，優於文辭，且注重經術。其早年研究《周禮》，自稱與廖平宗旨有別，然而二人皆「通經致用，詳制度而略訓詁同也」[2]。不過，廖平「於經學功夫甚深，但於經術無得，未見制度」。宋育仁相較同時的尊經院生具有更強的實踐性，「以經學作為指導自己政治行為的準則，凡事必於經學中尋找依據而後行動」[3]。

---

[1] 陶亮生：《先師向仙喬言行憶錄》，載《成都文史資料》，1988（19）。

[2] 宋育仁：《春秋左氏古經說漢義補證·序》，舒大剛、楊世文主編：《廖平全集》（8），1521頁。

[3] 李曉宇：《尊經·疑古·趨新：四川省城尊經書院及其學術變研究》，155頁，博士學位論文，四川大學，2009。

宋育仁認為學術是世運與政教興替的根本，「舊政界苦於護短舊學界苦於未聞；新學界苦於無所適從，新政界苦於無從說起」，新舊政學界「同墮苦海之中，致為潮流所蕩」[1]。面對當下時世變遷，新舊兩界在中西新舊的文明立場與政教模式中各執一端，難以調和。二十世紀二〇年代初，宋育仁聯合廖平等學人發起四川國學會，創辦《國學月刊》，再次提倡「復古即維新」，旗幟鮮明地批評整理國故運動的流弊[2]。以宋育仁與胡適等趨新學人的經史分合為線索，揭示尊孔與排孔、雜糅三教與科學學術敘述等新舊中西對立背後，民初學人關於經史關係、孔學譜系、四部與分科等議題的多元認知，當可呈現近代學術流變的豐富內涵，或可為當下謀求溝通中西、融匯新舊的新學術體系提供思想資源。

一　「治經門路」與「史家本色」

一九一九年，正當五四新文化運動如火如荼開展之時。胡適宣稱新思潮的本質意義是重估一切價值，以評判的態度審視既有的制度風俗、聖賢教訓、公共信仰，「對於舊有的學術思想有三種態度：第一，反對盲從，第二，反對調和，第三，主張整理國故」[3]。不久，

1　《緒言》，載《國學月刊》，第 1 期，1922。關於宋育仁「復古即維新」思想的初步探討，參考王東傑：《導言》，中國近代思想家文庫・宋育仁卷》，北京：中國人民大學出版社，2015。

2　雖有學人評價宋育仁晚年「宣傳維新，學術價值不高，在四川國學運動中並無多大影響」（謝桃坊：《四川國學運動述評》，載《西華大學學報》（哲學社會科學版）2008（6）。但桑兵、羅志田、王東傑等學人已注意到宋育仁與新文化派的分歧，及其可能為理解中國文化本意提供有效路徑。參見桑兵：《民國學界的老輩》，見《晚清民國的學人與學術》，北京：中華書局，2008。羅志田：《陳寅恪的「不古不今之學」》，載《近代史研究》，2008（6）。

3　胡適：《新思潮的意義》，載《新青年》，第 7 卷，第 1 號，1919。

胡適更明確提出整理國故的四點要求：歷史的觀念、疑古的態度、系統的研究和系統的整理[1]。國學不再被視為不可動搖的學術之本，新文化運動力圖斬斷宗綱，輸入學理，自如地以西學的眼光重新詮釋傳統學問，創造中國的新文化。四川國學會明確以探求中國內聖外王之道為宗旨，批評時下舊派學者仍欲持理學、史學、詞章之學回應新學，「不知新學初起，即為反對理學，因理學自承為孔子之道統。經學又只囿於章句考據，因而毀及孔經，以空疏無據，故新學力詆數千年歷史，但為一姓皇帝作貢獻之記注，以造成奴隸之性質，實由史學家發其反動」，「詞章不過鼓吹學理，等於美術，尚復何說」。今日復興國學，挽救新學橫流的流弊，「必在講明經學，以通經術」[2]。如何認知、重構經史之學成為四川國學會與民初整理國故運動的根本分歧。

一九二三年，當胡適發表〈《國學季刊》發刊宣言〉這份代表北大國學門全體的學術宣言時，宋育仁逐條予以點評。胡適提倡研究國學必須要打破閉關孤立的態度，在方法、材料上與歐美日本學術界展開比較研究。宋育仁認為：「通篇只此段統論與前後兩段與此段相關處。吾亦表同情，雖有語病，只在太看重漢後兩千年史料，未窺經術門徑，故忽卻秦前兩千年史料。」胡適所言方法是「史家本色，非治經門路」[3]。史家本色與治經門路決定雙方研究國學的方法、立場與學術本位涇渭分明。毛子水指出必須以科學精神研究國故：「對於一種事實，有一個精確的，公平的解析：不盲從他人的說話，不固守自己的意思，擇善而從。」[4] 胡適進而強調國故是中立的態度，借鏡西

1　胡適：《研究國故的方法》，載《民國日報・覺悟》，1921-08-04。
2　宋育仁：《學戰概括論》，載《國學月刊》，第 1 期，1922。
3　宋育仁：《評評胡適國學季刊宣言書》，載《國學月刊》，第 17 期，1923。
4　毛子水：《國故和科學的精神》，載《新潮》，第 1 卷，第 5 號，1919。

學恰似近視者佩戴眼鏡。整理國故要用歷史的眼光來整理中國一切的歷史文化，破除門戶之見，還古人以本來面目。以漢還漢，「各還它一個本來面目，然後評判各代各家各人的義理的是非。不還它們的本來面目，則多誣古人。不評判它們的是非，則多誤今人」[1]。宋育仁卻認為回到本位必須治眼：「原來近視，本光固在，即應由此，循步而進，如治近視，移步插香，還須由本地本光本視線，移遠再看再看，不可再覓顯微鏡，把眼光弄壞就不可醫了。今人如是如是，此所謂資料就是覓得西洋顯微鏡之比。」所謂「擇善而從」、「評判的態度」實為師心自用：「各人身上帶著一個老師，評斷是非，就是西人科學家也評駁得著。所謂主觀的，客觀的。今人偏要崇拜科學，又偏不從科學的客觀，倒不誣古人，卻誤了自己，又要冤了後人」，「明白了他們的本來面目，何以就配評判得他的是非。」[2]換言之，胡適倡導以西方邏輯與實驗原則為主的科學方法來實現整理國故，中西互釋的理念難免以現代進化觀念解釋、評判中國思想與學術，中國傳統文化被客觀的科學理念重塑，成為現代學科的知識與材料。宋育仁認為中國文化自有其本位與主體性，所謂「學之為言，效也」，研究經學當知其言，通訓詁，以家法師承為門徑，下學而上達。「學也者，所以學為聖人也……堯舜至孔子皆一脈相承。」[3]若已有先人為主之見，「心境已高，不能降心於經學之初程」，標榜「依科學方法之門而入」，卻「不憚改經傳以從己意，強不知以為解，所謂點竄堯典舜典字，塗改清廟生民詩」。今之學者「皆欲飛行絕跡而至誤於平空理想，無分新舊皆然，皆自師心而起。此無他，皆由以己為主觀，學為

1　胡適：〈《國學季刊》發刊宣言〉，載《國學季刊》，第1卷，第1期，1923。
2　宋育仁：《評評胡適國學季刊宣言書》，載《國學月刊》，第16期，1923。
3　《論語次第》，載《國學月刊》，第4期，1923。

客觀,是以人人皆自賢而皆思出其位」[1]。為學之道,「宜先以學為主觀,身為客觀,取科學之法程,為無我之起點」[2]。此處濃厚的尊孔意識一目了然,不過,以聖人之道為學意在與客觀知識對應,強調被視為客體的傳統文化中所固有的精神與價值。換言之,科學的客觀不應以普遍的方法與原理簡單抹殺或忽視研究對象的精神世界與價值關懷,應從文化的內部入手理解、分析其本意,而非以外在的標準剪裁、評判,後者貌似客觀,實際容易成為更深的主觀偏蔽。

胡適提出研究古學必須擴大研究的範圍、注意系統的整理、博採參考比較的資料。宋育仁視此為:「咬文嚼字兜來兜去的圈子,就是在文字材料上盤旋」,古學是「書中有學,不是書就是學」,胡適是認書作學。今日學人僅能旁搜博採,「不過是類書目錄的本領,尚不知學為何物」。學者必須集大義、微言於一身,「立身行道施之於世,則擇眾教民」,「今之人不揣其本而齊其末。不過欲逞其自炫之能力以成多,徒禍亂觀聽,既無益於眾人,又無益於自己,凡盤旋於文字腳下者,適有如學道者之耽耽於法術,同是一蠱眾炫能的思想,烏足以言講學。學道適足以致未來世之愚盲子孫之無所適從耳」[3]。胡適所提倡引入新知的新國學是割裂、消解中國文化的義理價值為前提,以學術平等的態度擴大國學的範圍要求平視經子,甚至否定經學的意義。朱希祖討論整理古代典籍的態度與方法時,鮮明提出:「經是永遠使人不許獨立進步的。我們治古書,卻不當作教主的經典看待」,「經學之名,亦須捐除」[4]。不過,仍有學人強調經、史、

---

[1] 宋育仁:《辨學》,載《國學月刊》,第 12 期,1923。
[2] 宋育仁:《辨學》(續前),載《國學月刊》,第 13 期,1923。
[3] 宋育仁:《評〈國學季刊發刊宣言〉》,載《國學月刊》,第 16 期,1923。
[4] 朱希祖:《整理中國最古書籍之方法論》,載《北京大學月刊》,第 1 卷,第 3 號,1919。

子、集四部的名稱與次序是中國固有學術系統，經學為聖賢所傳精理，「一切學術政教之準繩規矩」；史學為人類活動的實踐，「經中所言之原理之實例與確證」[1]。四川國學會同仁更鮮明地指出經學與史學的體用關係：「經學者，最優美高尚之學，由修身而上可以通天人盡性命，由修身而下，可以平天下致太平」；史學為經學支流，「知天文，察地理，明人事，宇宙間皆人事所演，人事以政治為樞，故史學即以政治為歸宿」。史學分為民生、國計、風俗、學術四端，分門別類，探明歷代治亂得失興衰之故，羽翼經學，方為有用之學[2]。經學是「研經以求所載之道」，「非即以研經為學」。歷代史學惟有《史記》、《漢書》用意深遠，是書中有學，基於王道經術，「傳述孔門經學之緒餘，乃發揮孔門之學，而非自闢一途以為學」[3]。柳詒徵讚譽乾嘉諸儒獨到之處「實非經學而為考史之學」，「諸儒治經，實皆考史」[4]。宋育仁認為若以考據為經學，史家考據便淪為「文科美術」的一種。經學門徑猶如科學比例，乾嘉經學已入科學範圍，為經學初程，「但從此專趨於著書一途，則有害於經術」，「當由此進而求之倫理、政見、教育、哲理，乃成為經術，成為經術之專門，不當墨守考據，謬許專門，囿於科學而止」，經學研究不應與政治、教育、哲學分離，「知經學而局於考據，已為文化之障礙，重考據而平視經史，尤為文化之蠹賊。況以邏輯為治學之方法，又以史學為講學之重心，不知其所謂史學之重心安在，誤蒼生

---

1 《悼柯鳳蓀先生》，《大公報・文學副刊》，第 297 期，1933-09-11。
2 復庵：《函授社史學講義》，載《國學月刊》，第 1 期，1922。
3 宋育仁：《論史學：統釋文史校讎源流得失並致章梁》，載《國學月刊》，第 20 期，1923。
4 柳詒徵：《中國文化史》，119 頁，上海：上海書店，1947。

者，必此言矣」[1]。

　　胡適整理國故的最終目標是要做成中國文化史，用科學實證史學整合中國文化，把國學的一切都用文化史及其子目涵蓋與分科，通過整理國故為新文化運動建立學理基礎。梁啟超的文化史觀念與胡適有別，注重文明史的成立與展開，提出科學方法與直覺方法並舉，「文獻的學問，應該用客觀的科學方法去研究」，「德性的學問，應該用內省的和躬行的方法去研究」[2]。宋育仁認為胡適所提文化史的系統是開局纂書之法，梁啟超所言仍有割裂儒學整體之嫌，文化史的根本在於「述文化於史，非以史為學，是將文化的成跡及其應用載在史上，不是將此史所載的拿來作文化，要文化進化就只要在經上討生活」，以義理統攝文史[3]。具體到上古史而言，胡適認為東周以前無史，主張先把古史縮短二三千年，若將來金石學、考古學發達後，再用地底下掘出的史料，慢慢拉長東周以前的古史。東周以下的史料，也必須嚴密評判，「寧疑古而失之，不可信古而失之」[4]。胡適「縮短」與「拉長」的兩階段論構成了民初疑古辨偽的基本預設。宋育仁指出：「三代以上之治像在經不在史」，「夫為法於天下可傳於後世者，在三代之政，明王之事也。經孔子修訂之經固不得視同後世之

1　宋育仁：《論史學：統釋文史校讎源流得失並致章梁》，載《國學月刊》，第20期，1923。

2　梁啟超：《治國學的兩條大路》，見東南大學南高師範國學研究會編：《國學研究會演講錄》第1集，94～101頁，上海：商務印書館，1923。關於胡適與梁啟超文化史觀念的分合，可參見張越：《「最低限度的國學書目」之爭與文化史觀》，載《史學史研究》，2004（3）；張昭軍：《梁啟超的「新史學」是文化史》，載《史學理論研究》，2010（2）。

3　宋育仁：《評〈國學季刊發刊宣言〉》，載《國學月刊》，第17期，1923。

4　胡適：《自述古史觀》，見顧頡剛編：《古史辨》第1冊，22～23頁，上海古籍出版社，1982。

史,而求三代史事之跡,則具在六經之中,而且條理細密,綱目完備,非後史或有具文而非事實,或有事實而不完全案證不齊之可比。」[1]近代新史學疑古辨偽僅是在秦漢以下盤旋,「所謂一系不斷之歷史,亦只自秦以來二千餘年耳」。研究中國文化不應止於斷代,須貫通上下五千年,三代是一個文化整體,「其前二千餘年孔子所傳」,「又其前數千年,孔子存而不論」[2]。胡適將新文化運動視作中國的文藝復興,反抗權威和批評精神隨之興起,整理國故運動與古史辨運動旨在破除經學意識與倫理觀念的學理基礎,以科學實證史學建構中國歷史文化的變遷歷程,視之為中國內在的文化內層,三代的史事姑且闕疑,更遑論其文化理想。

宋育仁所言文化是指六經承載著三代的人倫政教以及大義微言,文化史應以經馭史,以史證經,通過經史互釋展現儒家義理在整個歷史長河中的發生、演進及其落實。「文」足以闡明學理,抒發政見,但不能將其「作文為化」。「通字詁」、「知字源」、「識名詞」是研究經籍古書的要點[3],但考訂文史是治學工具,為學初程,並非以考訂為學。所謂文化,不僅要學行兼修,更需由「學尚而化為第二根性之性質」,實現為政化民,「孔門立君子之教,即以君子小人為名學之綱要,而以義利之辨舉名詞名學之例」,使君子小人「各盡其分而各如其量而天下平」,如此方可稱為「格物」與「文化」[4]。秦漢以降,學界通病在「不通章句,而自我作古以意為之」,崔述、莊方耕、廖平、康長素略知章句,難免以「臆說空思,摘句為學」,「此

---

1 宋育仁:《稽古篇上・概括中西史學》,載《國學月刊》,第 19 期,1923。
2 宋育仁:《國是揭言》,載《國學月刊》,第 15 期,1923。
3 宋育仁:《研究經籍古書方法》,探源公司代印,年代不詳,臺灣大學圖書館藏楊雲萍文庫,登記號 92.11.10。
4 宋育仁:《古今指迷惑篇結論》,載《國學月刊》,第 10 期,1923。

外學者皆在史書腳下盤旋,尚且在晉隋書以下討生活,以致學說大亂而天下大亂,尚不知所由,而學者毫不自責」[1]。章太炎與梁啟超、胡適都以史學取代經學,更不知文化重心所在:「章太炎乃轉求之史學,冀揚其瀾於子家之流;梁卓如又求之史學,化合於金石考訂之學;胡適之亦競談史學,並乞靈於委巷詞曲小說之家。」學者「日誦經傳而不知三代盛時是何景象」,而「淚於秦漢以降四裔並興之時代,以是為我之文化所在;是文也,烏足以成化?殆所謂食古不化歟!」[2]

新文化運動反孔非儒,抨擊儒家綱常名教,為引入科學與民主鋪平道路,經學被看作尚待審定的材料,以茲編纂中國文化史。孫德謙批評民初治國學者或流於好古、風雅與遊戲,或以支離破碎之考據,「日出其奇謬之學說,以斁棄綱常,鏟滅軌物,世風之愈趨而愈下」[3]。宋育仁視此類觀點多持文字、美術命為文化,且沾沾自喜。宋育仁不僅將傳統經史之學視為進入、理解中國文化精神的必由之路,更期望重構儒家文化理想挽救世風。今日文化漸趨低落,人格日漸卑下,人民程度每況愈下,不可挽回,更不足言文化。文藝足以獎掖俊賢,理學足以砥礪氣節,而皆不可承擔為政化民的職能。提高人民程度,必須由尊經而復興國學[4]。那麼,宋育仁亟待解釋何為文、如何成文化性等問題。重塑孔學統系,在共和的語境闡釋孔學的人倫與政教成為宋育仁與四川國學會的題中要義。

---

1 宋育仁:《共和鈎沉平議示子書》,載《國學月刊》,第16期,1923。
2 宋育仁:《國是揭言》,載《國學月刊》,第15期,1923。
3 孫德謙:《評今之治國學者》,載《學衡》,第23期,1923。
4 宋育仁:《釋文化》,載《國學月刊》,第20期,1923。

二 孔學統系：人倫與政教

　　胡適在《先秦名學史》中，鮮明提出中國哲學復興有賴於從儒學的道德倫理和理性的枷鎖中得以解放。早在戊戌維新時期，宋育仁、廖平、吳之英等人發起蜀學會，「發揚聖道，講求實學」，側重從倫理與政事方面轉化孔學。蜀學會諸人「溫故知新」過於偏向「故」，依援古籍，重封建倫理，而對西方民權、民主學說抱有疑義，所講之學皆以孔子經訓為本，「會學原為發揚聖道，講求實學，聖門分科聽性之所，近今為分門別類，皆以孔子經訓為本，約分倫理、政事、格致為三大門」[1]。不過，以經學為本，以復古為號召，絕非排斥西學。以中律西，好作比附，根源在於夷夏之辨、文質觀念根深柢固，但無緣採獲西學也是不可忽視的外因。廖平五變之學倡導今文緯書、天人大小之學，闡發孔經哲學。吳之英善說禮制，專精求是，對廖平嚴辨今古、宣揚孔經哲學的言行均有異議。吳之英認為「六經不分科，百氏不異趣」，並與宋育仁商討廖平學說「有是亦有非」[2]。宋育仁也批評廖平過於墨守今文，不通章句，「只能解兩字相連，多則二句，如三句以往，即說不通」[3]。宋育仁向來貫徹復古即維新的思路，「閔學術之不明而人習於秦以後苟且之政，不知求長治久安之道，於是辨章古今學術之源流，歷代治亂得失之故而折諸六藝」[4]，宋育仁認為兩漢為儒學持世，魏晉至唐為文學持世，由宋至光緒朝為理學持世，均未合內聖外王之道，如今孔學本義不明則國粹不能保，為回應反孔非儒的思潮，重建孔學統系成為當務之急。

1　《蜀學會章程》，載《蜀學報》，第1冊，1898年。
2　吳之英：《予宋育仁書》，見吳洪武等校註：《吳之英詩文集》，248～249頁。
3　宋育仁：《共和鈎沉平議示子書》，載《國學月刊》，第16期，1923。
4　呂洪年：《宋育仁先生事略》，載《論學》，特大號，1937年。

第四章 「述文化於史」：宋育仁與近代經史學之省思

宋育仁指出研究國學必探其源，始知其流，「知國學之源流始能折衷其派別，所謂講學之津樑」。學者常言文以載道，但誤認為「文筆詞章之專名，則國文與國學離合難明，莫適為主」。中國國學始於伏羲十言之教，「雖出自後世依託，然當時亦必有遺傳著於文字」。何為「古文」，歷代爭辯不已，其實古文包括篆文「增演復體之若干字義」。兩漢經師研討經學，必通古文，即便「非專治經學者，言周秦諸子、馬班二史皆多古文，非通小學不能解也」。漢代之前，求學作文始於識字，歸於明經[1]。有文而後成書，「三代以前書皆掌於官」，天子失官，素王代起，政教分離，學術普及。孔子設教，「學風流播，始有私家傳習，古先學術因以有著於竹帛之書」，諸子百家分述六藝，本於孔子，「人在孔子之前，其書之出在孔門設教以後」。孔子製作之前，無專門著述之書。若不能始終條理貫通，「則不能識六經之書為何用，聖人製作因何而設，於是學自為學，政自為政，教別為教，而世間乃有無用之學，書櫥書簽書庫之聞人」。魏晉六朝之時，經術、子家、兵家、術數、方技專門之學均亡佚，「唐修《隋書》，避難就易，後之目錄家仍奉為圭臬，陋矣」[2]。中國國粹在於孔子之道，當由國粹以睿新知，孔子以素王集三代文化之大成，「獨發其經綸天下之大經，立天下之大本」，「三代以前之科學最為發達矣，然夫子之傳授，獨注重政教兩綱而組合為一致」[3]。六朝以來文學美術，宋明理學宗派，皆不足以代表孔學，欲明孔子之學，「必反而求之六經」。六經「精微難知而跡象可睹，不外政教兩門」。孔學政治側重倫理，落實於執中之政體，祖述堯舜之道，盡人

1　宋育仁：《論中國學源》，載《國學月刊》，第 4 期，1923。
2　宋育仁：《概論孔子以前學術緣起》，載《國學月刊》，第 5 期，1923。
3　宋育仁：《正論孔學之統系》，載《國學月刊》，第 5 期，1923。

倫以合天道，不出家而成教於國。孔子教育「明有禮樂、幽有鬼神」。孔子哲學「綜舊史所掌之惟心惟物兩派」，其微言「下學而上達」，「窮理儘性以致於命」[1]。西漢尊崇孔學，重視儒行，「為孔教實行之小驗」；東漢更重經術，興明堂辟雍，「有政教一部分之雛形」。宋學晚興，學無師承，援佛入儒，專求性道，小學荒廢，「學者文人不治訓詁，則不解古言，以意說經，望文生義，又以門戶之爭，迷誤學界，而倫理汩於學究之言，政治委於俗吏之手。」清代學術汗漫支離，「學者之所學，非國家之所用，幾於政與教各不相涉」，官吏貪橫、社會不平、家庭依賴均不符合孔學明倫立政的原則，其反動力導致平權自由、軍國民主義學說達於極點[2]。漢學以小學為專門，唐代古學以能作策論之文為通才，宋明理學高談性命，乾嘉以降，學界紛擾於漢宋之爭。宋育仁視此為「治經學以求通聖人之言別為二道」：漢學流為考據，博聞強識；宋學派「悉用平空理想，以心為師」。今之學者或馳騖文詞，或趨於考據，若要使經學成為科學，必先由詁訓以通經文，後進於制度，「始心通大義，悟入微言，是即下學而上達必由之階級，而非可以蹴等釋階而登天也」[3]。

　　清末學人提倡國學，有意與君學相區分。鄧實稱秦漢以下，儒學與君權合流，中國政體演為君主專制：「夫自漢立五經博士而君學之統開，隋唐以制科取士而君學之統固，及至宋明，士之所讀者功令之術，所學者功令之學。遙遙二千年神州之天下，一君學之天下而已，安見有所謂國學者哉？」[4] 以儒術為國學甚至流於「朕即國家之

1　宋育仁：《正論孔學之統系》（續前），載《國學月刊》第 6 期，1923。
2　宋育仁：《推論孔子以後學術流別》，載《國學月刊》第 6 期，1923。
3　宋育仁：《國學尊經辨惑》，載《國學月刊》第 18 期，1923。
4　鄧實：《國學真論》，載《廣益叢報》，第 13 期，1907。

學」[1]。在民初共和的現實語境之下，儒學徹底喪失制度基礎，無處依歸。康有為闡發儒學，使之與共和政體對話，創立孔教會即希冀以宗教形態為儒學尋求新的載體，其後果促使儒學宗教化與玄虛化。孔教會的各種政治活動以及國教運動更激發新文化運動強烈反彈，對經學所蘊含的價值體系施予最有力的抨擊。勞乃宣辯稱儒家所言「教」，非宗教之教，乃指「教化」，上行下效之意[2]。宋育仁進一步提出「知主教化一方，尚未尋得孔教之綱領統系」[3]，應當依據學理，創發學說，演成政綱條目，確立國是。中國以人倫立國，立國原則為封建井田之制，宋育仁遂由「君子小人辨義」入手，溝通人倫與政教。

　　「君子與小人」歷來被認定為道德倫理高下之別的反義詞。宋育仁重提君子之道，「標孔門之宗，教學者以君子之道仍是順先王之教」[4]。在三代的政教模型中，君子為卿大夫的代稱，小人為庶民通稱。宋育仁首先「立君子之道，別小人之分」，指出君子本義是指「有能群之德而出於其群」，君子之可貴，因其賢能；小人所指細民，「合其群則大，一分子則小」。君子與小人分界在於「君子學道則愛人，小人學道則易使。君子樂得其道，小人樂得其利；君子賢其賢而親其親，小人樂其樂而利其利」。如何融會形上之義理價值與形下之時勢是宋明以來的關鍵議題，宋育仁通過分析君子、小人的職能分別回應此問題。君子窮理盡性，其職能為「皇皇求仁義以化民，其所注意皆形而上之事，故由此上達可以盡人倫而達天德」；小人通人

1　孫叔謙：《國學：致〈甲寅雜誌〉記者》，載《甲寅》，第1卷，第4期，1914。
2　勞乃宣：《論孔教》，見《桐鄉勞先生遺稿》卷一，46～47頁，臺北：藝文印書館，1964。
3　宋育仁：《箴舊砭時》（續前），載《國學月刊》第6期，1923。
4　《同琴閣弟子記》，載《國學月刊》第10期，1923。

情世故，其職能為「求財利以自給，其所注重皆形而下之事」，「故由此下達周世故而通物情也，即學成而上，藝成而下之理」[1]。君子居於上位，行事由公而重義；小人居於下，行事從私而重利，二者各居其位，各盡其職[2]。中華文明的文化理想以公與義為導向，以期進入君子之道。當下談西學者，重物質與私利，「皆小人道」，「君子小人之界說不明，為士夫者不知求仁義以化民而惟勢位富厚榮寵之是務」[3]。宋育仁推崇賢人政治，是非之公優於眾寡之權，君子、小人與禮治等級相對應，以差異的平等實踐權利與責任的平衡，「義務為權利之發源，權利為義務之酬報」。君子與小人以能力、德行各居其位，各盡其職而天下平。「舊學持文詞美術以當中國文化，尋行數器，考據名物，以為經學，空談性理，以為道統。混合為三教同源之故，不知內聖外王，君子之教，要在督民之行也。」[4]

國於天地，必有與立。宋育仁認為中國傳統文化並非特異的古董遺存，而是人類文明的公理。「一部六經皆公理」，「明王政、著天道，知分土而各治其民，為宇宙一定不易之公理，則據公理以治邦交，為宇宙合群之大事」[5]。中國為政教合一締造而成的天下國家，《春秋》實為萬國萬世的公法。天下國家代表了融和天人之際、至善至美的文明價值體系，並以一套禮樂制度落實此價值，建立政教合一的人間秩序。民初，辜鴻銘闡釋儒家的王道政治為道德良心的體現，以根深柢固的道德觀念形塑禮樂文明，規範人們的行為，孔教「是指

---

[1] 宋育仁：《君子小人界說》，載《國學月刊》第 2 期，1922。

[2] 宋育仁：《君子小人決義》，載《國學月刊》第 9 期，1923。

[3] 宋育仁：《君子小人界說與經術政治直接關係》，載《國學月刊》第 2 期，1922。

[4] 宋育仁：《原學續名學》，載《國學特刊》，第 1 種（代《國學月刊第 24 期》），1924。

[5] 宋育仁：《經術公理學》，見《中國近代思想家文庫・宋育仁卷》，115 頁。

帶有行為規範的教育系統」[1]。梁漱溟認為中國文化以意欲自為、調和、持中為根本精神，世界未來文化就是中國文化的復興，理想社會應為倫理本位[2]。宋育仁認為辜鴻銘、梁漱溟二人未得根本，賢人政治應輔以選賢任能的機制，孝弟人倫必根植於禮樂制度，「要以宗法受採為之樞」；推行禮樂，「廣孝弟於天下要以建國親侯為之紐」，「凡學為士者必以執禮為治學之綱，皇皇求仁義者於此，求之學之不已乃成為君子」[3]。

宋育仁曾出使西歐，「歷觀其政俗之善者，與吾意中所存三代之治象，若合符節，乃為記載」，並自稱本意在取證三代治象，非僅以西制比附古制[4]。宋育仁認識到中西各有獨特的文化、歷史傳統以及由此塑造的立國基礎，歐美為契約國家，中國以宗法為建國之法。家庭為正人倫的基礎，以宗法維繫，化家成國。落實人倫政教須以封建井田為經，興學起徒為緯。井田封建的原則在於為政養民，養賢遍及萬民，分土而治，分田而食；三代封建制度與分藩割據絕異，前者係立憲制度，後者為集權政策，《周官》為治王朝之憲，《王制》為治列邦之憲。朝聘會盟之禮即各邦共守之憲法，《春秋》因此推廣為公法，分治地方，預防割據分崩之患。中央統治外交、軍制、海關、刑律，列邦分治境內之民，與歐美聯邦制有相通之處。井田主義與農僕部落不同，農僕制度以土地為主體而人民為其附屬，田地為酋長私有；井田之法以農戶為主體而田裡為其附屬，井地人民為國家所共

---

[1] 辜鴻銘：《中國人的精神》，見黃興濤等譯：《辜鴻銘文集》下卷，42頁。
[2] 梁漱溟：《東西文化及其哲學》，見中國文化書院學術委員會編：《梁漱溟全集》第1卷，濟南：山東人民出版社，2005。
[3] 宋育仁：《君子小人界說與經術政治直接關係》（續前），載《國學月刊》，第3期，1922。
[4] 宋育仁：《經術公理學》，見《中國近代思想家文庫・宋育仁卷》，175頁。

有[1]。范少東在國學會成立之初，就提出：「封建廢則國無一是，井田壞則民不聊生」，今日倡言國是民生，即應以封建井田之原理為前提[2]。宋育仁認為數千年禮儀之邦，非徒托空言，皆有事實，封建、井田、宗法就是三代理想的政綱。時下社會崇尚金錢萬能主義，演化為一犯罪社會，若要改良，並非空談性理天道，廢除金錢，返樸還淳，而要復興封建、分田、制祿制度，落實人倫政綱[3]。封建實屬聯邦法治，側重崇德報功，能者在職，且無武人專制；經世之志在於「因國度而建聯邦，建聯邦以撥亂世，即化割據為封建」。民初共產學說流於盲從與破壞，井田之法暗合人道主義，為有序組合，提倡平均公產，各安其居，卻無激進黨派的糾紛[4]。

上述主張與宋育仁戊戌維新時期的復古即維新論一脈相承，維新與復古均為明事理，事理寓於教中。所謂：「維新不在驚奇，而在滌然，與民更始不待智者而辨，然則維新為言筌，其中有物，舍復古安歸乎？」、「復古者，正欲啟其聰明乃所以維新。」[5]此論在清末被蔡元培譽為「通人之論」[6]。新文化運動之後，通經致用的論調顯得尤其不合時宜，毛子水認為宋育仁著述「凡所徵引，東拉西扯」，頗

---

1 宋育仁：《國學會演講經術政治學》，載《國學特刊》，第4種（代《國學月刊》第27期），1924。

2 范少東：《三代封建井田即中國國是民生之原則論》，載《國學月刊》，第1期，1922。

3 宋育仁：《再宣國教》，載《國學特刊》，第1種（代《國學月刊》第24期），1924。

4 宋育仁：《續宋人格言呻吟語》，載《國學月刊》，第15期，1923。關於民初宋育仁政治思想的初步考察，可參見陳陽：《共和時代的復古與建國——以宋育仁為個案看清遺民政治訴求的思想語境》，碩士論文，四川大學，2014年。

5 宋育仁：《復古即維新論》，載《渝報》，第1冊，1897。

6 蔡元培：《宋育仁〈采風記〉閱後》，見《蔡元培全集》第1卷，212頁，杭州：浙江教育出版社，1997。

有夜郎自大的習氣，或是「沒有讀書」的結果[1]；明倫認為「其說駁雜支離，於經學與時務，所得俱屬膚末而好為大言者，不足觀」[2]。「好為大言」所指應是宋育仁所認同文化自信與王道理想；「沒有讀書」與昧於時務的指摘恰恰折射出宋育仁學說與時代潮流的疏離。民初中西新舊之爭紛紛擾攘，愈演愈烈。劉咸炘指出「中西是地方，新舊是時代，都不是是非的標準」，學術若未通達，「自然忘不了新舊中西的界限」[3]。中西新舊不是判斷是非的價值標準，而是提供解決問題的方法與途徑。宋育仁批評「舊者所守，非守先王之道；新者所新，非新民之理」，新舊二派妄分域，均有未通學理之嫌，並援引梁漱溟所言「學西者猥瑣卑狹，守舊者荒謬糊塗」[4]。勞乃宣詮釋共和古義，自認恪守共和正解，「維君統而奠民生」。宋育仁視此舉未能切中要害，「據史文為說，不知與革黨主旨不謀」[5]。宋育仁認為三代之治與歐美善政有共通之處，「中外古今之政治學，惟三代封建之原則與美德聯邦之法治可舉而議，起而行」[6]；宋育仁提倡封建與井田制度，並非否定共和，而是針對民初自稱共和國體，施政原則卻不通學理。民國本應落實人民的選舉權與監督機制，社會現實卻恰恰與此背道而馳：共和本應以國民為主體，卻淪為「新官治」與利益集團；「聯省自治」的提法本已不通，且有造成割據的隱患；學校成為

---

[1] 毛子水：《〈駁《新潮‧國故和科學的精神篇》〉訂誤》，載《新潮》，第2卷，第1號，1919。

[2] 倫明：《經術公理學提要》，見中國科學院圖書館整理；《續修四庫全書總目提要‧經部》，1424頁，北京；中華書局，1993。

[3] 劉咸炘：《看雲》，見《推十書》（增補全書）庚辛合輯，239～241頁，上海：上海科學文獻技術出版社，2009。

[4] 宋育仁：《箴舊砭時結論》，載《國學月刊》，第7期，1923。

[5] 宋育仁：《共和鉤沉平議示子書》，載《國學月刊》，第16期，1923。

[6] 宋育仁：《國是原理論》，載《國學月刊》，第2期，1922。

利祿之途，以學校之名，行科舉之實。宋育仁認為民國政局的此種亂象正源自脫離中國特質，盲目比附西學與新說，造成不倫不類的國體與政治窘境，「日談歐化，而不知歐化之國何以立國」，「事慕民治，而不知民治之其道何從也」[1]。在王道政治的終極關懷中，宋育仁意圖超越中西新舊，強調復古即維新，應當師其義而不囿於其法，期望以人倫與名分確立政治合法性和社會秩序，闡發井田、封建制度的大義逐步落實民本、實現權利的相對平衡。

宋育仁的政治理想與民國政治格局、社會潮流頗有些格格不入，自然缺乏實踐的契機與可能，宋育仁被貼上「保守」、「復古」、「遺老」的標籤。不過，宋育仁倡導的學術與政教體系卻在某種程度啟發蒙文通、李源澄以現代學術的方式會通義理、制度、事實，回應漢宋、今古、經史問題。宋育仁認為整理國故運動所提倡「不出讀史考據之範疇，是即以講授讀書方法為學，達到邏輯；多書能下考訂為成學，似即以此為國學之精華，造成之止境，如此輾轉傳授則所稱國學便是讀書。拙見是書中有學，讀書以求學而非以讀書為學，故期於學者能明教育之原則，與政治之比較」[2]。溝通義理、制度、考據方才能溝通人倫與政教，落實孔子經術所傳內聖外王之道。教育為政治的源泉，無教化則人倫政治無法落實，必須設學造士，「先義而後教，而宗法合教養為一」[3]。文化進退繫於人才盛衰，人才盛衰取決於教育的得失。賢人政治行於今日看似委曲繁重，其關鍵在於改良學制、振興學校，從而使賢者在位，能者在職。若欲闡揚孔門人倫與政教，維持國學，守先待後，勢必改良學制與教科，溝通新舊[4]。

---

1 復庵：《國是學校根本解決論》，載《國學月刊》，第 19 期，1923。
2 宋育仁：《與葉秉誠談學制書》，載《國學月刊》，第 17 期，1923。
3 宋育仁：《經術專門政治講義》，載《國學特刊》，第 4 種（代《國學月刊》第 27 期），1924。
4 宋育仁：《改良學制議》，載《國學月刊》，第 17 期，1923。

三　形意之辨：國學與分科

　　中國傳統典籍分類經歷由七略向四部的演化，如何以西方近代學科分類統攝、整合四部分類體系，實現傳統學術體系與知識系統的轉型成為清末民初趨新學人的共識。清末變更學制後，新式學堂經學課程難以維繫聖教和支撐中學，「中體」危機日亟，官紳開始思考以專門學堂保存舊學。御史趙炳麟主張在通行學制外，設立國學專門學堂保存傳統學問。隨後，在張之洞的倡導下，各省紛紛成立存古學堂，分科教學，開設理學、經學、史學、詞章、子部等科目。民國新學術體制直接廢除經科，經部被分門別類地歸入文史哲等現代學科體系中，成為各學科以歷史的眼光與科學的標準分析、評判的知識載體。雖有學人主張現代圖書分類應維繫經學的整體性：「一國之所以存立者，實賴文化以維繫之。經籍者，吾國文化之源泉也。獨標一部，以保存吾國之固有精神，是或一道也。」[1]保存的方式仍是視作歷史材料的參考。宋育仁批評民初學界捨國學之根本而外求西學，「新學界未出人才，舊學界反日形消滅」，新學「欲用白話以破滅國文，別求哲學以破壞倫理」，舊學視國學為別科，而僅欲保存原有，不知國學當與西學學科相對應，為學校主體。

　　四部分類是圖書分類還是學術分類，近代學界紛爭不斷。宋育仁堅持經、史、子、集為圖書分類並非學術分科，四部分類的流弊在於以書為學，應由《七略》上溯孔門四科，四川國學專修學校擬效仿孔門四科的遺意，以倫理、政治、教育、修辭為主課。葉秉誠反對這種學科分類，認為四部是我國專有國學，亟待研究，孔門四科的遺意可以被普通或專門學校採納，二者並行不悖。國學專修學校應定位於大學的初階，研究四部之學必須吸納現代學科分類，將來或可為四川大

---

[1] 洪有豐：《圖書館組織與管理》，121～122頁，上海：商務印書館，1926年。

學的分科。具體科目分為三類：中國哲學類，包括經學、諸子學、宋元明理學、中國哲學史、宗教學、心理學、倫理學、論理學、西洋哲學概論、認識論、美術學、生物學、人類學、語言學概論；中國史地類，包括史學研究法、中國史、東洋史、西洋史、歷史地理學、經濟學、法制學、文化史、外交史、宗教史、美術史、中國地理、世界地理、海洋學、博物學、統計學、人類學、地文學、地質學、測量繪畫學；中國文學類，包括文學研究法、文字學、訓詁學、詞章學、中國文學史、西洋文學史、中國史、言語學概論、哲學概論、美術學概論、心理學概論、世界史、教育學、語體文、教授法。葉秉誠所言文史哲三類並非單純的學理分科，而是文史哲三科系所開設的課程科目，均以國學為主，西學為輔，涵括、貫通中西方各學科，「無論何門之學科，未有不通世界同類之學，而能專精一國一類之學者，且欲使吾國固有之學將來成為世界之學，尤不可〔不〕兼通西學以為之導也」[1]。

　　宋育仁認為改進學制與審定教科為社會進化的起點，教科是學制的核心，關鍵在於倫理、憲法[2]。哲學不能囊括經學與諸子學，無法作為教科主綱，且應稱之為「倫理」，「其性質則屬中國倫理為主，而社會教育科目參以外國倫理比較」。中國文學類所列科目應統屬於修辭，略有差別在於小學為專課，論理諸科為輔助。教育學應當設為一綱目，「正欲消納科學文化與非科學文化，俾相比較，有所損益，釐訂舊學教法之專而狹，新學校支配教科之紛而雜」。政治即為史學之代名詞，以政治替代史學名稱，原因在於「舊言史學均斷自秦漢，不顧其前尚有三千年史學」，先秦以上歷史寓於經學之中，「中國地

---

[1] 葉秉誠：《復宋芸子論國學學校書》，載《重光》，第2期，1938。
[2] 宋育仁：《更化篇議學制》，載《國學月刊》，第16期，1923。

理其原點綱要亦在經學家，《禹貢》註釋中為策源地，無如經學家舊習津樑僅達到考訂而止，乃所謂抱殘守缺之學派，未以科學方式進求三代上二千餘年之制度典章、憲法規則」，政治學即要通覽五千年之歷史，若沿習四部分類分段，「其前歸之於經學之科，由是史成半段之槍，經為斷爛朝報，均成無用之學」，「合五千年為史，前半段為中國政治、教育兩科學之精要所存所由，所由欲打破經史子之部，居而剖分其中要素資料，用科舉方程以支配為政治、教育兩科之大學預備」。宋育仁自稱與葉秉誠宗旨「僅有分合之小差而全體之要素原質無異」，二人的分際在於葉秉誠以四部溝通近代學制的分科之學，宋育仁認為「中國四部書中所含有何種資料頗難於剖解，而又不能不用剖解方法以析出其中含質取材而用於科學方式之支配」，如此方能打破舊學的專蔽與新學的紛雜[1]。

一九二三年十一月，國學會組織成立國學學制改進聯合會，以「發皇國學，匯通新舊，改良教育，支配學科，廣造人才為主旨」。宋育仁為正會長，廖平、駱成驤為副會長二人，文海雲、劉豫波等為會員[2]。該會認為國學以西學分科的形式寄身於新式學校，國學自然漫無統系，將國學作為副課，無法新舊交融，新式教育不僅未能促進新學，舊學反而日益萎縮。當今學界應在新式教育體制外，建立國學專門學校，以國學為教科主體，「所當先明改進國學者，即系根本改良學制」，「改進國學學制，建設國學專門大學一種之直接統系，非僅為保持國學之僅存，直是發皇國學之進步」。學制可分為專門與預備兩級，釐定適當支配學科：「經史子集乃系書之分類，不得為學之分科，性理、考據、詞章為國學必要經歷之程，而非人才教育專門學

1　宋育仁：《與葉秉誠談學制書》，載《國學月刊》，第17期，1923。
2　《國學改進會成立》，載《國民公報》，1923-11-22。

科所主」,將性理、考據、詞章分為三門人才,則「偏枯而不足」,若融合為專門國學的預備,則「增進而有餘」。但需要加以研究,「歸納於倫理學、政治學、哲學、教育學四科,分別參合支配為國學某科」[1]。近代學術分科以現代分類觀念部勒中國固有學術,文化的整體性自然被現代科目所分割。梁啟超提議將經典拆散,冠之以重要類目,作為國學入門的良法。宋育仁認為經典重在貫通,「拆散便錯」[2]。當後學以梁啟超所擬國學書目求教時,宋育仁指出梁氏眼光「不越乾嘉間學問,以趙甌北為初祖,尚不足稱為史學家,更無與於國學之文化」,梁啟超考察歷代史事視之為國家觀念、社會思想,「雜考據家之浮煙障墨」,「不過在歷朝公牘文告、官府檔冊上討生活,與全體民事無關,即與國學文化無關」。研究史學重在「見一代人民心理生命身家之情狀,因以明其治亂之所在所由」,進而以「紀事本末之程式,以王船山《通鑑論》之理緒,統輯而貫穿之」。梁啟超、章炳麟等「侈談國學文化而出爾反爾,自相矛盾如此。平心而論,一部廿一史,何奇不有。治日少而亂日多,大概就是木皮子鼓兒詞所說教導壞了多少後人。只有彼善於此,均非國學主要」[3]。太炎門生朱闇章受章太炎囑託著《史學書目表》,函請宋育仁刊發於《國學月刊》。宋氏直言此書「本所心得,講授生徒,詳簡適宜,綽綽有餘」,但與國學會所謂講學仍為兩事,「尚在殊途」。近人所承的史學,多限於掌故之學,「且係秦漢以來之掌故」,僅屬於政治學的預科,漢唐政治得失參半,其他亂世鮮有可觀,「其於教化,無所設施,未足稱為道,即無可奉為法守」。宋育仁自稱貶抑史學源自「欲

---

[1] 宋育仁:《國學學制改進聯合會宣言書》,載《國學月刊》,第 17 期,1923。
[2] 宋育仁:《評梁啟超〈國學入門書要目及其讀法〉》,載《國學月刊》,第 16 期,1923。
[3] 宋育仁:《復謝子厚問學程書》,載《國學月刊》,第 22 期,1924。

講學稱師，同發世界國家觀念，進而求之政治學、教育學之原則，非就己所學與人爭壇站授生徒」[1]。

明清以來中國歷史發展的核心議題是在德性之學與政教體系、社會秩序之間建構能動關聯，乾嘉學人意圖超越宋明先天預成的形上學，卻群趨考證學的知識實踐，進一步割裂義理學與經史學的關聯，儒家義理學逐漸喪失獨立性，未能有效應對時勢。現代西方學術分科體系作為現代世界體系和西方啟蒙思想的產物，承載傳播西方普世價值的功能。清末民初，中國固有學術思想由內部轉化過渡到西方學術分科，移植西學，建立現代學術體系，此一過程無形切斷了傳統文化價值與現實的關聯，傳統文化衍為客觀性知識，逐漸喪失致用的價值與實踐的功能。宋育仁在形式上接受學術分科，但分科的原理緊扣經術與公理，分科並不意味破壞經學的義理系統，國學專門學科即從中國文化的整體中提煉出倫理、哲學、政治、法律、財政、教育的原理，分門統攝各類典籍。此即「用剖解方法以析出其中含質取材而用於科學方式之支配」，寓孔學精義於分科，述文化於史，以經學為主體，兼攝西學，弘揚孔學人倫與政教。在國學研究社講習國學專門學科時，宋育仁折衷各派，學科細化為倫理學、哲學、政治學、法律、財政學、教育學、訓詁學、文史學、女學各科，組合而成經史政教之學[2]。倫理學以《詩經》、《禮記》、《孝經》、《孟子》為主課；哲學以四書為主課，理學家著述為輔。法律以《周禮》〈秋官〉、《春秋公羊傳》、《漢書》〈刑法志〉、《唐律疏議》、孟德斯鳩《法意》為主課；財政學以《周禮》〈天官〉〈地官〉、《史記》〈平準書〉〈貨殖傳〉、《漢書》〈食貨志〉、司密亞丹《原富》、

---

[1] 宋育仁：《問琴閣復朱閻章函》，載《國學月刊》，第 23 期，1924。
[2] 宋育仁：《國學研究社講習專門學科》，載《國學月刊》，第 17 期，1923。

《富國策》、《續富國策》、《各國幣制纂要》為主課；教育學以《周禮》〈地官〉、〈春官〉、《禮記》〈王制〉、〈學記〉、〈文王〉、〈世子〉、〈曲禮〉、〈小儀〉、〈內則〉、師範講義為主課。宋育仁視官製為國家樞紐，周官設官分職「絕無平權之理而又有不易之法」，「先復封建，必行周官之制，始能維持封建，故其設官分職必須取法周官，以勘合〈王制〉，又必建國設官之制定，始能制民之產，以井法授田」[1]。政治學門類遂以《尚書》、《周禮》、《禮記》〈曲禮下〉、〈王制〉為主課。國學專門學科在形式上以中學為體，西學為輔；其實質是以國學為主體，以孔子政教系統為核心，將孔學義理與功能作為分科標準，形成一套有獨立價值的分科體系，落實中學的體與用，突破舊學的侷限，回應西學。恰如宋育仁所說授徒「以通例教科而治經，兼及子、史、集部，寓有研究實學，融合新舊之意」，講學則「必欲發明聖門經術之傳道，而切切願與天下共明之」[2]。

「舊瓶不能裝新酒」是新文化運動興起後，民國知識界流行的口頭禪。新文化派以現代學科體系條理經學，經學史學化、史料化必然走向以西學統攝中國傳統文化，被主流學界視為革命性的轉變，是中國學術現代轉型的標誌[3]。宋育仁認為「中國舊學持文藝以自豪，新學派剽襲鈔撮歐法條文以自廣」，遂以孔門四科兼采現代學術的形式，闡發孔學經義。劉咸炘曾暗示宋育仁之經學「間自下己說，不盡

---

1 宋育仁：《王道真宰·封建政綱》，載《國學特刊》，第 3 種（代《國學月刊》第 26 期），1924。
2 宋育仁：《講學與授徒課文之異》，載《國學月刊》，第 23 期，1924。
3 參見陳以愛：《中國現代學術研究機構的興起——以北大研究所國學門為中心的探討（1922～1927）》（修訂本），188 頁，南昌：江西教育出版社，2002。

確」[1]，馬一浮認為宋育仁「學通新舊，似不免有好用新名詞之失」[2]。趨新學人對宋育仁的主張更加不以為然，宋育仁曾擬將《政治學講義》贈與胡適、陳莘農，卻被吳虞譏諷為「妖孽」之舉[3]。國學與分科問題關係到如何整合中國舊有的知識體系與現代西方知識形態，更牽涉近代儒學解體，政教分離的共和體制確立後，成德之學與教化功能如何落實？整理國故運動與古史辨運動力圖建立科學學術體系支撐新文化運動的文明理念，歷史的眼光、學術的態度、懷疑的精神無一不指向事實與價值的分離，經學不再被視作聖賢王道或哲理真言，而僅是七科分類中的史料與研究對象而已[4]。葉秉誠、宋育仁均反對抱殘守缺的國學，提倡科學化國學。科學化並非囿於「以西律中」，以國學為裝飾品，而是提倡有體有用之國學，有別於「一般所標榜之以科學方法整理國學」。宋育仁批評漢代以降興學取士，「只屬造士之抽象，未及教民之全體」[5]，主張普及教育，寓孔學精義於教科之中，以孔學人倫與政教實踐為政化民。中國文化精粹在於禮義，「禮義之教非徒託空言」，若「自認中國為一美術國，已則玩物喪志，而坐中國以無恥，為世界之玩物也」，「保持國粹，提高人格，非為提高人格，即無須保持國粹，國粹烏乎在？何謂之國

---

1 劉咸炘：《內景樓檢書記·經類》，見《推十書》（增補全本）丁輯，463頁，上海：上海科學文獻技術出版社，2009。
2 馬一浮：《爾雅臺問答·答龔君》，見《馬一浮集》第一冊，521頁，杭州：浙江古籍出版社、浙江教育出版社，1996。
3 中國革命博物館整理：《吳虞日記》下冊，1922年11月20日，68頁，成都：四川人民出版社，1984。
4 王汎森：《民國的新史學及其批評者》，見羅志田主編《20世紀的中國：學術與社會·史學卷》，40～45頁，濟南：山東人民出版社，2001。
5 宋育仁：《倡興普及教育暨女學改良學制方法》，載《國學月刊》，第14期，1923。

粹？」[1]改進國學學制，溝通新舊中西，期望「內而發揮國學之效用以養成東亞偉大文明之國民，外而欲使國學發揚為世界之學」[2]。

在現代學術注重客觀經驗知識的基礎上，再次從傳統出發，突破分科之學，建立方法與宗旨、考據與義理相貫通的整體學術體系，以問題為導向，而非以學科為界限，整合義理學與經史之學，賦予現代史學「撰述」與「明道」之義，或是現代史學走出困境的一種可能。梁啟超晚年即注重傳統史學的本來面貌，「以史明道的學術之發達及變遷，為研究中國史學史所不可不注重之點，在外國是沒有的」[3]。以宋育仁等老輩抑或「保守」的學人為媒介，能更真切地理解與轉化傳統學術體系。宋育仁視中國為天下國家，中國不僅僅是政治實體與族群認同，更是整體的文化精神，儒學承載其義理與禮制體系，經立其本，史宏其用。新文化派與宋育仁一類的老輩學人往往各執己見，因反孔非儒與尊孔崇聖等價值觀念與政治立場之別而演化為意氣之爭。顧頡剛求學時期，新舊之爭尚未如冰炭不相容，曾評價宋育仁學說「雖悖暗，較之時髦學人，尚為可意多多」[4]。抗戰時期，傅斯年曾以方法與道理各有所長調和新老學人，現代新學術以分科的方法解讀「中國書」，視之為「古籍」、「國故」，「書」中的「道理」多被束之高閣[5]。在老輩及其後學眼中，研究古學，若未通曉中國學術貴有一貫之義理，深入堂奧，何談出新？宋育仁濃厚的尊孔意識不無

1　宋育仁：《論史學》，載《國學月刊》，第 20 期，1923。

2　李源澄跋語，轉自葉秉誠：《復宋芸子論國學學校書》，載《重光》，第 2 期，1938。

3　梁啟超：《中國歷史研究法補編》，200 頁，北京：中華書局，2010。

4　顧頡剛：《寒假讀書記》，《顧頡剛全集・顧頡剛讀書筆記（十五）》，7 頁，北京：中華書局，2011。

5　黃季陸：《國立四川大學——長校八年的回憶》，《黃季陸先生論學論政文集》第 3 冊，1743 頁，臺北：「國史館」，1986。

可商榷之處，但揭示其文化理念、政教系統與學術宗旨，或可反省近代學術轉型歷程。歷代儒學在與他種學說「和會與辯駁」中齊頭並進，「能立然後能行，有我而後有同」[1]。只有確立了文明主體性，既不妄自菲薄，更非故步自封，方能避免在中西對話中淪為文化殖民地。

再次從傳統出發，並不意味著忽視、反對近代新學術體系，現代學術轉型是近代以來中國文化無法抹殺的實踐經驗與有益嘗試，業已成為當下中國文化中不可或缺的核心成分。在現代社會中，重構儒學義理的正當性，必須調適價值立場，並以現代學術體系論證與表達其合理性。反思現有學術體系，從歷史文化的本源處突破固有成見，可以發現文化義理與科學考據、科學實證史學與傳統義理史學二者並非截然對立，而能相輔相成。中華文明以仁義為本，義理之學為中華文明特立的精神與歷史指引，但道不可空講，儒學人倫與政教體系交相貫通。闡明義理，方知制度的緣起，儒家義理又必以制度為支撐，創設制度才能落實義理的功用。制度為經史之樞紐，義理的落實與歷代治亂興衰皆繫於此。文化價值與制度實踐又必須在具體的歷史情境中展開，史學的求是與求真恰好成為理解、進入中國文化與政教傳統的絕佳途徑，並為文明更化提供參照與依據。融匯民國時期各派文化與史學的多元方法與宗旨，既可考察近代經史轉型的複雜內涵，更可反思進而豐富時下史學研究的方法與旨趣，構建文化精神、歷史傳統與文明走向之間的能動關聯，使史學研究成為文明主體性確立的源頭活水。

1　錢穆：《中國近代儒學之趨勢》，載《思想與時代》，第33期，1944。

第五章
今古分合與民國學界的古史派分

　　近代學術，經史遞嬗，創新史學成為學術轉承的關鍵，追尋中國文明的起源、重建上古國史成為民國學界的當務之急。民國有學人指出：「苟欲徹底的明了整個之中國文化，無論哲學、文學、史學、教育學等各方面，非溯源於古代，追其根蒂，窮其流別不可也。」近代古史研究既承受歷代的疑古精神，又接收歐美的科學方法，「在此東西思想交流中，新舊傳說衝突中，遂愈覺自由奔放而不可遏止」[1]。近代中國各階段的新史學大都是歐美史學的折射，疑古精神與西方科學方法促成近代古史研究的勃然興起。民國學術承襲清代學術之餘緒，整理國故和古史辨運動的起點正是回歸原典，「以復古為解放」，在繼承乾嘉漢學的基礎上更上一層樓。錢穆認為「考論古史一派，實接清儒『以復古求解放』之精神，而更求最上一層之解決」[2]。重寫古史成為重估中華民族文化價值的重要議題，創新與復古堪稱近代古史研究的一體兩面。

　　整理國故運動蔚然成風之時，以柳詒徵為首的南高史學與北大國學門相頡頏，從諸子學到古史等問題針鋒相對，此爭論被視為民國古

---

[1] 李悌君：《關於中國古史問題及其研究法》，載《勵學》，第 6 期，1936。
[2] 錢穆：《國學概論》，330 頁，北京：商務印書館，1997。

史研究乃至近代學術南北、新舊分派的關鍵[1]。恰逢此時，廖平門生蒙文通遊歷吳越之後，倡議蜀學，主張弘揚廖平今文學，分別今古文家法，扭轉整理國故運動的流弊。此後，蒙文通屢次出川，相繼執教於中央大學與北京大學等高校，與民國各學術流派深入交往。經今古文立場的分歧導致蒙文通與南北學人研究古史的方法與旨趣迥異。以清末民初經今古文流變為線索，考察蒙文通與民國南北學界的分合，或可呈現民國古史研究的多元路徑，反思近代學術的「新舊」派分。

一　經今古文之爭與民初古史學

民國初年，在總結二百年清學時，梁啟超指出清代學術乃「對於宋明理學之一大反動」，「一言蔽之，曰『以復古為解放』。第一步，復宋學之古，對於王學而得解放。第二步，復漢唐之古，對於程朱而得解放。第三步，復西漢之古，對於許、鄭而得解放。第四步，復先秦之古，對於一切傳注而得解放」[2]。經今古文之爭成為「復古求解放」的關鍵環節，廖平根據家法條例研究周秦禮制，探尋今古文的起源，啟發晚清今古文之爭轉入古史領域。廖平學術前三變都是以解釋今古文的起源為線索，重構道與六經的關係，最終走向孔經哲學。廖平主張經史分流，以家法、條例建構古代文獻的歷史層次，分別「六藝」與「六經」，認為「六藝」是孔子之前的舊史，六經則是孔子創造的新經。廖平否定六經皆史說，強調六經是孔子空言垂教的

1　關於近代新史學流變與新舊之爭，可參見桑兵：《近代中國的新史學及其流變》，見《晚清民國的學人與學術》，北京：中華書局，2008，王汎森：《價值與事實的分離？——民國的新史學及其批評者》，見《中國近代思想與學術的系譜》，臺北：聯經出版事業股份有限公司，2003。

2　梁啟超：《清代學術概論》，見朱維錚校註：《梁啟超論清學史二種》，2～6頁。

產物,六經中的歷史愈古愈文明。康有為宣稱孔子託古改制,六經所載三代盛世是虛構的歷史,徹底否定六經記載的真實性。章太炎提出「夷六藝於古史」,將六經歷史文獻化,認可六經作為古代歷史文獻的史料價值,以此瞭解中國古代文明的進化與制度沿革。廖平、康有為、章太炎均通經致用,託古改制論與「六經皆史說」成為清末民初經今古文之爭的核心議題。

蒙文通評議二十年來漢學時,指出最風行一世的,前十年是以康有為為領袖的今文派,後十年是以章太炎為領袖的古文派。所謂國學,就在這兩派的範圍之內。二十年間,只是今文派與古文派兩家的新陳代謝,爭辯不休,這兩派的爭議構成漢學的大部分[1]。一九二九年,蒙文通重申:「在昔浙中學者善持六經皆史之論,綴學之士多稱道之,誦說遍國內。晚近託古改制之論興,綴學之士復喜稱道之,亦誦說遍國內,二派對峙,互相詆講,如冰炭不可同形,已數十年於此也。」[2]近代今文學的疑古思潮為整理國故與古史辨運動變經學為古史學提供了思想資源,質疑經典的古史敘述又直接動搖了經學的神聖性與可靠性,成為以史代經的學術基礎。顧頡剛自稱他「上古史靠不住」的觀念來源主要是清代今文經學:「竊意董仲舒時代之治經,為開創經學,我輩生於今日,其任務則為結束經學。故至我輩之後,經學自變而為史學。惟如何必使經學消滅,如何必使經學之材料轉變為史學之材料,則其中必有一段工作,在此工作中我輩之責任實重」,「清之經學漸走向科學化的途徑,脫離家派之糾纏,則經學遂成古史學,而經學之結束期至矣。特彼輩之轉經學為史學是下意識的,我輩

---

1 蒙文通:《經學導言》,見《經史抉原》,12頁。
2 蒙文通:《論先秦傳述古史分三派不同》,載《成大史學雜誌》,第1期,1929。

則以意識之力為之,更明朗化耳。」[1]

　　六經皆史說是近代經史轉型的媒介,託古改制說成為近代疑古思潮的重要源頭。錢玄同認為漢代的今文家、古文家把歷史完全攪亂,古文家章炳麟「痛駁微言大義之說,不信孔子有作經之事實,這是撥開漢代今文家的雲霧」;今文家康有為「發明古史不足信之說,不信周公有制禮之事實,這是撥開漢代古文家的雲霧」。然而,章太炎能撥開孔子作經的迷霧,而仍相信周公制禮;康有為清除周公制禮的舊說,而仍堅持孔子作經。「我們現在應該取他們撥雲霧之點,而棄他們躲在雲霧下之點,則古史真相才能漸漸明白的披露了。」[2]重新審查經典的史料價值與研究上古三代歷史成為清末民初學人爭辯今古的焦點。在整理有爭議的先秦典籍時,朱希祖提出以「立敵共許」為原則,「用今文家無證據的傳說,強古文家相信,古文家以不許。反之亦然,現在要講明這幾部最古的書,必舉今古文家所共信的書來做根據」。《易》十二篇、《書》二十九篇、《詩》三百五篇、《禮》十七篇、《春秋》、《論語》、《孝經》這七部書,今古文家皆以為真,「欲講明古事古義,必舉此七書以為證,乃可信以為真。七書無明文,姑從闕疑,不可臆說」。研究這七部書,應各項學術分治,「經學之名,亦須捐除」,「我們治古書,卻不當作教主的經典看待」[3]。呂思勉認為應當捐除經學之名,分治各項學術,但對「立敵共許」的原則有所保留:「經學,我自始不承認他可以獨立成一種科學,而經學的全部,卻是治古史最繁要的材料,即治後世的歷史,也

---

[1] 顧頡剛:《顧頡剛讀書筆記》第五卷,2788 頁,臺北:聯經出版事業股份有限公司,1990。

[2] 楊天石主編:《錢玄同日記》(整理本),1922 年 12 月 24 日,487 頁。

[3] 朱希祖:《整理中國最古書籍之方法論》,載《北京大學月刊》,第 1 卷,第 3 號,1919。

不是和經學沒有關係。就事實論,把全部的經學書籍都看作治史學應用的書,亦不為過。」[1]清儒治經方法比前人更為精密,「今後之治經,亦仍不能無取於是,特當更益之以今日之科學方法耳」[2]。經今古文學有不同的作用,研究經學首先要分別家派,今文經學的最大價值在於研究孔子的學問,古代的信史則多保存在古文經典中。顧頡剛以「不立一真,惟窮流變」為原則,區分「記載的歷史」與「客觀的歷史」,提出古史層累觀,突破古史一元體系建構,恢復古史的多元敘述。經今古文問題成為研究古史的「一個最大的關鍵」,「因為古文學發生時,曾把所有的學問從頭整理一過,如果我們不把今古文的材料分清,則未有不以古文學家整理的結果認作當初的原狀的,於是就受了他們的欺騙了」[3]。

繆鳳林認為「六經皆史」與「託古改制」說都是儒家正統派的支流余裔。章學誠與崔述同時申明六經皆史,乾嘉漢學號稱治經,「然治經實皆考史,疏證三代制度名物政教文字之書」,從而導致六藝之學變為考證學。「二帝三王之行事,反缺如焉。文士以嫛蕩自喜,又恥不習經典,於是有今文之學,務為瑰意辭,以大義微言相杜飾。末流遂有儒家託古改制之說。雖以六藝言古史,而認六藝為孔子所托造,雖奉儒家為正統,又謂儒者所傳非信史。其所論支離自陷,乃往往如囈語。」、「六經皆史說」變為考證學,古史學暗而不彰導致託古改制說興盛。那麼,釐清古史脈絡,應當以崔述為旗幟。繆鳳林將崔述歸為儒家正統派學者,稱讚其「疏證之勤,考辨之細,過去之古史界,實無其匹,今之新史學鉅子,猶多受其沾溉焉」,「儒者言

---

[1] 呂思勉:《乙部舉要》,見《呂思勉論學叢稿》,495頁。
[2] 呂思勉:《答程鷺於書》,見《呂思勉論學叢稿》,661〜682頁。
[3] 顧頡剛:《〈中國上古史研究課〉第二學期講義序目》,見顧頡剛編;《古史辨》(5),259頁。

史,崔氏極其盛」[1]。

蒙文通自稱:「余少習經學,好今文家言,獨於改制之旨,則惑之未敢信。」他認為:「今文、古文之界別且不明,徒各據緯候、倉雅為根實,以訕鄭、阿鄭為門戶,則近世言今、古學之大本已乖,又何論於託古改制、六經皆史之怪談?」今、古學之義不明確,古史系統難以澄清,「二派根本既殊,故於古史之衡斷自別」。蒙文通撰述《經學抉原》、《古史甄微》,有意與託古改制、六經皆史說立異[2]。蒙文通從「事實」與「義理」兩個層面分別經史:一方面,六經僅為上古歷史的一種記載、一種解釋;另一方面,經學可貴之處並不在於它對上古史蹟的合理解說,而在於儒家經學中有孔子所確立的價值標準,「變魯以協道」。在《古史甄微》中,蒙文通以古史三系說為儒家起源提供合理的歷史解釋,又從上古三代歷史出發認定儒家義理實為中國文化的精華。至此,「『素王』之說既搖,即改制之說難立」,證明「晚近六經皆史之談,既暗於史,猶病於史」,「孔子所傳微言大義,更若存若亡」[3]。

民國學界的古史研究以經今古文之爭為樞紐。一方面,經今文學研究衍化為考察古史。李源澄指出近代古史研究,實導源於晚清今文學,廖平與康有為提倡託古改制,本以解經學之糾紛,一變而為古史之探索[4]。另一方面,經史異位的學術環境必須以史學來為經學顯真是,「經學上之問題,同時即為史學上之問題」,「夫治經終不能不

---

1 繆鳳林:《古史研究之過去與現在》(上篇),載《史學雜誌》,第1卷,第6期,1929。
2 蒙文通:《論先秦傳述古史分三派不同》,載《成大史學雜誌》,第1期,1929。
3 蒙文通:《古史甄微》,見《蒙文通文集》第5卷,4頁,成都:巴蜀書社,1999。
4 李源澄:《論經學之範圍性質及治經之途徑》,載《理想與文化》,第5期,1944。

通史」[1]。「六經皆史說」從歷史的起源處，為建立特殊的民族歷史文化提供知識資源；託古改制論所衍生的疑古思潮，成為古史辨派超越儒家理想化古史系統的思想來源；蒙文通以地理、民族、文化的視角創立古史三系說，重新解釋經史關係，以史證經，申明儒學在中國文化中的地位。經今古文立場的差別導致民國學人研究古史旨趣判若雲泥。

二 「儒家正統史觀」與「諸子百家之言」

北伐前後，南高與北大學人奔走各地，國內的學術格局有所改變，古史研究更加為世所重。齊思和便指出：「（顧頡剛）倡『層累地造成的中國古史』之說，近世史學方法，始應用於我國古史。斯說既出，舉國大譁，或據理痛駁，或信口抨擊，往復辯難，至十餘萬言，誠我國史學界稀有之盛舉。惜當時反駁者，既昧於近世史學方法，復不明顧先生之要旨，惟據『禹為爬蟲』一點，反覆辨難，棄其根本而窮其枝葉，故毫無結果而罷。此後顧先生挾其學走閩越，所至學者響應，蔚然成風。」[2]從「舉國大譁」到「蔚然成風」，短短數年，古史辨的影響力可謂與日俱增。柳詒徵認為：「今人疑經疑古，推翻堯舜禹湯周孔，而轉喜表彰王莽，即由此根本觀念不同，故於古史爭辯最烈。」[3]二十世紀二〇年代末，柳氏門生繆鳳林、范希曾、陳訓慈、鄭鶴聲、張其昀發起成立南京中國史學會，發行《史學雜誌》。由於弟子星散，原來辯論古史的干將劉掞黎畢業後，任教成都

---

1 錢穆：《自序》，見《兩漢經學今古文平議》，6頁。
2 齊思和：《最近二年之中國史學界》，載《朝華月刊》，第2卷，第4期，1931。
3 柳詒徵：《史學概論》，見柳曾符選編：《柳詒徵史學論文集》，101頁，上海：上海古籍出版社，1991。

大學,《史學雜誌》前三期未登載任何上古史之類的文章。恰逢此時,蒙文通二度出川,寓居支那內學院,隨即由歐陽竟無、湯用彤等師友引薦,結識柳詒徵、繆鳳林師徒,後執教於中央大學。蒙文通的參與彌補了南京中國史學會「中國上古史」領域的空白,繆鳳林與蒙文通的辯難也成為了當時南京中國史學研究會上古史研究的主線。

廖平曾暗示今文經中上古帝王各傳數十世、地域四至各殊的記載與由來已久的古文經所言五帝一系相承說明顯矛盾,提示蒙文通注意上古歷史多元問題。考證三皇五帝系統,成為蒙文通研究上古史的起點。蒙文通認為,三皇五帝說起自晚周,三皇之說本於三一,三皇五帝原本是神祇,初被視為神,帝與皇的稱號本來不關人事。「孟子而上,皆惟言三王,自荀卿以來,始言五帝,《莊子》、《呂氏春秋》乃言三皇。」五帝說始見於《孫子》,三皇說始見於《莊子》。蒙文通推論三皇五帝說皆起於南方,鄒衍借此提倡五運之說,「三五之說」便傳到東方、北方。晉人言五帝,即兼容了齊、秦的說法。五帝之說是源於秦、晉而次第轉變的最後說法,司馬遷著《史記》,採納「既有三皇說以後之五帝說」。孔安國、皇甫謐以伏羲、神農、黃帝為三皇,少昊、顓頊、帝嚳、堯、舜為五帝,三皇五帝之說最後確立[1]。

蒙文通考察三皇五帝說的衍變,整理三晉古史系統,認為三晉之說本已「去古義益遠」,後起三皇五帝說更是「無當於義猶昔」。伏生本於魯學提出的三皇說是最為可信:三皇並非次第相接,三皇之間易姓王的更替或有百數十代,從遂人氏到黃帝,其間易姓稱王者多至三百姓,三皇三百姓間可能有萬代。繆鳳林在三皇、五帝是人或神及其起源流變等問題上並不認同蒙文通的意見。在繆氏看來,「神五

---

[1] 童書業:《三皇考·序》,呂思勉、顧頡剛編著:《古史辨》第7冊(中),38~39頁,上海:上海古籍出版社,1982。

帝」之說起於國神（取人為神），「人五帝」之說起於假帝號以尊王，二者本不相涉。三皇說起於道家理想的具體化。三皇五帝是人而非神，五帝說起於東周，三皇說確定於秦人[1]。孫正容也認為秦漢之際，三皇五帝人神之說暫且分明，王莽之後，「神、人與生為人而死為神三者遂雜糅不分，而說五帝者益紛紜而莫所遵循也」；史籍中三皇五帝的順序，「僅就其人與書中所稱述之事有關者言之，與後先次序無涉」[2]。

　　蒙文通以魯學為根本，質疑古文經的古史系統，經傳並重，博採諸子百家學說，甚至「多襲註疏圖緯之成說」。繆鳳林治古史信經疑傳，守儒者正統學說而排斥百家之言。二人古史研究的分歧頗有今古之爭的意味，三代世系的爭論就根源於此。長久以來，關於三代的世系，多依據《史記·三代世表》，《史記》利用的材料多為《左傳》、《國語》，特別是《世本》。章太炎對《世本》推崇備至，認為《世本》開創中國新的歷史典範，其編年方式與記載的內容為中國民族界定了一個特定的三代紀年，「推闡《世本·帝系姓》、《居篇》、《作篇》之旨尤精」[3]。繆、柳二人著述言及三代世系，多以《史記》〈三代世表〉與《本紀》為依據。在蒙文通看來，《史記》中自相矛盾之處太多，《三代世表》、《世本》的很多記載不足為據。相反，《命歷序》中「自炎帝、黃帝、少昊、顓頊、帝嚳皆各傳十數世，各數百千年」的說法較為可信，「《命歷序》、《含神霧》

---

[1] 童書業：《三皇五帝說探源·按語》，呂思勉、顧頡剛編著：《古史辨》第 7 冊（中），334 頁。

[2] 孫正容：《三皇五帝傳說由來之蠡測》，載《國立中央大學半月刊》，第 1 卷，第 13 期，1930。

[3] 繆鳳林：《古史研究之過去與現在》（上篇），載《史學雜誌》，第 1 卷，第 6 期，1929。

各篇皆守今文師法，自相扶同」。對於三代世系，夏、殷、周的年歲，《世經》上的說法「與古無徵」，僅與《左傳》有相合之處。蒙文通認為「自劉歆橫斷年數，損夏益周」，五帝三王年歲便日益混亂。「班固《世經》，即本之劉歆《三統歷》，自為妄書，不足為據。」古文一系的《世經》與《三統歷》惹人懷疑，《命歷序》與《殷歷》更為可信。何休治《公羊》所用的正是《殷歷》，「與《三統歷》抗衡者獨為《殷歷》，治今、古學者宜各知所尚」[1]。

廖平對蒙文通所提出的論題，是要論證中國立國開化之早，東西各民族均無法企及，所謂「破舊說一系相承之謬，以見華夏立國開化之遠」。那麼，回應「中華民族西來說」本是蒙文通古史研究的題中之意。繆鳳林針對漢民族文化西來說，曾先後發表了《中國民族由來論》、《中國民族西來辯》、《中國史前之遺存》諸文，在三〇、四〇年代出版的《中國通史綱要》中辟專章再行論列。蒙文通特意發表《中國開紀於東方考》，自稱與繆鳳林「一破一立，相待相濟」。蒙文通破除黃帝與少吳的父子關係，澄清在西來的一系之外，還有東邊本土的一系，進而從地理與文化的視角證明中華文化起源於東方。可以說，就反對中國民族文化西來說而言，蒙文通、繆鳳林站在同一立場，認為中國文化發源於本土；不過，柳詒徵認為「中國古代文化，起於山岳，無與河流」。蒙文通則認為中國文化源自海岱的泰族，「自昔以魯地文化為最高」，魯學為儒學的嫡傳，經今文學的正宗。

蒙文通是用今文經學的眼光看古史，分析舊說，打破原有三皇五帝框架，提出「古史三系說」[2]。今古文立場的分別使得蒙文通與柳氏師徒的分歧日益彰顯。《古史甄微》剛一發表，中央大學史學系學

---

1 蒙文通：《古史甄微》，見《蒙文通文集》第5卷，28～33頁。
2 蒙文通古史研究的系統研究，可參見張凱：《出入「經」、「史」：「古史三系說」之本意及蒙文通學術旨趣》，載《史學月刊》，2010（1）。

生張鑑即發表了一篇〈《古史甄微》質疑〉，指出「史說既曰三方，則似應此疆彼界，無所出入」，但比較「晉、楚、鄒魯之所傳」，「三方之說為大謬」。蒙文通「所以證各方學者自成一系之說之證」，實乃「已胸具成見，征嫌阿私」。張氏對《古史甄微》最大不滿在於蒙文通申六經非史之旨，以諸子百家之言質疑六經在史學上的正統地位：

> 年來研究中國古史之風，一時頗盛，而要而言之，大抵不外：（一）舊史學派，（二）新史學派，（三）疑古派。所謂舊史學派者，一遵往古代代相承之說，亦步亦趨，不稍更易，或更博採諸子，以相塗附。新史學派則依地下掘得之新史料，以補舊史之偏而救其敝，「不屈舊以就新，不紬新以從舊」（語見《殷墟文字類編》王忠愨公《序》），惟真是求，惟信是錄，態度最為純正，成績亦特為卓異。其疑古一派，則稍窺皮毛，率爾立異，師心自用，如飲狂藥，一切舊史，目為土飯，以現代之理論，決遂古之事實；深文周納，惟意所欲，裂冕毀裳，靡所不至；如以堯舜為神非人，以伯禹共蟲等視，其著例也。三派之中，首派之上焉者，誠為博古，而流弊恆不免為雜糅，不免於泥古；且所依據，率在書本，既乖子輿氏盡信不如無之訓，而書本又固有真偽之宜辨，於是遂不免為反對派狂狷者流之所藉口，而逞其簧鼓肆其吹求矣。次派最合於現代科學之精神，在古史研究上亦建有不朽之丕績，然地下發掘之古器遺物，究已凌亂不完，譬猶從殘碑斷碣中，求最初全文之措意，固已叵能！而況藉以推求悠悠之古史？⋯⋯若夫最後疑古一派，則志大言誇，羌無依據，已如上述，可比自《檜》；然則在者儒碩學自具隻眼者，固漫無影響，猶之見怪不怪，其怪自

敗也;而在孤陋寡聞,胸無定力,學殖薄弱之後生,則受茲「記丑而博,言偽而辨」鹵莽滅裂之彼說所波蕩所麻醉者,實非淺尟矣。率以以往,將狂瀾滔滔,所有史籍,又何之而不可疑?何適而不可雕琢?芒芒後學,將奚求免孤裘蒙茸之嘆邪?此古史研究所以急須大有力者出,為之理董,為之疏別,而不容斯須緩也。茲者本校史學系教授蒙文通先生,果有鑒於是,慨肩艱巨,自樹赤幟,發明古史三系之說,以推闡往事,不偏於新,不黨於故,祛門戶之成見,冶今古學於一爐,博稽眾籍,惟信是徵,錯綜比較,以驗厥情;其誠不繆乎近世科學精神,而深合乎培根之歸納法矣。[1]

張崟十分明白《古史甄微》的學術立場,認為蒙文通有意用三系說、諸子學說來否定儒家信史,批駁六經皆史說。不過,張崟認為儒家史說自成系統,諸子學說不僅雜糅百家,毫無統紀,晉學、楚學基本文獻《山海經》、《汲冢紀年》的真實性都值得懷疑,「吾後學者於古史傳說之從違,自不容捨去古未遠之孔門儒家傳說,而反仍晚出諸子百家之讕言耳!」[2]若要通曉古史真相,要依據「儒家傳說」。孫正容同樣批評西漢以降,「因儒信讖,以讖傳儒,輾轉傅會,上古史遂益上溯而益神話」[3]。儒家正統史觀並非一己之見,而是柳詒徵及其門生研究古史的風氣。

一九三一年復刊的《學衡》中重新刊出柳詒徵《論近人講諸子之

---

1 張崟:《〈古史甄微〉質疑》,載《史學雜誌》,第2卷,第3~4期合刊,1930。
2 張崟:《〈古史甄微〉質疑》,載《史學雜誌》,第2卷,第3~4期合刊,1930。
3 孫正容:《三皇五帝傳說由來之蠡測》,載《國立中央大學半月刊》,第1卷,第13期,1930。

學者之失》一文，編者言：「此文關係重大，有永久之價值。」[1]此意或有針對北平學界正沸沸揚揚的「辨偽」之風，考慮到繆鳳林正擔任《學衡》的副編輯與幹事，重刊此文不無聲援張鑑質疑《古史甄微》的意味。「六經與諸子」的分歧背後多少帶有經今古文之爭的意味，柳詒徵在此文中就痛斥胡適「論學之大病，在誣古而武斷，一心以為儒家託古改制，舉古書一概抹殺」。重刊時，在文後附錄章太炎《致柳詒徵書》。章太炎直接挑明今古文的對立：「鄙人少年本治樸學，亦唯專信古文經典，與長素輩為道背馳。其後深惡長素孔教之說，遂至激而詆孔。中年以後，古文經典篤信如故，至詆孔則絕口不談，亦由平情斟論，深知孔子之道非長素輩所能附會也」，「六籍皆儒家託古，則直竊康長素之唾餘。此種議論但可嘩世，本無實徵，且古人往矣，其真其偽，不過據於載籍，而載籍之真偽，則由正證反證勘驗得之。墨家亦述堯舜，並引《詩》、《書》，而謂是儒家託古，此但可以欺不讀書之人耳」[2]。繆鳳林讚譽柳詒徵《中國文化史》，「以六藝為經，而緯以百家，亦時徵引新史料，而去其不雅馴者，持論正而義類宏」，「元明以來所未有」[3]。柳詒徵所摒除的「不雅馴者」恰恰就是蒙文通《古史甄微》的立論基礎——「註疏圖緯之成說」。柳詒徵治學不以漢宋為門戶，然其治史與古文經學若合符節，周予同曾指出，《中國文化史》在學術傳承上主要受古文經學影響[4]。崇六經、斥諸子是柳詒徵的一貫作風。柳詒徵認為清儒治經皆

1　柳詒徵：《論近人講諸子之學者之失》，載《學衡》，第73期，1931。
2　章太炎：《致柳詒徵書》，載《學衡》，第73期，1931。
3　繆鳳林：《古史研究之過去與現在》（上篇），載《史學雜誌》，第1卷，第6期，1929。
4　周予同：《五十年來中國之新史學》，見朱維錚編：《周予同經學史論著選集》（增訂本），523頁。

為考史，甚至「今文學家標舉公羊義例，亦不過說明孔子之史法，與公羊家所講明孔子之史法」[1]。蒙文通主張經史分流，《古史甄微》多採納諸子、圖讖學說，有意針對六經皆史說。蒙文通不以六經（魯學）為史，此與託古改制說近似，只是他沒有否定上古三代歷史，而是以晉學為本重構上古三代歷史，《古史甄微》中有一個主旋律，即三代是「權力」角逐而非「道德」興盛的時代。柳詒徵篤信《周官》，在《中國文化史》中盛讚三代道德、文化之盛。胡適批評柳詒徵「所據材料多很可疑，其論斷也多不很可信，為全書最無價值的部分」，與其「臆斷《王制》、《周禮》所載的制度何者為殷禮何者為周禮，遠不如多用力於整理後世的文化史料」[2]。

從廣泛交遊到論學，無疑會使人產生蒙文通與柳氏師徒同屬一系的印象。在中央大學史學系同仁讚譽蒙文通的著作，「內容豐富，議論詳實」[3]。中央大學擬將蒙文通《古史甄微》、《經學抉原》收入國立中央大學叢書予以出版，稱讚此書「凡研究吾國古史者不可不一睹斯篇」[4]。然而，一九三〇年九月，在中央大學任教才一年的蒙文通應成都大學聘請，蒙文通自稱「應成大聘，殆遮醜之詞」[5]。「遮醜」的論調或是蒙文通與柳詒徵師徒學術分歧的折射。實際上，蒙文通的學術同道對柳詒徵師徒的學術也有所保留。歐陽竟無曾批評繆鳳林「所學既淺，而在外妄談」[6]。或可說，蒙文通與柳詒徵師徒的分

1　柳詒徵：《中國文化史》（下），119 頁，上海：上海書店，1947。
2　胡適：《評柳詒徵編著〈中國文化史〉》，載《清華學報》，第 8 卷，第 2 期，1933。
3　《史學消息》，載《史學》，第 1 期，1930。
4　《廣告》，載《國立中央大學半月刊》，第 1 卷，第 16 期，1930。
5　中國革命博物館整理：《吳虞日記》（下），1930 年 9 月 23 日，523 頁。
6　中國革命博物館整理：《吳虞日記》（下），1929 年 10 月 10 日，475 頁。

歧是在中國學術傳統內部的今古有別，蒙文通與古史辨學人在學術方法都受到今文學與西方學術的啟發，但學術旨趣存在中西之分。

三　「考信」與「辨偽」

《古史甄微》完成後，蒙文通開始探尋周秦民族問題。二十世紀三〇年代任教河南大學、北京大學，均講授「周秦民族與思想」一類的課程。國難之際，激於世變，顧頡剛發起禹貢學會，致力於地理沿革史和民族演進史的研究，主張「地理方面實在不知道保存了多少偽史，我們也得做一番辨偽的工作才好」[1]。禹貢學會和「古史辨」的精神可謂一脈相承，更加注重以民族、地理為中心重建國史。此時致力於周秦民族史研究的蒙文通遂與禹貢學會也結下了不解之緣，童書業在介紹《禹貢》時，還特意提到「蒙文通、錢賓四諸先生都常有文字在裡面發表」[2]。一九三五年蒙文通為北大解聘之後，顧頡剛覺得傅斯年的做法太過分，旋即舉薦蒙文通至天津女子師範學院[3]。抗戰前後，蒙文通與顧頡剛及其弟子廣泛論學，過從甚密。顧頡剛的學術受經今文學啟發，讚譽蒙文通能「批判地接受西洋史學史權威的方法」[4]。不過，顧頡剛考辨古史旨在解決經學的癥結，使經學史學化；蒙文通研究上古三代、周秦民族問題仍以今文學為立場，闡發儒家的文化理想。

---

[1] 顧頡剛：《通訊一束・趙貞信來信之「編者按」》，載《禹貢》，第4卷，第6期，1935。
[2] 童書業：《古史學的新研究》，載《東南日報・讀書之聲》，1934-11-07。
[3] 顧頡剛：《顧頡剛日記》（3），356頁，臺北：聯經出版事業股份有限公司，2007。
[4] 蔣星煜：《顧頡剛論現代中國史學與史學家》，載《文化先鋒》，第6卷，第16期，1947。

在《古史甄微》中，蒙文通拆解古史一元體系，以三皇五帝為後起，質疑禪讓說，打破了由美德築成的三代理想。對於這些說法，童書業給予極高評價，認為：「在他以前，沒有人像他這樣把『三皇』徹底研究過」，並將其學說歸結為「層累造成的中國古史觀」[1]。三皇五帝問題是民國重建古史系統的重大環節，以顧頡剛「層累地造成的中國古史觀」而言，三皇是「層累」的第二層。顧頡剛、楊向奎、楊寬、呂思勉紛紛撰文考證其淵源脈絡。就繆鳳林、蒙文通、顧頡剛三人而言，童書業的分派或可有所啟發。

蒙、繆二人《三皇五帝說探源》文章剛一發表，顧頡剛就特意取《史學雜誌》參閱，未置可否[2]。童書業在為顧頡剛、楊向奎合著的《三皇考》作序時稱，「在近人中辨『三皇』說的偽最力的人，據我所知道的有三位大師。第一位便是本文的著者顧頡剛先生」，「不久便有第二第三懷疑三皇五帝說的人起來，那便是經今文學大師廖季平的高足蒙文通先生，和我們的右翼驍將繆鳳林先生」。童書業的排序，看似按照三人質疑三皇五帝說的時間為序，實際暗含了三人辨偽力度的差別。繆鳳林之所以被稱為右翼驍將，因為繆氏素以「信古」著稱。童書業認定繆鳳林「實在受崔述的影響很大，他只是一個儒家正統派的古史學者」。崔述無疑對顧頡剛影響至深，顧頡剛接受崔述「辨偽」的一面，而繆鳳林則吸收其「徵信」的一面。童書業格外強調蒙文通是「今文學大師廖季平的高足」，或有提示蒙、顧二人有共同的思想來源，蒙文通也有「層累地造成的中國古史觀」的痕跡。不過，蒙文通以《周官》為三晉之書，而古史辨派視《周禮》為「王莽的書」。因此，蒙文通的議論「有些倒果為因」[3]。

1　童書業：《三皇考・序》，呂思勉、顧頡剛編著：《古史辨》第7冊（中），37頁。
2　顧頡剛：《顧頡剛日記》（2），347頁。
3　童書業：《三皇考・序》，呂思勉、顧頡剛編著：《古史辨》第7冊（中），36～38頁。

錢穆認為「考信必有疑，疑古終當考。二者分辨，僅在分數上」。蒙文通與顧頡剛最明顯的分歧就在對待上古文獻運用的「分數」之上。蒙文通在今文學家的立場上運用了大量的讖緯材料，用他自己的話講：「本為究論史乘，而多襲註疏圖緯之成說，間及諸子，殆囿於結習而使然也。」[1]楊向奎在《〈禪讓傳說起源於墨家考〉書後》將蒙文通對禪讓制的觀點定性為爭奪說者，認為蒙先生所依據的史料足以破錢穆、郭沫若等選舉說，但仍是彌縫的工作，弊端很大。顧頡剛考究史源，提出儒墨創造宣傳說，相對較優。也就是說，蒙文通未能科學地考察史源，仍是在相信上古史料的前提下，彌縫各家之說。顧頡剛之所以較優的原因就是能大膽懷疑上古史料並有所取捨。前者「對於原來史料先取信任態度，而後加以解釋」，後者「乃先估定此種史料之價值，然後考其來源」，前者偏於信而牽強彌縫，後者重於疑而得事實真相[2]。

在民國這一沒有重心的過渡時代，文化立場的對立往往難以調和，主觀概念「亦有待乎客觀之證據而後成定論」，各派學人在互相批評對方文化立場的同時，傾注了更多的心力尋求客觀的證據，在古史領域便落實到了考辨「偽書」、「偽事」、「偽史」。辨偽書是重建古史的第一步。早在一九二〇年代，顧頡剛說：「我能做的辨偽事情不過兩種：（一）考書籍的源流，（二）考史事的真偽。但最緊要的事乃是『考書裡的文法』；這件事如果能夠弄清楚了，那末，『書的真偽』和「作偽的時代」便不難隨看隨剖析了。」[3]這段話可以看作是顧頡剛對「偽書」和「偽事」考辨態度和方法的明確表白。他認

1　蒙文通：《古史甄微》，見《蒙文通文集》第5卷，1頁。
2　楊向奎：《〈禪讓傳說起源於墨家考〉書後》，呂思勉、顧頡剛編著：《古史辨》第7冊（下），108～109頁。
3　顧頡剛：《論辨偽工作書》，顧頡剛編著：《古史辨》第1冊，26頁，上海：上海古籍出版社，1982。

識到「偽書」、「偽事」和「偽史」總是互為依傍的:「辨偽事的固是直接整理歷史,辨偽書的也是間接整理。……現在所謂很燦爛的古史,所謂很有榮譽的四千年的歷史,自三皇以至夏商,整整齊齊的統系和年歲,精密地考來,都是偽書的結晶。」[1]在顧頡剛看來,推翻偽史,必須考定偽書,還原偽書的著作時代和思想背景。傅斯年也較早就提醒顧頡剛,辨古史當注重「古書」,提出:「我們研究秦前問題,只能以書為單位,不能以人為單位。」[2]《古史辨》第三冊就著力於恢復《易經》和《詩經》的本來面目。所以顧頡剛說道:「古書是古史材料的一部分,必須把古書的本身問題弄明白,始可把這一部分的材料供古史的採用而無謬誤;所以這是研究古史的初步工作。我敢重言以申明之:這是研究古史的初步工作!」[3]一九三〇年代,宣稱不再疑古的胡適,便認為《古史辨》第三冊「討論《周易》與《詩》兩組問題,似較第一二冊更有精彩」[4]。

一九二〇年代初,呂思勉曾批評胡適、梁啟超辨偽諸子,稱:「古書不可輕信,亦不可抹煞。昔人之弊,在信古過甚,不敢輕疑;今人之弊,則又在一概吐棄,而不求其故,楚固失之,齊亦未為得也。」、「近人辨諸子真偽之術,吾實有不甚敢信者。」[5]時至一九三〇年代,學者紛紛關注「偽書」的形成及其與辨偽的關係。陳寅恪以為:「中國古代史之材料,如儒家及諸子等經典,皆非一時代一作

---

[1] 顧頡剛:《自述整理中國歷史意見書》,顧頡剛編著:《古史辨》第1冊,35頁。

[2] 傅斯年:《評〈春秋時代的孔子和漢代的孔子〉》,歐陽哲生主編:《傅斯年全集》第1卷,488頁,長沙;湖南教育出版社,2003。

[3] 顧頡剛:《古史辨第三冊自序》,顧頡剛編著;《古史辨》第3冊,4頁,上海:上海古籍出版社,1982。

[4] 曹伯言整理:《胡適日記》(7),1932年1月22日,172頁。

[5] 呂思勉:《經子解題》,101~105頁,上海:華東師範大學出版社,1995。

者之產物。昔人籠統認為一人一時之作，其誤固不俟論。今人能知其非一人一時之所作，而不知以縱貫之眼光，視為一種學術之叢書，或一宗傳燈之語錄，而斷斷致辯於其橫切方面。此亦缺乏史學之通識所致。」實際上，古書的真偽「不過相對問題，而最要在能審定偽材料之時代及作者而利用之。蓋偽材料亦有時與真材料同一可貴。如某種偽材料，若徑認為其所依託之時代及作者之真產物，固不可也。但能考出其作偽時代及作者，即據以說明此時代及作者之思想，則變為一真材料矣」[1]。顧頡剛在《古史辨》第三冊自序中也表述了類似看法，「許多偽材料，置之於所偽的時代固不合，但置之於偽作的時代則仍是絕好的史料；我們得了這些史料，便可了解那個時代的思想和學術」。偽史的出現或許正是真史的反映，辨偽不過是把所辨之書的時代移後，「使它脫離了所托的時代，而與出現的時代相應」。這與其說是破壞，不如稱之為「移置」更為適宜，這樣處理視為「偽的材料」，才算是具有「歷史的觀念」[2]。一九三〇年代初顧頡剛寫就《五德終始說下的政治和歷史》，依循康有為、崔適之說，重點即坐實劉歆遍偽先秦典籍，特別是偽竄《周禮》和《左傳》。

在《經學抉原》中，蒙文通因事證明，劉歆只是糾合《左傳》與《周官》創立了古學，並沒有造偽。不過，在古史辨派興起後，學界常常討論偽書問題，當時北方「疑古」學風由懷疑經古文遍及到群經諸子，先秦舊籍除《詩經》而外幾乎無書不偽。蒙文通反對隨意懷疑古代文獻，研究古史大量使用《晏子春秋》、《孔子家語》等被新史學者高度懷疑的文獻。在蒙文通看來：「說是偽書，總得找出它作偽的原因。若找不出，是不足服人的，先秦文獻不能也不必確指為誰所

---

[1] 陳寅恪：《馮友蘭中國哲學史上冊審查報告》，見《金明館叢稿二編》，248 頁，上海：上海古籍出版社，1980。
[2] 顧頡剛：《古史辨第三冊自序，顧頡剛編著：《古史辨》第 3 冊，8 頁。

作，這些作品在流傳中又常常都有竄改、增補，但其主體仍不失為先秦舊物。」[1]針對當時北方學者這種喜言偽書之風，蒙文通指出有一家之學然後有此家偽作之書，「後則徒激辨偽之流，而不知求學派所據，則康氏流毒所被，又康氏所不及料也」，「必皆先有偽書之學，而後有偽學之書」。作偽有其原因，並非一人所能為，「王肅好賈、馬之學而不好鄭玄，所為經注，異於鄭氏，慮不勝，然後有《孔子家語》、《尚書‧孔傳》之偽，有《論語》、《孝經》、《孔傳》、《孔叢子》之偽。汲冢出書而《紀年》、《周書》皆被改竄，則偽之非一人一時所能為⋯⋯故書雖偽而義仍有據，事必有本⋯⋯校鄭、王兩派異同，足知偽書之偽安在，其不偽者又安在。《紀年》、《周書》偽而所據以作偽之材料不必偽」。作偽有家派之分，故辨偽應當追求其「學派所據」，辨明「作偽者屬於何學、果為何事，一書之間孰為偽、孰為不偽」，而不當以「作偽」二字抹殺古代文獻[2]。

《竹書紀年》可以考證三代紀年，民國學人多有考訂辨偽之作，王國維的《竹書紀年》研究頗為學界稱道。王國維研究《竹書紀年》，完成《古本輯校》後，又鑒於《今本紀年》為後人搜輯的痕跡特別明顯，「乃近三百年學者疑之者固多，信之者亦且過半」，遂「復用惠、孫二家法，一一求其所出，始知《今本》所載殆無一不襲他書。其不見他書者，不過百分之一，又率空洞無事實，所增加者年月而已」。《今本紀年》的來源「本非一源，古今雜陳，矛盾斯起。既有違異，乃生調停，糾紛之因，皆可剖析。夫事實既具他書，則此書為無用；年月又多杜撰，則其說為無徵。無用、無徵，則廢此書

---

1 蒙文通：《治學雜語》，見蒙默編：《蒙文通學記》（增補本），8頁，北京：生活‧讀書‧新知：三聯書店，2006。
2 蒙文通：《井研廖季平師與近代今文學》，見《經史抉原》，108～109頁。

可,又此《疏證》亦不作可也」[1]。在王國維研究的基礎上,蒙文通認為《今本紀年》的作偽者堪稱博物君子,「誠非菟園淺陋者之能為也」,「今本之先,必別有一本為今本所從出」,通過各版本校勘,可以確認「實別有一本」。諸多版本《竹書紀年》的價值可從「偽書」與「偽學」的關係立論:「在晉之《紀年》,以時之學術方有鄭玄、王肅之爭,以開後之南學北學。」歷來學人校勘《竹書紀年》,「每以王說附之,凡王、鄭異同,《紀年》皆同王而異鄭,若為王學作根據者,此晉之《紀年》也。前此周作《古史考》,以鄭為主,此遺說之可尋者也。後此司馬彪作《古史考》以竹書為據,此彪本傳有其明說也。而皇甫謐之《帝王世紀》,與夫偽孔《書傳》,皆此意也」。直至明朝正德、嘉靖以後,「學以反宋為的,文必西漢,詩必盛唐者,實以反宋之見為中心,而《竹書紀年》之編,即依於此」,由此可以論定三代歷年的干支,「蓋《皇極經世》等所推歲辰,明之言史者幾不能外,重編《紀年》,端在反此,此明之《紀年》也,而伯益、伊尹之事,更足以破傳統之儒家言,一改於腐儒之乎,而意義全失,則改之者固亦有所為耶?」[2]

蒙文通把「偽書」提高到「偽學」的層次,如果偽書「所據以作偽之材料不必偽」,則裡面真材料的價值就不僅可以「移置」回其產生的時代,依據其他材料加以辨析確認,偽書可能是所依託之時代的真產物。就治史而論,此誠為「思想史的社會視角」的典範[3]。這一

---

[1] 王國維:《今本竹書紀疏證自序》,見黃永年校點:《今本竹書紀疏證》,37頁,瀋陽:遼寧教育出版社,1997。

[2] 蒙文通:《論別本〈竹書紀年〉》,載《大公報·圖書副刊》,第169期,1937-02-18。

[3] 羅志田:《事不孤起,必有其鄰:蒙文通先生與思想史的社會視角》,載《四川大學學報(哲社版)》,2005(4),此文對本節啟發良多。

視角與蒙文通守禮制、以家法條例分別今古、梳理魏晉南學、北學分流一脈相承。蒙文通與疑古辨偽者的分歧，不僅在於「客觀」的考辨「偽書」，更在於「主觀」的文化理念。錢穆在為考據家辯護時曾稱：「一曰考據家率尚懷疑破壞。其意懷疑破壞非經叛道，不如尊信守常。然信亦有廣有狹。疑者非破信，乃所信之廣。信乎此，並信乎彼，而彼此有不能並信，於是乎生疑。若如世之守信者，信其一，拒其餘，是非無疑，乃信之狹。若必尊信，莫如大其信。大其信而疑生，決其疑而信定，則懷疑非破信，乃立信。即以尊信之見論之，懷疑非考據家病也。」[1]既已「離經叛道」，自然不守「經」與「道」的束縛，以歷史觀念平視各家學說，所「信」自然「廣」。蒙文通肯定近代以來，疑古辨偽工作取得很大的成績，但是「總覺過火點……任何一部書都可以挑點問題指為偽書，而確實證據究又難尋。有些疑古派學者一方面疑某書之偽，卻有時又還引用；既不信歷史之真，卻時又在講述，就表明疑古者也自信不過」[2]。蒙文通認為疑古派「自信不過」，疑古派內心其實卻相當自信，之所以「一方面疑某書之偽，卻有時又還引用；既不信歷史之真，卻時又在講述」，那是因為心中早已橫亙著「進化」的歷史觀念，古書中符合此「主觀」者，自可「引用」、「講述」，不合者則必然懷疑，乃至認定為「偽」。

「疑」、「信」之間的分寸不同源自雙方「辨偽」系統之差別，有學人在三〇年代初曾對民國辨偽書之風，有過總結：

> 辨偽書之風，近十餘年來最盛，然辨偽書非有意與古人作對，亦非求譁眾取寵，以為得名之法，自有不可不辨之故在也。其

---

[1] 錢穆：《古史辨第四冊序》，羅根澤編著：《古史辨》第 4 冊，5 頁，上海：上海古籍出版社，1982。

[2] 蒙文通：《治學雜語》，蒙默編：《蒙文通學記》（增補本），26 頁。

所以辨之之理，皆自有一貫之系統。此系統分主觀與客觀兩面：主觀者，先確定一種歷史進化觀念，凡違此觀念者，皆改定其歷史上之價值，甚至否定其歷史上之價值。自鄭漁仲以至顧頡剛，主觀派也。若閻百詩以至惠定宇，則為客觀派。其法乃從客觀上取得作偽之證據，然後定本書為偽作。雖然持主觀之概念者，亦有待乎客觀之證據而後成定論，有客觀之證據亦必須構成一貫之歷史系統，然後成一家之學問。[1]

「辨偽」僅是學問之初步，或為尋求客觀證據的一種手段。其背後自有一套「主觀」、一種「主義」。「古史辨」運動作為新文化運動的重要環節，以歷史進化觀念指導，以期「再造文明」：解構上古一元史觀，意在「疑古非聖」，破壞儒學的神聖意義，為建構新的、科學的、現代化的社會、文化理想鋪平道路。堅守中國文化本位的學人對此頗不以為然。熊十力指出：「今日考史者皆以科學方法相標榜，不悟科學方法須有辨。自然科學可資實測，以救主觀之偏蔽；社會科學不先去其主觀之偏蔽者（先字是著重的意思，非時間義），必不能選擇適當之材料，以為證據，而將任意取材，以成其僻執之論。今人疑古，其不挾私心曲見以取材者，幾何？」[2]「疑古」未為不可，但如何「疑古」，為何「疑古」，其背後牽涉的「主觀之偏蔽」大有討論的餘地。張爾田即稱，「疑古可也，偽古則不可也」。真考據家須有治心一段工夫，「斯言也，吾尤韙之。不觀今之治國故者乎？其人中國人也，其心則皆外國心也。以外國之心理治中國之書，其視先秦上古文化也直等於莫名其妙，由不瞭解而妄疑，由妄疑而起

---

[1] 青：《新書介紹・今古文尚書正訛》，載《國立北平圖書館館刊》，第 6 卷，第 4 期，1932。

[2] 熊十力：《復張東蓀先生》，載《文哲月刊》，第 1 卷，第 6 期，1936。

執，而又有現代化觀念先入為主……由此觀書又安往而不偽，是故治學莫要於治心，治心之道無他，一言以蔽之，曰玄囿，使吾心依乎思位而不為風會所左右，此又在乎學者平時之自反。」[1]古史辨一系或可視為「以外國之心理治中國之書」，蒙文通看似「疑古非聖」，乃是「以史證經」，以「傳統中國人之心理治中國之書」。

　　古史辨派堅信，誰都知道古代史有問題，誰都知道古代史的一部分乃是神話，並非事實。甚至有人著中國通史，不敢提到古史隻字。如張爾田所言，那正是以外國心治國學。顧頡剛最初提出「層累造成的古史說」時，認為古史「差不多完全是神話」。童書業、楊寬便直接以神話學解釋上古史的研究，商周以上的歷史只是傳說，這些傳說都源自神話，按照來源可以分為東西二系民族，二系民族神話由混合而分化，演變出了上自黃帝下至夏代的世系，因此推斷三皇五帝時期歷史是完全不存在的。蒙文通依據鄒魯、晉、楚三方民情創立「古史三系說」，楊寬基於「神話演變分化說」批評蒙文通「各以民情不同，而分別演化，若據鄒魯晉楚分別演化之傳說，謂即初相，則未免過於近視」[2]。具體到《古史甄微》第七章《上古文化》中，蒙文通提出了傳說中的鳥獸形像有的可能是人類的觀點，說：「后羿再興泰族，其誅鑿齒，殺猰㺄，殺封豕，斷修蛇。封豕為樂正後夔之子伯封，則修蛇之傳，將亦人也。舜命九官，而夔、龍、朱虎、熊、羆並在朝列，豈亦此類耶！」[3]楊寬極力反駁，認為：「伯封是封豕神話的人化，而蒙先生卻說『修蛇之儔，將亦人也』……蒙先生把封豕、長蛇和夔、龍、朱、虎、熊、羆，認是同類，確是不錯，可是都要把

1　張爾田：《論偽書示從游諸子》，見《遁堪文集》，刊行本，1948。
2　楊寬：《中國上古史導論》，呂思勉、童書業編：《古史辨》第 7 冊（上），97 頁。
3　蒙文通：《古史甄微》，見《蒙文通文集》第 5 卷，72 頁。

它們說成人,真所謂『欲蓋彌彰』了!」[1]

古史辨派懷疑上古文獻的目的是要由懷疑儒家傳說到懷疑夏以前的整個古史系統,並把此譽為「科學思想發展的自然趨勢,雖有有力的反動者,也是無法加以遏止的」[2]。一九三一年,顧頡剛說道:「我豈不知古書之外的古史的種類正多著,範圍正大著;又豈不知建設真史的事比打倒偽史為重要。我何嘗不想研究人類學、社會學、唯物史觀等等,走在建設的路上。」[3]一九三三年,他又強調:「這原是以漢還漢,以周還周的辦法」,「我們所以有破壞,正因求建設。破壞與建設,只是一事的兩面,不是根本的歧異。」[4],「立則有破」、「破中有立」,破與立雙管齊下。顧頡剛主張將那些古史當作故事看待,並非限於疑古、破壞:「我們在這上,不但可以理出那時人的觀念,並且可以用了那時人的古史觀念去看出它的背景——那時的社會制度和思想潮流。這樣的研究有兩種用處,一是推翻偽史,二是幫助明了真史。」[5]「明了真史」無疑是辨偽的最終目標。蒙文通認為疑古派將三代歷史一概抹殺,把歷史縮得太短,把中國歷史壓得太低,而他在《古史甄微》中對古史傳說中的女媧、燧人氏、伏羲、神農、共工等傳說非但不加以摒棄,且賦予他們特定的歷史地位,將中國文化的源頭定在燧人氏。所以,有學者認為在蒙文通與楊寬之間,似可以認為存在著歷史神話化與神話歷史化兩種不同觀點之爭[6]。二者的根本分歧在於蒙氏肯定上古三代的歷史文化傳統,楊氏

---

[1] 楊寬:《古史辨第七冊序》,呂思勉、童書業編:《古史辨》第7冊(上),13～14頁。
[2] 童書業:《自序二》,呂思勉、童書業編:《古史辨》第7冊(上),1頁。
[3] 顧頡剛:《古史辨第三冊序》,顧頡剛編:《古史辨》第3冊,6頁。
[4] 顧頡剛:《古史辨第四冊序》,羅根澤編著;《古史辨》第4冊,19頁。
[5] 顧頡剛:《古史辨第一冊序》,顧頡剛編:《古史辨》第1冊,66頁。
[6] 吳少玫、趙金昭主編:《20世紀疑古思潮》,398頁,北京:學苑出版社,2003年。

則以認為此皆神話傳說，僅能以神話學來解釋其演變分化。「古史辨」以進化的眼光「辨偽書」，視古史為神話；蒙文通則以今文學的立場，澄清「偽學」源流，以多元的古史觀來維護傳統儒學在中國文化中的核心地位。如果說「辨偽」偏重於「疑古以破舊」，蒙文通與古史辨派「貌合神離」，對於上古三代的歷史認識更有「人」、「神」之分。童書業即稱：「吾人根本不信夏以前有更高之文化，故吾人之古史系統與蒙先生完全不相同，吾人言古代史只敢斷自夏商。」[1]

民國學界有一個縈繞心頭的夙願，即編著一部全新的《中國通史》。在新史學「重建古史」的序列中，蒙文通常被引為同道。抗戰之初，蒙文通打算在成都重建禹貢學會[2]。一九四一年，饒宗頤計劃編修的《古史辨》第八冊《古地辨》中就收錄了蒙文通五篇文章，數量與呂思勉等同，僅次於饒宗頤與顧頡剛[3]。戰後，顧頡剛在總結近百年史學發展時，以《古史辨》為代表的古史研究承前啟後，視蒙文通為同道而予以表彰[4]。蒙文通自稱「壯年以還治史」，不過，蒙文通史學的「統宗」與古史辨學人大相逕庭。顧頡剛與蒙文通都受到晚清今文學的影響，顧頡剛接受康有為公羊改制的疑古精神的啟發，「古史辨」以進化的眼光「辨偽書」，視古史為神話；蒙文通認為晚清公羊學近乎偽今文學，以家法條例研究《穀梁》才稱得上成熟今文學。蒙文通澄清今文學源流，以多元的古史觀來維護傳統儒學在中國文化中的核心地位。

1　童書業：《中國疆域沿革略》，1 頁，開明書店，1946。
2　顧頡剛：《顧頡剛日記》（4），25 頁。
3　饒宗頤：《編輯古史辨第八冊《古地辨》及論虞幕伯鯀等附擬目》，載《責善半月刊》，第 2 卷，第 12 期，1941。
4　顧頡剛：《當代中國史學》，122～139 頁，上海：上海古籍出版社，2002。

四　方法和宗旨

　　梁啟超斷言：「清代學派之運動，乃『研究法的運動』，非『主義的運動』也。」[1]清代漢學就是以經學為重心，以考據為表徵。考據方法成為民初學人溝通中西的媒介。胡適宣稱整理國故就是要用科學方法條理中國的材料，完成一部中國文化史。整理國故運動被時人冠以「新考據學」，被視為乾嘉考據學的變相復興。一九二八年，胡適發表《方法與材料》，調和方法與史料，「同樣的材料，方法不同，成績也就不同。但同樣的方法，用在不同的材料上，成績也就有絕大的不同」[2]。以科學方法辨析新舊材料成為近代學術區分新舊、劃分派別的重要依據。後來，馮友蘭認為民國史學界有信古、疑古、釋古三種。集疑古學大成的楊寬進一步細分為信古、疑古、考古、釋古四派。柳存仁認定這種派分的標準是「進行方法與實際工作」。重建中國上古史的途徑就是新方法、新見解的成立與新史料的發現，近代古史研究乃至新史學的譜系由此展開[3]，若以科學方法截斷眾流式的勾勒民國學人重建古史的系譜，《古史甄微》打破上古一元的古史三系說暗合了「新史學」所高舉的古史多元觀，蒙文通自然成為被視為「由經學向史學過渡」的典型。楊向奎將蒙文通與顧頡剛並舉，認為時間發展中有層累，空間分割上有不同，二人之說相得益彰，都是

1　梁啟超：《清代學術概論》，見朱維錚校註：《梁啟超論清學史二種》，35頁。
2　胡適：《治學的方法與材料》，《胡適文存》（三），93頁，合肥：黃山書社，1996。
3　關於近代古史學的研究主要圍繞古史辨為中心，相關成果集中於陳其泰、張京華主編：《古史辨學說評價討論集》，北京：京華出版社，2001；文史哲編輯部編：《「疑古」與「走出疑古」》，北京：商務印書館，2010。

探討古代歷史傳說的門徑[1]。但若以溯源浚流的方式，考察民國學人爭辯今古與溝通中西的時代語境及其旨趣，中西、新舊等分派標準均有削足適履之嫌。

一九三三年，有學人綜述學界古史研究，認為近代古史研究可分為「持科學方法以研究古史者」與「承清代樸學大師治學之精神以研究古史者」。前者以胡適、顧頡剛為代表：「胡氏之學，在揚新漢學之幟，而彌縫於疑古者也，顧雖以實驗主義為方法，而所謂大膽的假設則常陷於謬妄，小心求證則多雜以主觀。」顧頡剛「借胡適之說而有所啟發，遂致力於古史之辨偽」。其他如衛聚賢、郭沫若、鄭振鐸等學人，「雖其鵠的不盡同，方法不相合，要之為受西方學說之影響則一也」。後者以柳詒徵、繆鳳林、蒙文通為代表。柳詒徵「持正統穩健之論，不為非常異義可怪之談」，「考信古籍，不輕於疑。與北方之高談疑古者殊科矣。本柳氏之說，專精力學，以一人之力，編著通史者，則有其弟子繆氏鳳林」。蒙文通「由經子騷以考其同異，確然有以見古代民族學術――之不同，條別以明其義者」。繆、蒙二者「雖持論不同，所見各異，要其本於師說，出於力學，無二致也」。前一派可稱為「標榜主義」，而後一派柳、繆二人則信古太過，有「剿襲雷同」之嫌。蒙文通受業於今古文大師之門，「承其遺緒，豁然貫通，擬之標榜主義與剿襲雷同者，不可同日而語」。不過，蒙氏與柳、繆師徒同屬「承清代樸學精神一脈」，「一則創為通史，不屑考證；一則勤力考證，顯微闡幽。然要歸於義則一，是柳氏、繆氏之於蒙氏，雖貌異而心實同也」[2]。

或可說，以多元古史觀而言，古史辨學人與蒙文通若合符節，蒙

---

[1] 楊向奎：《我們的蒙老師》，蒙默編：《蒙文通學記》（增補本），56頁。
[2] 沉思：《近代古史研究鳥瞰》，《無錫國專季刊》，第1期，1933。

文通與柳詒徵師徒旗幟各異。若以中西文化理想而言，顧頡剛與蒙文通、柳詒徵師徒截然分流，蒙文通與柳詒徵師徒貌異心同；但就經今古文立場與經史關係立論，顧頡剛、蒙文通、柳氏師徒研究古史的學術旨趣迥異。

顧頡剛認為鴉片戰爭以後，「中國文化不能不換一條路走」。今日治學的目的是要使古書及古史料都成為史家的材料，研究古史要從辨析經學的家派入手，否則「仍必陷於家派的迷妄」，必須「從家派中求出其條理，乃可各還其本來面目。還了他們的本來面目，始可以見古史的真相」。研究古史是以古史激發愛國思想，知曉中國文化確實的優缺點，糾正盲從的傳統思想，不必為中國文化本位，變經學為史學：「吾人今日治經，宜立新系統，新見解，以經說所得匯為各科知識之資料，構成中國文化史之主要內容，此或為現代學者治經之目的，而有異於昔日抱殘守缺、篤守家法之經生。」[1]顧頡剛認同錢玄同「超今文」的態度，研究今古文問題是為撰寫古代政治史、曆法史、思想史、學術史、文字史奠定基礎[2]。錢玄同瀏覽鄭鶴聲《司馬遷年譜》之後，批評「不信先師《史記探源》且不管（他當然也不配懂得此書之價值），但竟引了什麼荒誕不經之司馬遷之妾與孫……庸妄竟至於此乎」，「這等人最庸狠陋劣，不足道」[3]。錢玄同充滿門戶之見的評論，足以展現「疑古」與「信古」之間的立場分別。

辨析史料是史學求真的前提，繆鳳林強調：「史學以求真為鵠，研究之對象為人事，根據之材料為載籍與實物」，「上焉者則以舊史

---

1 顧頡剛：《顧頡剛讀書筆記》，2406、1997、2411頁。
2 顧頡剛：《古史辨第五冊・序言》，顧頡剛編著：《古史辨》（5），3頁，上海：上海古籍出版社，1982。
3 楊天石主編：《錢玄同日記》（整理本），1935年1月6日，1061頁。

料釋新史料，復以新史料釋舊史料」[1]，顧頡剛與柳詒徵師徒看待儒家經典，有疑古、信古之別；就考證方法而言，則道一同風。錢基博認為：「北大為懷疑的國學運動，而東大則反之而為宗信的國學運動，宗風各倡，然而重考據，尚佐證則一。世所謂新漢學者是也。」[2] 柳詒徵師徒的學術理念與晚清國粹派一脈相承，以史學為中國傳統學術的源頭與核心。若要維繫國家民族文化的精義，必須通曉史地之學，古史學為經世之學，以致用為依歸。中華民族精神以「禮」為核心，研究古史的首要目的在於尊崇國族，闡揚固有文化，振興民族精神，使國家與民族在儒家精神層面統為一體[3]。

　　研究學術必先知家法，今古文學各有家法，古文偏於考證之學，今文學偏重義理。古史辨堅信古史凡無實證之處，皆可抱有懷疑態度。蒙文通以家法條例辨析學術源流，不僅著眼於一經之義，更關注六經之間的整體關聯，形成統一宗旨的今文學說。蒙文通治學恪守以家法條例澄清兩漢周秦儒學的原貌，以窮源溯流的方式闡述經學流變，實現「通經明傳」再「明道」的抱負。蒙文通創立古史三系說，旨在申明儒學在中國文化中的地位。此後，蒙文通構思《中國哲學史》，即「先從史說入，以見周秦之哲學根本；從民族說到思想與文化」。蒙氏研究周秦民族史，考察周秦之際民族變遷與先秦學術流變的關聯，最後落實於今文學的興起，「新起儒學即以推倒周秦貴賤貧富之階級制度而建立平等民主（禪讓）之政治，遂成功為今文學制度

---

[1] 繆鳳林：《古史研究之過去與現在》（上篇），載《史學雜誌》，第 1 卷，第 6 期，1929。

[2] 錢基博：《孔子聖誕演說》，見博宏星編：《大家國學・錢基博卷》，58 頁，天津：天津人民出版社，2008。

[3] 柳詒徵：《致教育廳長函》，見《山牘存》，57 頁，南京：江蘇省立國學圖書館，1948。

之基礎」[1]。針對「超今文」的主張，蒙文通以理想與事實分別今文與古文，以「秦漢新儒學」闡明今文學的革命理想與制度精義。故蒙文通考察經說與古史的關聯，實期望建構儒學義理與歷史變遷的能動關係，闡發儒家內聖外王之義。

近代學術分派以方法為準繩，潛在割裂了傳統與現代之間學術與歷史、價值與知識間的聯繫[2]，錢穆認為：「此數十年來，國內學風，崇拜西方之心理，激漲彌已，循至凡及義理，必奉西方為準則」，「治中學者，謹願自守，若謂中國學術，已無義理可談，惟堪作考據之材料。」[3] 近代新學術的成立正是以此為前提。蒙文通以今文學為立場，試圖建構義理與經史之學間相互能動的學術體系。以新學術的眼光看來，蒙文通「能以經學分析古史，各歸其方士流別」，但「時流於想像主觀，而不免荒唐」[4]。因此，蒙文通古史研究的本意在民國學界隱而不彰。不過，近三十年來，考古學的發展又印證了蒙文通此類「主觀想像」的「科學性」[5]。蒙文通學術的彰顯要依靠考古發現來定性為「科學的預見」，此事本身就體現經史易位的時代趨勢。考察民國學界古史研究的多元旨趣，似乎暗示了經學「義理」與歷史事實二者之間並非截然對立，誠有珠聯璧合的可能。以此為線

---

1 教育部編：《全國專科以上學校教員研究專題概覽》，360頁，上海：商務印書館，1937。

2 丁紀：《疑古史觀及其方法評析》，載《二十一世紀》，1999（8）；張志強：《方法與宗旨之間——試論現代學術嬗變中哲學、義理學、經史之學的離合及現代佛學對其的導引》，見《哲學門》第16輯，北京：北京大學出版社，2008。

3 錢穆：《〈新亞學報〉發刊詞》，載《新亞學報》，1955（1）。

4 姜亮夫編著：《楚辭書目五種》，362頁，上海：上海古籍出版社，1993。

5 童恩正：《精密的考證，科學的預見——紀念蒙文通老師》，載《文史雜誌》，1986（1），有學者對此持有異議，參見周書燦：《論蒙文通上古民族文化理論建構》，載《人文雜誌》，2012（2）。

索，不僅能為認知近代學術提供新的視角，或許還能為時下古史研究走出新史料的擴充與理論無法突破的無奈局面提供思想資源[1]。認知中國學術流變的本意，以國故整理科學，溝通中西，更是當下建構中國學術本位的重要途徑。

1　侯旭東：《中國古史三十年：成績與挑戰》，見《當代學術狀況與中國思想的未來》，上海：華東師範大學出版社，2011。

第六章
今古分合與「國史」重建

　　蒙文通晚年曾總結研究學術思想,既要看時代精神,也要注重學術淵源。學術思想的發展必須在學術傳統與時代精神之間建立能動系統,時代變遷激發既有學術傳統因應時勢而權變,學術思想因而包容、吸納時代議題,並為歷史演進提供有效指引。同時,一個學派總要有自己的理論,清代漢學家戴震、焦循等「雖有理論著作,而又和他的整個學術脫節。所以,清代漢學到晚期非變不可,不變便沒有出路」[1]。乾嘉學人意圖超越宋明先天預成的形上學,卻群趨考證學的知識實踐,進一步割裂義理學與經史學的關聯,難以應對三千年來未有之變局,道咸新學應時而起,繼承乾嘉專門之學,高揚經世之志。民初整理國故運動與清代漢學在治學方法與人際脈絡方面頗有淵源,柳詒徵認為「乾嘉學者過於尊聖賢,疏於察凡庶,敢於從古昔,怯於赴時勢。今人則過於察凡庶,怯於從古者。必雙方劑之,始得其平耳」[2]。乾嘉學者以解釋經典的方式重新確立事與理之間的規範,欠缺有效應對時勢的途徑。民初學人激於救亡圖存的緊迫感,有意無意間切斷現實與文明傳統的關聯性。若要在今與古、聖賢與庶務、歷史價值與現實價值之間建立有機聯繫,重構儒學義理的正當性,應對世

---

1 蒙文通:《治學雜語》,蒙默編;《蒙文通學記(增補本)》,7頁。
2 柳詒徵:《與青年論讀史》,見柳曾符選編:《柳詒徵史學論文集》,59頁。

變，必須在現實社會中，調適、轉化傳統學術的價值立場，並以現代學術體系論證與表達其合理性[1]。

柳詒徵、蒙文通的學術立場有著鮮明的經今古文學色彩，二人均注重發掘與轉化傳統經史之學，此舉並非僅是現代學科意義上學科草創期的學術探索，而更是意圖整合義理價值、經史傳統與文明歷程，以「國史」重建學統，進而轉化道統與政統的學術總結。雙方圍繞中國歷史文化與經史關係等議題交涉頗多，對於如何梳理中國文化與古史，認定中國史學的功能以及義理與制度的抉擇，取徑有別[2]。以此為線索，考察民國學人創造性重建儒學與史學的多重取徑，或可呈現近代學術流變的複雜面相與多元旨趣，為思索如何調適中華文明的價值立場與客觀經驗世界這一時代命題提供參考。

一　文化與古史

一戰之後，文明與文化的討論成為學界熱點，進而引發「文化史」寫法的分別。胡適認為文明是一個民族應付時代環境的總成績；文化是一種文明所形成的生活的方式。整理國故運動貫徹「用歷史的

---

[1] 參見戴景賢：《明清學術思想史論集》，香港：香港中文大學出版社，2012，張志強：《朱陸・孔佛・現代思想：佛學與晚明以來中國思想的現代轉換》，北京：中國社會科學出版社，2012。上述著作對筆者啟發良多。

[2] 柳詒徵將《中國史學要義》改名為《國史要義》，基於此，本文標題借用「國史」一詞，即意在闡發柳詒徵、蒙文通等學人通過梳理中國傳統史學，重建中華歷史文化精神的學術旨趣。關於蒙文通的代表性研究前文多有引述。關於柳詒徵的代表性研究，可參考李洪岩：《史術通貫經術：柳詒徵文化思想析論》，《國際儒學研究》第3輯，北京：中國社會科學出版社，1997；向燕南：《關於柳詒徵〈國史要義〉》，載《史學史研究》，2011（4）；沈政威：《〈國史要義〉與柳詒徵〈春秋〉經史學》，碩士論文，臺灣「國立中央大學」，2011；張昭君：《柳詒徵「為史以禮」說的意蘊》，載《社會科學》2015（10）。

眼光來擴大國學研究的範圍」，「用系統的整理來部勒國學研究的資料」，「用比較的研究來幫助國學的材料的整理與解釋」，最終目標是要做成中國文化史，把國學的一切都用文化史及其子目涵蓋與分科，用科學實證史學整合中國文化，為新文化運動建立學理基礎[1]。梁啟超注重文明史的成立與展開，認為：「文化者，人類心能所開積出來的有價值的共業」，狹義的文化「僅指語言、文字、宗教、文學、美術、科學、史學、哲學」，主張科學方法與直覺方法並舉，「文獻的學問，應該用客觀的科學方法去研究」，「德性的學問，應該用內省的和躬行的方法去研究」[2]。老輩學人宋育仁認為胡適、梁啟超所言是以文字、美術自命為文化，沾沾自喜，「文化」的根本在「學尚而化」，「為政化民」。文化史應該「述文化於史」，以文化理念引領史書編纂，不是將歷史記載視作文化的內核，中國的文明精神自然是以六經大義為主體[3]。柳詒徵及其門生認同以歷史眼光整理國故，志在弘揚固有文化傳統，實現科學時代的人文主義。柳詒徵認為講求歷史，能知曉我國從古迄今的由來，養成愛國心，為民族富強固本培元。不過，民初學人所言文化，大多「毛舉細故，罕知大誼」[4]。柳詒徵任教東南大學史學系時，講授中國文化史，講義幾經改訂，一九二五年開始在《學衡》上連載，回應、融會各家文化觀念與文化史寫法當為題中應有之義。

　　柳詒徵認為中國文化的中心，不是小學、金石、目錄、文學與歷史，而是五倫，時下應以五倫為主體來維繫人心，維持國本，再談吸

1　胡適：《〈國學季刊〉發刊宣言》，載《國學季刊》，第1卷，第1號，1923。
2　梁啟超：《治國學的兩條大路》，見《國學研究會演講錄》第1集，94～101頁，上海：商務印書館，1923。
3　宋育仁：《評胡適國學季刊宣言書》，載《國學月刊》，第17期，1923。
4　柳詒徵：《中國史學之雙軌》，見柳曾符選編：《柳詒徵史學論文集》，93頁。

收各國文化[1]。史學有二種功能：其一，通觀各國家、民族歷史，知其共同之軌轍，「以求人類演進之通則」；其一，探索民族的特殊性，「以明吾民獨造之真際」。中國文化的基石及其特殊性有三：「幅員之廣袤，世罕其匹」；「種族之複雜，至可驚異」；「年祀之久遠，相承勿替」[2]。柳詒徵撰寫《中國文化史》，貫通古今，以人倫為重心，敘述與分析文教制度、學術思想、社會經濟的演化，彰顯歷代民族全體精神的演變。梁漱溟曾進一步追問，柳詒徵總結中國文化的三大特徵，「無疑地有一偉大力量蘊寓於其中。但此偉大力量果何在，竟指不出」[3]。實際上，柳詒徵討論上古政教時，已經點明唐虞時期「敬天愛民」之義已成為中國的立國根本，「制度可變，方法可變，而此立國之根本不可變」，「以天與民合為一事，欲知天意，但順民心。凡人君之立國施教，不過就天道自然之秩序，闡發而推行之，直無所用其一人之主張」，此立國根本即中國歷代為政化民的核心。時人批評柳詒徵以五倫為文化中心實屬復古主義。胡適認為柳詒徵「不曾受過近代史學訓練」，「對於史料的估價，材料的整理，都不很嚴謹」，柳詒徵最看重的三代文教「所據材料多很可疑，其論斷也多不很可信，為全書最無價值的部分」，「與其濫用精力去討論『洪水以前』的製作，或臆斷《王制》、《周禮》所載的制度何者為殷禮何者為周禮，遠不如多用力於整理後世的文化史料」[4]。有學者則持相反意見，認為此書為「正統派史學家的代表作品」，「頗有超

1　柳詒徵：《什麼是中國的文化》，載《時事新報·學燈》，1924-02-09。

2　柳詒徵：《緒論》，見《中國文化史》，1～5頁，上海：上海古籍出版社，2001。

3　梁漱溟：《中國文化要義》，中國文化書院學術委員會編：《梁漱溟全集》第3卷，14頁，濟南：山東人民出版社，2005。

4　胡適：《評柳詒徵編著《中國文化史》》，載《清華學報》，第8卷，第2期，1933。

過史料之處」，並非是種種史料的堆積，而是凝結了柳詒徵對於中國文化史的見地[1]。

一九二九年，柳詒徵在《史學雜誌》發刊詞中，從根本觀念上表明其與古史辨派的分歧：「學甫解一卷便挾成見，謂某書偽制不足信，某書腐舊不足觀，其設心已與前人之經驗相逆，惡能由之以獲益。惟委心順書，優游沃於其間，然後數千祀無量數人之識解思想始可輻輳於今人之心。」[2]蒙文通此時執教中央大學史學系，《史學雜誌》從第四期開始連載蒙文通《古史甄微》、《經學抉原》等系列論文。蒙文通與柳詒徵、繆鳳林論辯中華民族西來說、三皇五帝系統成為《史學雜誌》上古史研究的主體部分，如何認知、重建三代文化成為雙方分歧的根源。柳詒徵依據儒家經典，盛讚三代道德、文化之盛，「周之文化，以禮為淵海，集前古之大成，開後來之政教」，「吾國文明，在周實已達最高之度，嗣又漸降而漸進，至今，則古制撕滅殆盡，而後群詫域外之文明」[3]。蒙文通主張經史分流，《古史甄微》多採納諸子、圖讖學說，有意針對六經皆史說。蒙文通不以六經（魯學）為史，此與託古改制說近似，以晉學為本重構上古三代的歷史，三代是「權力」角逐而非「道德」興盛的時代。堯舜禪讓是傳統載籍所豔稱的盛事。柳詒徵認為唐虞時期政事無不公開，君主並非專制。蒙文通根據《韓非子》〈說疑〉、《汲冢書》，認為「虞夏禪讓，其事多疑」[4]，虞夏間禪讓的歷史實情在於得失諸侯。不僅虞夏禪讓如此，就是五帝三代興替的關鍵也在於武力的角逐，不能簡單化約為德行虐政。「桀、紂之暴非他，亦欲如武丁、周宣之以力征而朝

---

1 英士：《新書鳥瞰・中國文化史》，載《圖書評論》，第1卷，第3期，1932。
2 柳詒徵：《《史學雜誌》發刊詞》，載《史學雜誌》，第1卷，第1期，1929。
3 柳詒徵：《周之禮制》，見《中國文化史》，138頁。
4 蒙文通：《古史甄微》，見《蒙文通文集》第5卷，74頁。

諸侯」[1]。鄭慕雍受蒙文通的啟發，認為「謂湯之伐桀乃部落種族之戰爭；初桀非果為暴君，而湯未必乃仁王也。其優劣之例，仁暴之分，乃後世之演變耳」[2]。不僅如此，虞、夏三代之時，實兵戈擾攘，生民困厄，經書中所說的「百姓昭明，協和萬國，黎民於變時雍」，是一種鋪張揚厲之辭。「誠斬」之法源於周代，甚至文王的仁義之師也是暴行纍纍。縱觀整個夏、商、週三代滅國、屠獲的數量，絕不少於戰國。人口增長緩慢甚至降低，正在於「三代戰伐之暴，宜遠過於七國」[3]。

民國有學人評論柳詒徵與蒙文通「承清代樸學精神一脈」，儒家正統與今文家言所衍化出上古文化敘述卻導致雙方理解周秦學術思想的主旨有別。歐陽竟無曾囑託蒙文通撰寫《中國哲學史》，蒙文通「擬先從史說人，以見周秦之哲學根本，從民族說到思想與文化」[4]。這一思路得到歐陽竟無與伍非百的認可，現存史料並未反應柳詒徵的態度，但聯繫柳詒徵對於周秦中國哲學的觀念，不難推斷柳詒徵與蒙文通的分歧。其一，中國哲學的正名問題。自清末以來，「中國哲學」的合法性問題長期困擾學術界。廖平認為哲學一詞，所指與史文事實相反，「孔子空言垂教，侯聖知天，全屬思想，並無成事，乃克副此名詞」，哲學的定名由此而來[5]。廖平構建孔經哲學，意在與古文經學劃清界限。蒙文通沿用「哲學」一詞，以哲學指稱

1　蒙文通：《古史甄微》，見《蒙文通文集》第5卷，103～104頁。
2　鄭慕雍：《山海經古史考》，載《勵學》，第1卷，第2期，1934。
3　蒙文通：《論秦及漢初之攻取》，載《成大史學雜誌》，第1期，1929。
4　蒙文通：《蒙文通先生論學來往信函·致湯用彤函》，見四川大學歷史文化學院編：《蒙文通先生誕辰110週年紀念文集》，25頁，北京：線裝書局，2005。
5　廖平：《孔經哲學發微》，見李耀仙主編《廖平學術論著選集》（一），299頁，成都：巴蜀書社，1989。

「理智之公」，宗教為「情感的偏見」，認為「惟中國為能服善而從是，故其歷史有哲學無宗教」[1]。柳詒徵認為「東方哲學」、「中國哲學」等譯名，「皆是擬詞」，「便於流俗指目，其實皆似是而非」。中國聖哲之學是道學，政教與事理一體，「哲學是道學的一部分，故道學可賅哲學，而哲學不能賅道學」[2]。哲學偏於知識，道學注重實行。中國學術「注重實學之一脈，不徒騰口說，而兢兢實踐……真正最高之道，不可言，亦不必言，所可言者，只是從學入門之法」，「孔、墨諸家，無不如是，下至程、朱、陸、王，所見雖有不同，而注重躬行心得則一」[3]。其二，儒墨之辯。墨學研究是近代諸子學復興的重要環節，揚墨以抑儒成為質疑儒家正統的利器。蒙文通研究周秦哲學，從考察民族流動與文化學術的變動入手，解釋周秦諸子學與儒法之爭，認為：「新起儒學即以推倒周秦貴賤貧富之階級而建立平等民主（禪讓）之政治，遂成功為今文學制度之基礎。」[4] 秦漢新儒學以孔孟為根本，融合墨、道、法諸家，越出孔孟「偏於世族政治」之見，「孔孟之道，以懲於墨家，而後脫落於陳言，以困於道家，而後推至於精眇」。〈禮運〉正是儒墨融合的產物，伍非百主張〈禮運〉主旨符合墨子之義，大同之說「實則墨子之說而援之以入儒耳」[5]。蒙文通認為儒墨均是東方鄒、魯的學問，「誦《詩》、《書》，道仁義，則《六經》固儒墨之所共」。「大同」、「選賢」

---

1 蒙文通：《自序》，見《儒學五論》，155頁，桂林：廣西師範大學出版社，2007。
2 柳詒徵：《劬堂遺札・致熊十力書》，見《學術集林》（6），29～31頁，上海：上海遠東出版社，1995。
3 柳詒徵：《評周懋德〈周秦哲學史〉》，見柳曾符、柳定生編：《柳詒徵史學論文集續集》，237頁，上海：上海古籍出版社，1991。
4 教育部編：《全國專科以上學校教員研究專題概覽》，360頁。
5 伍非百：《墨子大義述》，200頁，南京：國民印務局，1933。

皆源出於墨學選天子之說,「易姓受命」、「素王」學說亦導源於墨家,秦漢新儒學乃「取之墨而義又有進於墨者」[1]。蒙文通認為儒墨融合是秦漢新儒學發展孔孟思想的關鍵。柳詒徵並不否認諸子百家之融合,但堅持嚴辨儒墨邊界與高下判斷。墨家之說,「一則刻苦太過,不近人情;一則互相猜忌,爭為鉅子;一則鶩外徇名,易為奪世」[2]。一九三三年,李源澄《校訂穀梁序例》、《公羊穀梁序例》等文發表於《國風》雜誌,柳詒徵指明李源澄論述本於廖平、蒙文通,稱讚蒙文通治學「如大禹導山導水,條貫秩然」。不過,柳詒徵顯然不認可蒙文通所言「儒墨為近」,指出:「近人論學,多好翻案,以儒風屏墨已成定案,故必揚墨而抑儒,乃有以見今人不襲前人陳說,實則孟精而墨粗,孟通而墨窒。自兼愛之說,一思即得。」墨子只知極端,「陳義極高,然此只可就少數人言之,非可施行於天下」;儒家「曰泛愛,曰博愛,而不曰兼愛,此正是人人可行,至當不易之法」。「今人讀書不細心,以為墨子之說,無可疵議,孟子斥為無父禽獸,不免太過。不知儒家之學,本於天理之自然」,「孟子辭而辟之,持義最精。蓋推墨子之說,必至如禽獸之視其所生,非過論也」[3]。

柳詒徵秉持儒家正統,襃者譽為「持論正而義類宏」,貶者視為復古主義;蒙文通著述常依據「註疏圖緯之成說」,時人視之為「非常異議可怪之論」。二人分歧頗有「今古」之別的意味。柳詒徵治學不以漢宋為門戶,但篤信《周官》與「六經皆史」說,難免會讓已有「今古」之見的學者認為《中國文化史》在學術傳承上主要受古文經

---

[1] 蒙文通:《論墨學源流與儒墨匯合》,見《古學甄微》,220～222頁,成都:巴蜀書社,1987。

[2] 柳詒徵:《諸子之學》,見《中國文化史》,317～318頁。

[3] 柳詒徵:《劬堂遺札・復李君書》,見《學術集林》(6),26頁。

學影響[1]。柳詒徵認為胡適、梁啟超提倡諸子學，反對儒家之見，實則「以歐人狹隘褊嫉之胸襟，推測古代聖哲」，「以末俗爭奪權利之思想誣衊古代聖哲」，「其為文化學術之蠹賊者，實為武夫亂賊。應確定其主名，為今人之炯戒。」[2] 輕忽歷史，稗販歐風，將東方文化視為「國故之陳腐乾枯」，難免潛在消亡國性的憂慮。東方文化「實含有中國民族之精神，或中國民族再興之新生命之義蘊」[3]，蒙文通以多元古史觀解釋儒家起源，並認定儒家的價值標準實為中國文化的精華，抉原經史旨在為今文學之義理搭建學理平臺。正所謂：「道不可空講，必以史學為軀體，當今非此不能正邪說。」[4] 國難之際，柳詒徵、蒙文通均意圖闡發傳統史學，以此維持國性，復興文明。

二　史術與史學

乾嘉經史考據之學本具有濃厚的史學意識，柳詒徵認為「乾嘉諸儒所獨到者，實非經學而為考史之學」，清儒治經實皆考史，甚至「今文學家標舉《公羊》義例，亦不過說明孔子之史法，與公羊家所講明孔子之史法」[5]。廖平以禮制平分今古，後演化為尊今抑古；託古改制與六經皆史說本是解決經學糾紛，再變為古史探索與經史之爭。廖平為保持經學的神聖價值，提倡孔經哲學、經史分流，「經為

1　周予同：《五十年來中國之新史學》，見朱維錚編；《周予同經學史論著選集》（增訂本），523頁。
2　柳詒徵：《論近人講諸子之學者之失》，見柳曾符、柳定生編：《柳詒徵史學論文續集》，513～536頁。
3　陳嘉異：《東方文化與吾人之大任篇》，轉自柳詒徵《中國文化史》，969頁。
4　劉咸炘：《推十文集・唐迪風別傳》，見《推十書》，2126頁。
5　柳詒徵：《考證學派》，見《中國文化史》，832頁。

孔子所立空言，垂法萬世。故凡往古之舊史，草昧侏離，不可為訓」，「六經立言非述舊，空文非古史」[1]。一九三〇年代，超越今古文之爭成為學界共識。蒙文通由經入史，受到劉咸炘的啟發，研討南宋浙東學術，領悟治史統宗，「始撰《中國史學史》，取捨之際，大與世殊，以史料、史學二者誠不可混並於一途也」[2]。在由經入史的過程中，蒙文通屢次向柳詒徵搜求浙東學人遺文，共商中國史學史的寫法，表明其所撰史學史的體例與內容不落今人窠臼。以時代言，「竊以中國史學惟春秋、六朝、兩宋為盛，余皆遜之，於此三段欲稍詳，余則較略」；以內容言，「若代修官書，及文人偶作小記，固未足以言史也。間有能者，而未蔚成風氣，偶焉特出之才，不能據以言一代之學」。對於世人評價極高的「子長、子玄、永叔、君實、漁仲」，蒙文通以為「譽者或嫌稍過，此又妄意所欲勤求一代之業而觀其先後消息之故，不樂為一二人作註腳也」[3]。柳詒徵在東南大學時期就曾講授史學研究法，並不時批評近代新史學「閣束舊籍，斥為無系統無價值，競以俚語臆說改造歷史，流風所被，亦一新式時文耳」[4]。然而，柳詒徵一直未將系統整理中國傳統史學列入撰述日程，蒙文通撰寫《中國史學史》或許是出於某種外在激勵。蔡尚思稱柳詒徵作《讀史法》、《作史法》兩書，並擬「合併此兩書，即等於《中國史學史》，決於兩年內完成」[5]。一九四一年，柳詒徵在中央大學講授中國歷史研究法，後經增補修訂，於抗戰勝利後出版《國史要義》。蒙文通、柳詒徵經過充分交流，闡發出兩種不同的史學傳統

1　廖平：《孔經哲學發微》，見李耀仙主編：《廖平學術論著選集》（一），299～304頁。
2　蒙文通：《跋華陽張君〈葉水心研究〉》，見《經史抉原》，470頁。
3　蒙文通：《致柳翼謀（詒徵）先生書》，見《經史抉原》，416～417頁。
4　柳詒徵：《中國史學研究論文集序》，載《史地學報》，第3卷，第3期，1924。
5　蔡尚思：《中國歷史新研究法》，144頁，上海：上海書店，1989。

與國史精神。

歷代學人追溯中國史學的根源大致有周公制禮樂與孔子修《春秋》這兩條線索，前者側重王官制度，後者強調聖人創作。如何認定或綜合兩種學說的高下主次成為乾嘉以來梳理經史關係的起點。章學誠倡導六經皆史說，認為「史」為一種王官制度的工具，治道的關鍵仍在得位行道的聖王與道德賢能的君子。史本身並無影響社會的獨立地位，史僅有官守性質，而無聖學傳承的地位[1]。龔自珍、陳黻宸、張爾田等學人則有意發展以史官為代表的智識階層之社會地位與角色功能。柳詒徵認為三代經籍文字曆數均注重施政教民，有官必有史，「由贊治而有官書，由官書而有國史」。《周官》五史主持行政，史官、史書、史學一系相承，為政學根本。章學誠以書志體例本自官禮，僅言著述形式，「不知史家全書之根本皆繫於禮」。禮即循理，本於天然秩敘，五倫思想是累世經驗與民族文化凝聚而成，並非僅為一王一聖所創垂或憑理想而制訂，「觀秩敘之發明，而古史能述此要義」。「究天人之際」就是「本天敘以定倫常，亦法天時以行政事」。禮為史官載筆標準與提要定法，是史官的中心主幹，史法、史例由此而出，「禮失而賴史以助其治」。史出於禮，禮由史掌，交相為用，均旨在條理人事，維持政教，是我國數千年歷史的中心思想[2]。史權高於一切，非僅掌記注、撰述，而兼有監督與規範政治之責，「典禮史書，限制君權；其有失常，必補察之，勿使過度」，此種功能恰恰出自史官賦予的政治原則，「尚德而互助」。春秋以降，史權由隆而替、史職由總而分，歷代史職與官制變遷緊密關聯。「二

---

1 參見戴景賢：《論章實齋之學術起源說及其學術史觀之構成》，載《臺大中文學報》，2006（24）。
2 柳詒徵：《史原》，見《國史要義》，1～26頁，上海：華東師範大學出版社，2000。

千年中之政治，史之政治；二千年中之史，亦即政治之史。」[1]

　　蒙文通以孟子「《詩》亡然後《春秋》作」的說法與《墨子》〈明鬼〉篇為線索，考察《詩經》、《尚書》盛行於共和之前，《春秋》編年興起於晚周，《春秋》與《詩經》相代而興，史學繼文學而起。史學成為一代學術的總歸，《春秋》陳近事，《尚書》道往昔。若以六藝之學統攝三代之史，諸子之學出自《詩》、《書》與九流十家「皆六經之支與流裔」的說法難免陷於「劉、班之妄」，「非愚即誣」。蒙文通認為古史分為三系，「言義理則人有出入，難可據依，由史而言，則事有定質」，周秦諸子以各地域的思想文化對史事展開各異的詮釋，鄒魯（儒）敦禮讓、三晉（法）崇功利、楚人（道）好鬼神，思想文化之別導致多元史觀。三晉法家學說，持論明確，最明於考察史事。然而，史學不僅是觀往跡，更要「明古今之變易，稽發展之程序」，在今與古、歷史與理想之間建立有機聯繫，否則，「執一道以為言，拘於古以衡今，宥於今以衡古，均之惑也」。陰陽學說為東方早期文化，歸於仁義節儉。圖讖之說本於陰陽，以語涉幽繆而為世人輕視，其實「妖妄」恰恰是初民時代史料的特徵，史述往而識思來。儒墨為東方後期文化，歸本仁義。儒以六經為依歸，《春秋》、《尚書》所言，皆有所本，六經淵源有自，並非虛構。商鞅將親親、尚賢、貴貴相對立，韓非立論歸本於財用，均執一廢百，「是未曉然於社會之多元」。法家史說「義有所難通，而治有所不驗」，儒家損益之義最為可觀[2]。若從史學傳統而言，孔子編定《春秋》時，通觀三代之變，洞見行事源流，損益三代禮制，以俟後王。前者彰顯孔子「竊取之義」，落實文化理想與制度設計；後者突出孔子

1　柳詒徵：《史權》，見《國史要義》，51頁。
2　蒙文通：《中國史學史》，20～35頁，上海：上海人民出版社，2006。

「因行事而加王心」，立足歷史演變與文化傳統的實情。

柳詒徵主張國史本於禮，為政教之本、立國之本，史官政教之學成為國史最核心的特質，「指導吾華族發展之觀念形態與文化意識」[1]。蒙文通認為以考證之法治史，不如治諸子之法治史。史學有別於史料與考史，史學既為文明復興提供歷史經驗與依據，又融會文化理想引導歷史，溝通理想與史事。二人關於中國史學起源認定不同，流變與功能自然各異。

柳詒徵認為《詩》、《書》所載禮樂、先王法制均為古史，積累歷史經驗，指示德義之府，生民之本，根於善善惡惡之人性。王官失守後，孔子治《春秋》，竊取其義，因時制宜，「據舊史而益加精嚴」，是效仿史官職權而為，並非欲以私人僭行天子之事，今文家所言素王實為史官之法。孔子以善善惡惡為準則，謹於名分，辯其是非，記述治亂存亡，以求治人之道，立一王之法，撥亂世而反之正。「執名分以治人，而人事悉括於其中而無所遁」，史學遂為「生人之急務，國家之要道」。中國史學推本《春秋》，是為政立國、成人立德的基礎，貫通身心家國天下[2]。就為政立國而言，正義為政治合法性的泉源，國史重在持正義，以道德為斷，「垂三統，列三正，去無道，開有德，不私一姓」。自《春秋》以來，史法有二：明君臣之義，嚴夷夏之防[3]，章太炎、陳鼎忠等學人一致認同史學「通古今之郵傳，為九流之樞紐，範圍天地而不過，曲成萬物而不遺，道並行而不相悖，百姓日用而不知」，秉《春秋》之義，「綜典章因革之宜，可以增進群治也」，「明千祀相承之統，可以永固種族也」[4]。民族

---

1 牟宗三：《歷史哲學》，3頁，臺北：學生書局，1976。
2 柳詒徵：《史義》，《國史要義》，199～250頁。
3 柳詒徵：《劬堂遺札・復朱紹濩書》，見《學術集林》（6），27頁。
4 陳鼎忠：《原史》，載《文史彙刊》，第1卷，第1期，1935。

主義與政權一統為國史相承之義:「傳授之正,疆域之正,種族之正,道義之正」,「皆以正義為鵠」。明此正義,「必先識前賢之論斷,而後可以得治亂之總因」。正如蒙文通稱正閏之說為政治民族主義,均意在追往以詔後[1]。章學誠以「史德說」貫通性情與功力,期望將因事明理的專家之學轉化為性命與經史合一的新義理學。柳詒徵視章氏史德說僅為救弊補偏,應進一步考察「德之所由來」與「用之普遍」。歷代群經諸史,皆以道德觀念為主,道德稟於天賦靈明,靈明緣起於歷史經驗的累積,從歷史中探究性命之原,社會變遷的利害得失,推闡因果關係,前事為後事資鑑,積蓄人倫日用的經驗,方能形成道德,「以前人之經驗,啟發後人之秉彝,惟史之功用最大」。史德並非僅僅是正史家心術而已,而是涉及修己治人、以史化人。治史的第一要義,「不當專求執德以馭史,而惟宜治史以蓄德」[2],「治史以蓄德」進一步暗含義理來源的正當性及其實踐的可行性。

  章學誠從文明演進的視角,倡導浙東學術「言性命必究於史」的特質,道出於自然,「漸行漸著」,義理即在人事之中。史學之所以經世正在於人事推演與探究性命合一,史學成為道的源泉。聖人體道,依時事而製作,「學於眾人,斯為聖人」,「六經皆史」與「六經皆先王之政典」的說法由此展開[3]。六經皆史說成為近代經史轉型不可替代的中介,相較於新史學有意誤讀六經皆史為六經皆史料,柳詒徵認為「普通人以為孔子刪訂的書叫做經,其實都是史」,六經皆史並非僅僅在史料與史事層面立論,更在於「視史如經」[4],國史記

---

1 柳詒徵:《史統》,見《國史要義》,73～98頁。
2 柳詒徵:《史德》,見《國史要義》,125～162頁。
3 章學誠:《文史通義・原道上》,34～37頁,北京:古籍出版社,1956年。
4 柳詒徵:《中國史學之雙軌》,見柳曾符選編:《柳詒徵史學論文集》,96頁。

載「前人之經驗而表示其得失以為未經驗者之先導」[1]，依據歷史人事之變遷探究人類社會演進的趨勢及其價值原理。胡樸安著《周易古史觀》，純以古史眼光看《周易》，認定《周易》為敘述古史，以六十事解六十卦；柳詒徵認為若拘泥於殷周之際，一卦對應一事，「轉將一部《周易》說成記事之小書」[2]。《周易》蘊含邃古萬千年歷史演化，古哲「從生物及人事之種種對待變化，得消息之原則，而以《易》之否、泰、剝、復卦爻示之」。研究中國史當尋求人群之原理與史事之公律。史識成為洞悉歷史變遷軌則，德行修養與客觀實踐的基礎。劉咸炘、蒙文通倡導史學應通觀明變、察勢觀風；柳詒徵認為：「觀風之變，於其已成，則知將來之厭惡；於其方始，則知異時之滋長，是曰知幾。故治史所得，在能知幾，非惟就已往之事，陳述其變已也。」史書蘊含史家之識，「識生於心，而史為之鑰」，獲取歷史經驗與史識養成皆繫於歷史記載與國史書寫[3]。歷史編纂依託政治經驗，史聯出於百官政事相讓相聯，各得其所。史官政教之學必須貫通脈絡，類族辨物，方可以表政宗而副國體。就史體相沿與史家撰述而言，人事有聯屬，「其特質分著於某篇某體之中，縱橫交錯，乃以觀其全，而又有以顯其別」，「史體之區分綜合，即由先哲類族辨物之精心」，「大其心以包舉萬流」，又「細其心以釐析特質」。國史之互著與別裁，方能明政教、彰世變，「錯綜離合以見其聯繫」，又「各顯其特性之妙」，「既以聯合而彰個性，亦可略個性而重聯合」[4]。史例、經例皆本於禮，准情度理，以人情事理相推演，並非以一己私意輕易取捨，史聯與史體中的分與合呈現出中國歷史文化的

---

1 柳詒徵：《史德》，見《國史要義》，127頁。
2 柳詒徵：《劬堂遺札·答柳非杞書》，見《學術集林》（6），28頁。
3 柳詒徵：《史識》，見《國史要義》，163～198頁。
4 柳詒徵：《史聯》，見《國史要義》，100～124頁。

整體性與特殊性。

　　蒙文通抉原經史，由今古上溯齊魯，確立孔學嫡派與本意，孔子以《春秋》講大義、重制度、明王道。儒學以六經為依歸，確立了千古不易的典範，才使得中國史籍豐富，歷史編纂學發達，「此故志新乘所由繩繩靡絕者？則稱中國為歷史之國家可也」[1]。儒家史學繼承上古三代的文化傳統，孔孟以「竊取之義」確立文明準則，又通觀明變，以史觀經，因應時事而權變，在歷史情境中，實踐儒家的義理精神。蒙文通指出「研究學術史者，以為某一時代有文學、經學、史學、宗教、藝術等，他時代亦如之，排比尤無二致，殊有大謬不然者。蓋各種學術因時代之不同，盛衰亦有異」[2]。晚周、魏晉、兩宋史學最盛，魏晉之際，道術由一統而分化，「當學術發達一致反儒之時，無一尊思想即無中心思想，是思想之大解放」，文史靡不革新，「哲學盛而史亦盛」。魏晉玄學以《老》、《易》為宗，干寶、孫盛崇漢《易》，申漢法，撥亂反正。玄學以虛無為天道，史家依據董仲舒、翼奉學說，以災候為天道與玄學相抗衡。干寶、孫盛鑒於種族國家之痛，提倡正閏學說，民貴君輕之大義；又秉《春秋》之義，發明史例，確立後世修史的準則。魏晉史學雖脫離經學而獨立，魏晉史家恰以史學發揚儒家大義，以史例、史義對抗虛玄之風，以實代虛，「備明興衰之故，究洞往事，立言制義」。晚唐古文運動由思想解放運動而尊儒，以治諸子之法探求儒家義理，新史學由此萌發，以書法褒貶寄託經學之大義。衍至慶曆，探求天理與人道成為一世風潮。司馬光著書，重編年，削制度，史家談天理、人道趨於褊狹。朱子氣剛度偉，以義理之學統攝群倫，史學方能不侷限於得失成敗之往跡，由

1　蒙文通：《中國史學史》，7頁。
2　蒙文通講，賀次君記：《我國學術之進展》，載《國立北京大學四川同鄉會會刊》，第1期，1934。

史事昇華至文化理想。誠如錢穆所言:「朱子竭意要標出一番至善極好的道理來衡平歷史,亦是要指示一番最高理想來誘導歷史向此途而前進」,義理為史學本源,當下人事為治史的歸宿,「說經說史,一氣流貫,此之所謂通經致用」[1]。蒙文通認為「言史而局於得失之故,不知考於義理之原,則習於近跡,而無以拔生人於清正理想之域,固將不免於喪志之懼。然苟持楬大無實之論,惟知以繩墨苛察為擊斷,是亦曲士庸人之陋,則又烏可以語至治之事哉?」[2]然而,若以楬大無實之義理作為裁決人生、史事的唯一標準,以理責人,所謂文化理想終究為空中樓閣,難以實現太平至治之世。朱子學末流之弊使得「晚宋至明,而史幾乎以熄」,復興南宋浙東史學可謂補偏救弊的良方。北宋新學、洛學、蜀學三家,唯獨蜀學不廢史學,蘇氏以議論古今成敗得失為學術之要:經與史,義一體二,體例有別而相資為用,「經以道法勝,史以事詞勝」,「史待經而正,不得史則經晦」。南宋浙東學術彙集北宋三家性理、經制、事功於一爐,與朱子學說抗衡。呂祖謙提倡「窮經以立其本,涉史以觀其變,研究事理以觀其會通」,「約一代治體,歸之於道」。其一,以孔氏為本統,治史應探究義理之源。葉適治學契於撰合之意,人心之廣狹與觀物之大小相適應;唐仲友以性善性惡說為王道霸道的根源,洞徹政術泉源。其二,通曉歷代典章制度,以期開物成務。道存於形器之間,道器顯微無間,以經制實用之學衡斷政術崇卑,制度利弊,史事得失。其三,深達古今之變,明世變之法。葉適反對循名執跡,以道觀世,將今世與三代之仁義禮樂相隔絕,「理經援古,欲一舉而盡復三代之治」,而應洞悉物情,明了世變,「舉三代而不遺兩漢,道上古而不

---

[1] 錢穆:《朱子新學案》第五冊,見《錢賓四先生全集》(15),5~14 頁,臺北:聯經出版事業公司,1998。
[2] 蒙文通:《中國史學史》,80 頁。

忽方來，仁義禮樂繩繩乎其在天下」。陳傅良主張以史觀經，非章句之徒所能道及。陳亮認為治史必知世務，曲盡一世之情，深切當時之弊。不虛慕三代，不卑視漢唐[1]。總而言之，南宋浙東史學將義理、制度與事功結為一體，為「論史之準的」，兼包治人與治法，義理與事功並舉，「言內聖不廢外王，坐言則可起行，斯其所以學獨至而無弊」[2]。

柳詒徵以史統經，官守與聖學合二為一，道德教化作為聖哲義理的實踐，以陰陽消息落實觀風明變之旨。六藝形式不同，義理均歸於政治，這是中國史學乃至一切學術的根本。史術即史學，經學即經術，儒家即儒術，「史術通貫經術，為儒術之正宗」。術即道，「為古今人所共由之道」，用於今日，造福未來。通曉史學，方可持身處事，知類通達，原始察終，見盛觀衰；「史術之正，在以道濟天下，參贊位育，禮樂兵刑，經緯萬端」。國史貫穿儒術，以此「定其制度，存其法守，釐其倫脊，究其中失。以之作人立極，參兩天地」。道咸新學諸家以社會視野應對世變，從而產生一種將經學的微言大義，發展成為可以於其間營造社會理想的表述。柳詒徵以史術實踐內聖外王之道，「學者何必待受一命，但知天下國家之休戚與一己相通」[3]。廖平認為《春秋》凡例皆出自孔子筆削之後，「孔前絕無模範之文」，柳詒徵指出舊史已有義例，「不必因推尊孔子，遂謂《春秋》以前無史例」[4]。蒙文通、李源澄認為廖平因時代所限，「不免尊孔過甚，千溪百壑皆欲納之孔氏」[5]。起初，蒙文通認為廖平長於

1　蒙文通：《中國史學史》，82～104頁。
2　蒙文通：《四庫珍本〈十先生奧論〉讀後記》，見《中國史學史》，159～160頁。
3　柳詒徵：《史術》，見《國史要義》，298～335頁。
4　柳詒徵：《史例》，見《國史要義》，255～260頁。
5　蒙文通：《廖季平先生傳》，載《新四川月刊》，第1卷，第1期，1939年。

《春秋》，善說禮制；若以史觀經，廖平「說《春秋》縝密，說禮則略」，蒙文通以歷史實情判斷《王制》、《周官》禮制之別，闡發《春秋》大義。蒙文通認定中國文明以仁義為準則，確立德性之學的根源性與優先性，同時考察儒學歷時演變，宇宙未有一息不轉變，「小知淺見者流，以立異善變自矜」，「迂固者又惕然憂之，岸然拒之，均之隘」。自古文經學興盛，「而經術晦，哲學絕，亂師儒之微言於姬周之史蹟，凡經訓所陳『革政』之義，其為建國宏規，政治思想，體大而思精者，說且不明，安望見之於行事？於是儒之為儒，高者談性命，卑者壞形體」，「致治之術，立國之規」，皆暗而不彰[1]。蒙文通既反對空言義理，更不妄自菲薄，而是持儒史相資的立場，「於後言之，則史也固資乎儒。於始言之，則儒也亦資乎史。世益降，史益變，而儒亦益變。儒史相資於不窮，為變不可及」[2]。哲學盛則史學興盛，以發展之義而言，「通其意，明其變，不滯於言」；以孔孟一貫之道而論，「知說之變而不知義之一，不得為知學」[3]。史學成為儒史相資系統的最佳紐帶，既注重歷史來源，又彰顯義理，導化民眾，啟示將來。南宋浙東史學即是義理史學的典範。

柳詒徵提倡史術通貫經術，側重守常與實踐，在確立文明實體與主體性的基礎上，「以儒術為之主宰，乃以開發建樹此東亞數千年之世界」[4]。蒙文通梳理歷代學術流變，源流互質，建構儒史相資的能動系統，「究於嬗變之跡，立義之由，則本末兼該，而始終之故亦舉」[5]。

---

[1] 蒙文通：《儒家政治思想之發展》，見《儒學五論》，60頁。
[2] 蒙文通：《自序》，見《儒學五論》，149頁。
[3] 蒙文通：《儒家哲學思想之發展》，見《儒學五論》，3頁。
[4] 柳詒徵：《史術》，見《國史要義》，298～299頁。
[5] 蒙文通：《題辭》，見《儒學五論》，14頁。

三　義理與制度

　　孔子空言垂事，因《春秋》之大義與微言，為萬世師表。大義顯而易見，微言隱而難明。皮錫瑞認為：「所謂大義者，誅討亂賊以戒後世是也。所謂微言者，改立法制以致太平者也。」《孟子》與《公羊》暗合，朱子稱「治世之法垂於萬世」，與《公羊》撥亂功成、太平瑞應相合[1]。大義因事垂法，「於當時行事一裁之以禮義」；微言為萬世立法，或有不便於時主之處。劉咸炘指出：「聖人立六經以教之，而今儒之淫僻者謂六籍記事不為化人（古文家），其賊亂者則謂六經皆立微言，非各為顯用（今文家）。」僻者「以異為高，往而不反」，亂者「過求其所以然」，「強為屬比聯貫」，二者於事實與虛理各執一端，六經「化人」、「顯用」的功能暗而不彰[2]。柳詒徵、蒙文通均主張制度與義理相配合，超越經今古文之爭，春秋大義有因事垂法與為後世立法兩種思路，制度革新有理想與事實之別。蒙文通撰述宋代史學時，鉤沉唐仲友之學術，致信柳詒徵，征詢唐氏詩文集。柳詒徵自稱佩服蒙文通「暢論宋代史學，為唐悅齋張目」，「浙東之學，經此次重加估計，必有超軼前人所稱述者」。柳氏再次強調，「中國經制之學，只有《周禮》一書，如講制度，必從此出。不幸王莽一試而敗，王安石再試而敗，故程閩諸儒，雖極講制禮，而不敢專以《周禮》為號召。永嘉、金華諸儒，則不諱言之，其思想言論之結果，至明初復加小試，顏李之學即從此出，蓋心性文章有他途可循，經制則捨此無他途也。」唐仲友「講經制而不尚功利」，主張「不齊而為之制，同歸於治」的通達之法。柳治徵認為唐氏之言「非

1　皮錫瑞：《經學通論》，362～363頁，北京：中華書局，2011。
2　劉咸炘：《認經論》，見《推十書》，29～31頁。

惟執《周禮》而行於宋者當知其非，即今日稗販外國法制以改造中國者亦當引以為鑑」[1]。柳詒徵似在暗示蒙文通應當以《周禮》為國史制度的骨幹，「改造中國」應以《周官》的政教原理為根本。

蒙文通以歷史眼光超越今古之爭，認為《周官》為封建不平的制度，「國、野不僅田制、兵不同，學制、選士也不同」，「《孟子》、《周官》所講確實是如此」[2]。今文學家所講「一王大法」為萬民一律的平等制度，既與貴賤懸絕的周制不同，更與獎勵兼併的秦制相異，而是當時儒生的政治理想，今文學的禮制多包含精深大義。今文、古文之辨關鍵在於「歷史」與「理想」的差別，古文家言《周官》重在述古，今文家主《王制》寄託文化理想。熊十力對此不以為然，批評蒙文通「自為矛盾，不可無辨」，蒙文通未能深究漢代哲學，所引材料均是歷史事實，「經師只是紹述古學，諳習先王成法」[3]。此後，蒙文通撰文，認為孟子所言井田制是周代史實與漢代今文家理想之間的過渡，依史事而論，《周官》中之階級「最為不平」，井田之事「卑陋不足觀」，周公對待殷人，「慘刻不足取」[4]。熊十力立刻反駁說：「夫井田之美意，推而廣之，是研古制者之責也。必以『卑陋不足觀』一語了之，似覺未安」；若就《周官》中學校制度而言，「吾儕於《周禮》，當研究其教育旨趣所在，其與現代功利思想，或法治國家等等教育旨趣，有其相通之點否；此真可注意者也。」[5]熊十力認為孔學當以《易》、《春秋》、《周

---

[1] 柳詒徵：《劬堂遺札・復蒙文通書》，見《學術集林》（6），32頁。
[2] 蒙文通：《治學雜語》，見蒙默編：《蒙文通學記》（增補本），41頁。
[3] 熊十力：《中國歷史講話》，181頁，北京：中國人民大學出版社，2006。
[4] 蒙文通：《從社會制度及政治制度論〈周官〉成書年代》，載《圖書集刊》，第1期，1942。
[5] 熊十力：《論〈周官〉成書年代》，載《圖書集刊》，第2期，1942。

禮》為主，《周禮》首言建國，主張德治與禮制，「欲其成為一文化團體」。《周禮》與《春秋》相通，「《周禮》的思想是為《春秋》由昇平進太平的理想」[1]。蒙文通未作直接回應，私下則稱熊十力「不研史學，仍奉《周官》為經典，信井田為美制，余前文已詳論西周國野異制、徹助並行之非善，可毋庸再事多說」[2]。

一九四四年底，蒙文通應邀至國立東北大學講演《國史體系》，指出宋明兩代進入心理強制時代，朱子學興盛；清代學術「只是反對宋明理學。說是漢學，其實只是考證而已」，「考證可以說是治學法」，「一種很合乎科學方法，這是清代唯一可取的地方」；「現在是心理自由時代，即思想開放時代，對任何學說，不能隨便輕視。當自己加以細心研究，才能批評。以後又要進入思想專制時代，這時代將是繼承宋人治學精神，清人治學方法」，「中國歷史是整個而有系統的」，應當超越唯物、唯心之爭，以國史創造東方法則[3]。值此時代變遷之際，蒙文通出版自編、自校、自跋的唯一論文集《儒學五論》，《自序》開篇即言：「儒之學，修己以安人。達以善天下，窮以善一身，內聖而外王，盡之矣。」《儒家哲學思想之發展》一篇闡明「孔孟之道，三古所為訓也，中國文明之準則」；《儒家政治思想之發展》以「理想」與「陳跡」分別今古，發揮秦漢新儒學的「義理」與「制度」；討論諸子百家學說的文章與此相發明，廣為《本論》五篇，「又以究儒史相資之故，別附四篇，以明其變。於是儒家之經濟、社會思想，亦可考見」。《儒學五論》「無事非究古義，亦無事非究將來」，落實義理、制度與史事相貫通的為體之學，「入出

1　熊十力：《研窮孔學宜注重易春秋周禮三經》，載《孔學》，第1期，1943。
2　蒙默：《蒙文通先生年譜》，見四川大學歷史文化學院編：《蒙文通先生誕辰110週年紀念文集》，427頁。
3　蒙文通講，黎明記：《國史體系》，載《國立東北大學校刊》，第6期，1944。

於百氏，上下及千載，推昔人之陳說，示大法於將來」，「漢師所陳者制也，而先秦所論者義也。不究於義，安知制所由起；不求於制，安知義所以用。變衍雖繁，而其跡固若可察。故必義與制不相遺，而後學可明也」[1]。中華文明以仁義為本，以忠恕為教，睿哲為師，服善而從是，「考選賢達以共治」。從中國歷史演進實情而論，「儒者內聖外王之學，匪獨可行於今日之中國，以西方之學術趨勢衡之，直可推之於全人類而以創造將來」[2]。

　　柳詒徵此時雖未直接參與蒙文通、熊十力的討論，但從《國史要義》的引述中，不難察覺柳詒徵密切關注蒙文通的學術動向。在劉師培《左盦集》跋文中，柳詒認為劉師培「未知《春秋》根據《周官》五史之成法。以是知讀書之難，以劉之專門古文學家，於《周官》、《左氏》皆篤信者，而於史法尚不能貫通。緣其所長，專在搜輯瑣文佚義，而統觀全體之功夫，尚欠也。章實齋論史本於《周官》，亦未能打通《周官》與《春秋》，余可知矣」[3]。《春秋》大義興王致治，《周禮》之學拓展道術，《春秋》學因事垂法，進而為後世立法，《周禮》學以此施設新制。《國史要義》「根核六藝，淵源《官》、《禮》」，志在打通《春秋》與《周官》，溝通官守與聖學、義理與制度。柳詒徵堅信「真讀孔孟書，始能行真共和」[4]，《春秋》為孔子論治之書，以民為本，「欲立一王之私，撥亂世而反之正」。史跡變遷，公私而已，「大公者，群私之總和」，是民主的

1　蒙文通：《題辭》，見《儒學五論》，14頁。
2　蒙文通：《自序》，見《儒學五論》，149～155頁。
3　柳詒徵：《劉師培〈左盦集〉跋》，見柳定生、柳曾符編：《柳詒徵劬堂題跋》，165頁，臺北：華正書局，1996。
4　《劬堂日記抄》，引自柳曾符：《柳詒徵與王國維》，見柳曾符、柳佳編：《劬堂學記》，187頁，上海：上海書店，2002。

真精神。天下為公並非空談理論,「《公羊》家之說,非以《周官》證之不明」[1]。柳詒徵認為《周官》積累千百年歷史經驗而成書,制度所指均為古代實有之事,並非虛構而成,「欲知古代朝野上下特殊之思想行為,皆可於《周官》見之」。《周官》洞察人情,深察物變,由此創設典章制度,「雖極防禁之密,而仍出於忠厚惻怛之誠,庶可以化民成俗耳」[2]。時下師法《周官》,「當師其意,不當師其法」[3]。其一,公天下是《周官》政體設計的原理。《周官》「宏綱要旨,良法美意,實可見諸行事」。天子與王室為當時列國共建的最高和平機構。集私為公,公天下之義,「以古之撫邦國諸侯者,合天下為一家,以啟其方新之制,則吾史之義,豈第為一國一族之福利已哉!」[4]秦漢以後逐漸變質,但西漢公議精神仍可見「吾國議會高尚純潔之歷史」[5]。學者研讀中國史籍,必「先明吾國古代君臣之義,而後於秦漢以降君主制度演變之得失,始有一正確之權衡」;聖哲立言之義,以民為貴,「散戒君臣,各使有所警惕,初無所畸輕畸重」,「裁製君權,實不亞於他國之憲法」[6]。其二,《周官》以中和為教。儒術之要,「曰中曰和,為自古相傳之通術」,中和為施政原則、為人之道。《周官》為政書淵源,以禮為中樞,「揭櫫大義,最重中和,子思作《中庸》,實述其旨」。儒家致中和的理念,必參驗《周官》而可落實。「自舍《官》、《禮》言中庸,而儒術遂流於

---

[1] 柳詒徵:《史義》,見《國史要義》,239～243頁。
[2] 柳詒徵:《從〈周官〉觀其時社會》,見柳曾符、柳定生編:《柳詒徵史學論文集續集》,593～599頁。
[3] 柳詒徵:《與熊十力書(二)》,見柳定生、柳曾符編:《柳詒徵劬堂題跋》,296頁。
[4] 柳詒徵:《史義》,見《國史要義》,244～250頁。
[5] 柳詒徵:《漢官議史》,見柳曾符選編:《柳詒徵史學論文集》,13～14頁。
[6] 柳詒徵:《史義》,見《國史要義》,220～224頁。

空寂。而騖事功者又徒眩惑於物質，不知大本達道」[1]。其三，以德性為本，貫通道德心性與政治體制，國家道德與尋常人事道德由此相通。周制立意，合天下以成道德團體，為國以禮，為史以禮；禮制等威之辨，貌似與現代平等觀念鑿枘，實以分為至平，各盡其責；人倫等差，以禮義為社會流動、等級升降的標準，表示最平等之義。人之平等，唯在道德。我國以性善言平等，禮以階級為表，以修身平等為裡，禮之精髓，能合智愚賢不肖而平等，孝廉為儒史教化的效果。中國史學立足於道德性命，以禮為準繩，「由種族而言，固宜力嚴其辨；由文化而論，又宜容保無疆」[2]。

時人曾評述柳詒徵研究中國學術，考信於六藝，折中於儒術；《國史要義》「不限於論史籍著作，實為中國文化史論」[3]。抗戰勝利後，柳詒徵提議大學應獨立史學院，以體制表明史學非文學、非科學，自有封域與功能；力主創辦國學院，宗旨如下：「尊國族」，闡揚固有文化，發揚民族精神；「翊世運」，依據聖哲學理，促進世界和平；「儲通才」，貫通中國政教，體用兼備，以資從政新民；「廣文教」，精研文學權能，道藝一貫均可著書教士[4]。柳詒徵發揮國史大義，以期落實通萬方之略，弘儘性之功的人本文義，「學者必先大其心量以治吾史，進而求聖賢、立人極，參天地者何在，是為認識中國文化之正軌」[5]。熊十力讚賞《國史要義》為不朽之作，柳詒徵「言史一本於《禮》，是獨到處」[6]。一九五〇年代初，熊十力特意

1　柳詒徵：《史術》，見《國史要義》，309～310頁。
2　柳詒徵：《史化》，見《國史要義》，336～343頁。
3　毓：《新書介紹・國史要義》，載《圖書季刊》，新第九卷，第一、二合期，1948。
4　柳詒徵：《致教育廳長函》，《蓋山牘存》，57頁。
5　柳詒徵：《弁言》，見《中國文化史》，3頁。
6　熊十力：《致函柳詒徵》，見《國史要義》，第1頁。

與柳詒徵商討《周官》為民主與社會主義開導先路之意。熊十力晚年建構內聖外王的學術體系，歸納《周官》制度中「均」與「聯」兩大原理，視為建構儒家政治及社經制度的基本精神。選賢與能為民主制度，因地制宜的地方制度為民主之本；其社會理想一方面本諸《大易》的格物精神，期於發展工業；一方面逐漸消滅私有制，一切事業歸於國營，實現天下一家[1]。柳詒徵回函，稱熊氏「宗仰《周官》與治符同」，所舉《周官》蘊義，「尤為詒多年所主張」，並進一步強調：「《周官》曰：儒以道得民，此五字極有關係。向來人多忽略讀過去。」儒家之道通貫義理與制度，「自道經危微精一之說至程朱陸王，皆括在此五字之中」。若將「《周官》、《學》、《庸》打成一片」，則儒學內聖外王之道「一一達到，非空言矣」[2]。熊十力在理想價值層面創造性的建構出一套革命的內聖外王系統，於事實真相層面難免穿鑿附會。柳詒徵秉持國性為萬世常道，性善為本；民俗為歷代人民生活實情，禮制源自民俗，禮俗互通，古今不隔，方可陶冶後代國民性。柳詒徵晚年致力於禮俗互動，擬著《民族生活史》，「專述歷代人民衣食住行演變條流」，完成新史，人民生活實態為禮制更生的源頭活水與變革的動力[3]。

柳詒徵主張講國學必先通史學，晚年仍批評清儒之學「好實無厭」，清季與民國學者多失於「誣」與「亂」。許多學者以墨子附會耶教，「將墨子從九流中抬起，想建設一種新的歷史」，「看似思想

1　可參見熊十力：《論六經》，見《熊十力全集》第 5 卷，武漢：湖北教育出版社，2001；熊十力：《原儒》，見《熊十力全集》第 6 卷，武漢：湖北教育出版社，2001。

2　柳詒徵：《劬堂遺札・致熊十力書》，見《學術集林》（6），29～31 頁。

3　柳詒徵：《中國禮俗史發凡》，見柳曾符、柳定生編：《柳詒徵史學論文集續集》，610～651 頁。

進步，實則是可恥的奴性」。須從古先聖哲講清，溝通漢宋以及「今世所講政治、經濟、財政、社會、教育等」，方能言國學。柳詒徵計劃撰寫《人民生活史》，仍致力於明了數千年吾國史事的真相，杜絕比附，以理性指導史學[1]。蒙文通晚年仍認定《周官》非系統完整的理想制度，僅為舊日之檔案整理而成。不過，其義理學頭腦全易，已由先天論轉變為發展的性善論，期望匯通儒學的人性發展論與馬克思主義的辯證唯物論，「存漢宋明清義理之合者，而辨其不合者，於中國文化一部分之揚棄工作稍致力焉」，親身實踐儒史相資的學術系統[2]。現代科學學術體系的建立實為不得不然的時代趨勢，但若以單一的現代學科觀念去理解、判斷中華文明，難免不落人以西方歷史法則裁定中國歷史走向的窠臼中。中華悠久的文明歷程呈現出多元價值系統，近百餘年的曲折可視作坎坷且切身的文化經驗。在中國歷代學術流變的脈絡中考察民國學人融匯古今中西，溝通義理之學與經史之學的有益探索與苦心孤詣，當有助於創造具有中國主體性、多元而非單一的學術體系，並在世界學術中獨樹一幟。

1　柳詒徵：《柳詒徵說文化》，353～357頁，上海：上海古籍出版社，1999。
2　蒙文通：《致張表方書》，見《古學甄微》，155～157頁。

第七章
文史分合：章氏國學講習會與國難之際國學走向

新文化運動之後，整理國故運動志在輸入學理，建立科學學術體系，實現民族復興。雖然各派學人對「整理國故」見解各異，但都堅信「整理國學之聲，洋溢於耳，國學終有復興之一日，不過整理方法，頗費斟酌耳」。老輩學人章太炎、陳衍也發行國學刊物，對整理國故運動有所針砭，但均不足以扭轉世風。新銳學人視老輩的學問只能代表過去，不足以開創未來，主張除舊布新，吸收新潮整理國學，杜絕國學遺老化[1]。對立志於「輸入學理」的學人而言，「諸先生之學術，僅足結清室之終，未足開民國之始，其著作之精粹，可供吾人之誦讀，其治學之方法，不能為吾人之楷式」[2]。然而，在「九一八」事件週年之際，胡適沉重反省近代中國沉淪，民族自救運動屢屢失敗的原因在於社會沒有重心，晚清以來尋求一個社會重心而終不可得。胡適、傅斯年謀求重建學人社會，以「無中生有」的事業再造文明。國難日亟，金天翮、陳衍等老輩學人及其門生再次成立國學團體，倡導儒學挽救人心、鼓舞民氣，重塑國民精神信仰與社會凝聚

---

[1] 陳問濤：《國學之遺老化》，載《學燈》，第 5 卷，第 10 冊第 16 號，1923。
[2] 胡樸安：《民國十二年國學之趨勢》，載《民國日報・國學週刊》，國慶日增刊，1923-10-10。

力。章太炎北遊南返後，講學蘇州：參加國學會，後創辦章氏國學講習會，以期端正學風，為後進示以治學軌轍，培育新人[1]。以章氏國學講習會的成立因緣為線索，考察章太炎、金天翮等老輩學術旨趣的分合及其各界反應，當可揭示國難時期學術風氣轉移和派分糾葛，進而思索近代學術的多元走向。

一　國學講習

章太炎一向認為教育的根本需要「從自國自心發出來」，「本國沒有學說，自己沒有心得，那種國，那種人，教育的方法，只得跟別人走。本國一向有學說，自己本來有心得，教育的路線，自然不同」，中國本來有學說，「只恨現在的學者沒有心得」[2]。中國自有之學問即是國粹。宋恕指出對於國粹，應有二種主義：「保也，復也。」[3]經今古文學在「保」與「復」兩層各有側重。章太炎發展「六經皆史說」，保存國粹，發揚國光，歸一於民族文化；廖平主張經史分流，主講孔子製作，「用聖作則經可推行，言述則經必廢亡」，古文為爭一時之虛名，坐視六經廢亡，而不思改變。保國保種的方法，「無俟別求，以為聖作有百利而無一害，以為賢述有百害而無一利」[4]。「保存」或有使國粹淪為國故的流弊，「復興」孔聖哲

---

1. 參見桑兵：《章太炎晚年北遊講學的文化象徵》，載《歷史研究》，2002（4）；江湄：《走出「拆散時代」：論章太炎辛亥後儒學觀念的轉變》，載《清華中文學報》，2013（9）；田彤：《復返先秦：章氏國學講習會》，載《廣東社會科學》，2007（2）。
2. 章太炎：《教育的根本要從自國自心發出來》，載《教育今語雜誌》，第3期，1910。
3. 宋恕：《國粹論》，見胡珠生主編《宋恕集》（上），460頁。
4. 廖宗彝：《代廖季平答某君論學第三書》，載《廣益叢報》，第117號，1906。

學卻難以為世人認可。

　　清末民初，章太炎多次開辦國學講習會，振興國學。章太炎自述「往者少年氣盛，立說好異前人，由今觀之，多穿鑿失本意，大抵十可得五耳」。如今提倡國粹，「當研精覃思，鉤發沉伏，字字徵實，不蹈空言，語語心得，不因成說，斯乃形名相稱。若徒舊語，或張大其說以白文，盈辭滿幅，又何貴哉？實事求是之學，慮非可臨時卒辦」[1]。一九〇八年，章太炎在日本開設國學講習會，主講「中國語言文字製作之原」，「典章制度所以設施之旨趣」，「古來人物事蹟之可為法式者」。一九一二年二月，章門弟子馬裕藻、錢玄同、朱宗萊、沈兼士、龔寶銓、朱希祖、范古農、許壽裳等人在杭州發起「國學會」，以講授國學、保存國故為宗旨，請章太炎任國學會會長，並隨時延請耆儒碩彥，分科講授。講授科目大別有六：「甲，文、小學（音韻訓詁，字原屬焉）、文章（文章流別，文學史屬焉）；乙，經（群經通義）；丙，子（諸子異義）；丁，史（典章制度、史評）；戊，學術流別；己，釋典。」[2]章氏弟子所籌劃的國學會未能最終實現，此後，章太炎與馬良、梁啟超等發起「函夏考文苑」，考文苑擬效仿法國，設研究院，「提倡學風」，主張學術研究，倡導風尚、獎勵著作等。一九一三年，章太炎被困北京：曾上書請設國學講習會，認為：「方言國音字典、文例、文學史、哲學史等未編成，而教育部群吏又盲瞽並未有知識。國華日消，民不知本，實願有以拯濟之」，「若大總統不忘宗國，不欲國性與政治俱衰，炳麟雖狂簡敢不從命？」[3]章太炎此次講學「以開通智識，昌大國性為宗，與宗教絕對

1　章太炎：《某君與人論國粹學書》（第二書），載《國學報》，第37期，1908。
2　姚奠中、董國炎：《章太炎學術年譜》，196～197頁，太原：山西古籍出版社。1996。
3　《章太炎上書請設國學講習所》，載《教育週報》，第28期，1913。

不能相混」，要求已入孔教會而後願入本會的學人，「須先脫離孔教會，庶免薰蕕雜糅之病」[1]。國學講習會與籌擬杭州國學會一脈相承，主講國學，貫串經史，融和新舊，闡明義理，學科分四類，一、文科：小學、文學；二、史科：史評、社會變遷；三、法科：歷代法制；四、玄科：九流、哲學、佛學。一九二二年，章太炎在上海講學，提出國學之進步在於「經學以比類知原求進步」，「哲學以直觀自得求進步」，「文學以發情止義求進步」[2]。

一二八淞滬抗戰爆發後，章太炎北上講學。在章氏門生的運作之下，先後講學燕京大學、北平師範大學和北京大學各校，講題有《代議制改良之說》、《論今日切要之學》、《治國學之根本知識》、《清代學術之系統》、《今學者之弊》、《廣論語駢枝》、《揭示學界救國之術》等。在京講學，頗有聲勢，章門弟子執禮謹然，邀宴講學，各派學人紛紛前來求學問道。章太炎多番批評今日學人之弊：「一、好尚新奇；二、專恃智慧；三、依賴他人；四、偏聽偏信。」[3]親眼目睹北方時事與學風之後，章太炎感慨「知當世無可為」，南返時，章太炎在青島大學演講「行己有恥，博學於文」，認為「救世之道，首須尚全節」，「人能知恥，方能立國，遇難而不思抵抗，即為無恥，因知恥近乎勇，既不知恥，即無勇可言」[4]。時局無法挽回，唯有挽救學風，惇誨學人，延續國學一線之傳。恰逢此時，金天翮、張一麐、李根源在蘇州發起講學，邀請章太炎赴蘇。蘇

---

1 章太炎：《國學會講學通告》，見馬勇編：《章太炎書信集》，580頁。
2 章太炎：《論以後國學進步》，《制言》，第48期，1939。參見卞孝萱：《章太炎各次國學演講之比較研究》，載《傳統文化與現代化》，1998（6）。
3 黃侃：《黃侃日記》，792頁，北京：中華書局，2007。
4 《章太炎在青島大學講「行己有恥，博學於文」》，見章念馳編訂《章太炎演講集》，625頁，上海：上海人民出版社，2011。

州各界給予極高關注,「章先生棲棲皇皇,志在以道濟天下,我蘇又為文化薈萃之區,自明迄今,儒林文苑,史不絕書,發揚國粹,為國家多留幾個讀書種子,亦當今亟務」,章先生即將來蘇講學,「有志國學者,幸勿失良機,以飽領章君宏論」[1]。章太炎在蘇州講學三週,闡發經學精義與文字音韻之學。李希泌追憶章太炎共作二十餘次講演,每次講演的題目雖不相同,但其主旨不離「振民志」與「勵躬行」[2]。

此時,金天翮、陳衍等學人發起成立國學會,集結詩人詞客,文士名流,研究詩文、天文、歷算、甲骨、經史、小學,成為一時學術淵藪。章太炎欣然參與,並為國學會會刊撰寫發刊詞:

> 蘇州有請講學者,其地蓋范文正、顧寧人之所生產也,今雖學不如古,士大夫猶循禮教,愈於他俗。及夫博學屑守之士,亦往往而見。憮然嘆曰:仁賢之化,何其遠哉!顧念文學微吵,或不足以振民志,宜更求其遠者。昔范公始以名節厲俗,顧先生亦舉「行己有恥」為士行準。此舉國所宜取法,微獨蘇州!顧沐浴膏澤者,莫蘇州先也。於是范以四經而表以二賢。四經者,謂《孝經》、《大學》、《儒行》、《喪服》;二賢者,則范、顧二公。其他文獻雖無所不說,要以是為其。視夫壹意章句、忽於躬行者,蓋有間矣。[3]

此發刊詞可謂國學會的集體宣言,「扶微業、輔絕學」、「振民

---

1 湯志鈞編:《章太炎年譜長編》(增訂本),839頁,北京:中華書局,2013。
2 李希泌:《先生之風山高水長:憶章太炎先生》,見《健行齋文錄》,22頁,北京:書目文獻出版社,1996。
3 章太炎:《國學會會刊宣言》,載《國學商兌》,第1卷,第1號,1933。

志」與「勵躬行」成為國學會成員的共識，經史、文學、藝術均國學會研究範圍之列。章太炎在蘇州、無錫講學，重點在「國學之統宗」與「歷史之重要」。《孝經》、《大學》、《儒行》、《喪服》為國學正宗，「《孝經》以培養天性；《大學》以綜括學術；《儒行》以鼓勵志行；《喪服》以輔成禮教」，「昔之講陰陽五行，今乃有空談之哲學，疑古之史學，皆魔道也，必須掃除此種魔道，而後可與言學」[1]。金天翮與之呼應，提出「今功利之習倡於在上，江河之下，滔滔未已，而欲挽回世運，其責不復在於卿相，而當移而執於匹夫之手，計莫如大倡儒學，人人以天下興亡為責，闡發義利之辨，表章氣節之儒，誅凶奸於既死，發潛德之幽光，傳播種子，而使聖人所謂金城者及我身而復固，民德歸厚，國性不漓，一陽來復，群陰漸消，此亦韋布之士之所有事也」[2]。章太炎成為該會學術旗幟，截至一九三四年下半年，國學會總共舉行講演四十八次，其中章太炎講學三十次。金元憲總結章太炎起先在上海、北平講學，「意不合，去而來吳」。章太炎「無意當世務，頗欲修明經術，用存絕學、正人心」，金天翮、陳衍與章太炎習敦氣類，意趣相投。國學會成立後，「石遺、騰衝門生遍天下，一鼓召而著籍為會員者且千人，周十八行省，風氣蔚然」。起初，章太炎與金天翮主講論學，互相推許，「太炎盛稱先生詩文，而先生亦命高弟子王謇等詣太炎，北面執贄受經」[3]。短短兩年後，章太炎執意脫離國學會，開設章氏國學講習會，與金天翮學術的文史之別是其中關鍵。

---

1 章太炎：《歷史之重要》，見章念馳編訂：《章太炎演講集》，349～353 頁。
2 金天翮：《論氣節不講足以亡中國（下）》，見《天放樓詩文集》，991 頁，上海：上海古籍出版社，2007。
3 金元憲：《伯兄貞獻先生行狀》，《天放樓詩文集》，1400～1401 頁。

二　宗旨異趣

　　章太炎將蘇州視作晚年端正學風，啟發後學的理想場所。一九三三年底，章太炎致函潘景鄭時，頗有期許：「僕豈敢妄希惠、戴，然所望於足下輩者，必不後於若膺等三子也。前此從吾游者，季剛覛齋，學已成就。覛齋尚存名山著述之想，季剛則不著一字，失在太秘。世衰道微，有志者當以積厚流廣。振起末俗，豈可獨善而已。

　　明年定當南徙吳中，與諸子日相磨礱，若天假吾年，見弟輩大成而死，庶幾於心無慾，於前修無負。」[1]一九三四年，章太炎舉家遷至蘇州：潛心國學，教諸門牆，與弟子們研究國學，撰文作詩，勤於撰述。一九三五年初，章太炎擬組織國學講習會，並發表公啟，以示有別於中國國學會：

> 余自二十一年秋赴蘇講演，同人為集國學會。至二十四年，以講學旨趣不同，始特立章氏國學講習會，就蘇州錦帆路五十號自宅後方開置講堂，常年講演。發有《簡章》及《演講錄》，並《制言》半月刊，以餉海內同志。其舊設之國學會，脫離已過一年。恐遠道尚未分辨，致有誤會，特此登報聲明。[2]

　　章門弟子汪東、黃侃對此皆持有異議。黃侃在日記中寫道：「旭初來，與談蘄漢講學諸生等廣告之失辭」，「蘄漢門人在蘇州者，為之組織一國學講習會，作一公啟寄來，令簽名為發起人。予視其公啟

---

[1] 章太炎：《與潘景鄭書》，見馬勇編：《章太炎書信集》，916頁。
[2] 《章太炎啟事》，載《東南日報》，1936-03-18。

有極不安處，未敢遽簽名也。」[1]此啟示一經發佈，自然導致金天翮與章太炎的關係由「淡」而「不歡」[2]。中國國學會立即回應到「國學會的組織甚是健全，並不因章氏的分離而停頓」，「國學會與章氏國學講習會並行不背，各有千秋」，「同為國學張目，何必分道揚鑣呢？」章氏的聲明是文人結習，標榜門戶的老調，「全是章氏門徒和國學會的幹部意見不洽，才慫恿老師出來說話」[3]。章太炎為何要另起爐灶，成立章氏國學講習會，個中隱情局外人難以輕易論斷。不過，江浙學人的記載透露出其中的意氣之爭：

> （蘇州國學會）多鋟布述作，傳誦中外，顧鋟書工資巨，會員常年有內，費既蝟，眾不以時內，歲會出入不相償，以責騰沖，騰沖窘，卒無以應。太炎聞而笑曰：「吾來此，樂與諸君子問字載酒游，松岑無端作打門催科吏，惱乃公興！」初亦無忤意，積久而讒毀至，交構其間，二人隙乃成。騰沖、石遺常彌縫之。太炎卒注退會員籍，聚徒講學，稱「章氏國學講習會」以自異。[4]
>
> （松岑）談國學會刊，謂會員已逾三百人。會刊印資則全恃特捐。謂某翁近頗寬裕，為杜月笙撰《杜氏祠堂記》，得潤筆五千金，其餘數千一千不等，為段祺瑞壽序，比之郭汾陽，似亦得三千金。其近所為文，甚不經意，一如筆記，與舊作大異……陳石遺以七十八九老人，猶僕僕赴無錫國專講課，所獲

---

[1] 黃侃：《黃侃日記》，1067、1074 頁。
[2] 沈延國：《記章太炎先生·在蘇州》，見陳平原、杜玲玲編：《追憶章太炎》（增訂本），328 頁，北京：生活·讀書·新知三聯書店，2009。
[3] 進屐：《國學會的前進》，載《立報》，1936-02-28。
[4] 金元憲：《伯兄貞獻先生行狀》，見《天放樓詩文集》，1401 頁。

第七章 文史分合：章氏國學講習會與國難之際國學走向

亦甚菲，與太炎菀枯大異。[1]

譚秋謂松岑、太炎二老近有違言。[2]

赴浣花國學會之召，因是日余且演講也。松岑已先在……始演講，無甚意義。而松岑報告太炎出國學會事，由於諸祖耿之舞美，亦可笑矣。[3]

　　有學人認為章太炎脫離國學會緣自與陳衍有隙，綜合上述江南學人言語中不乏戲謔之詞的記載，金天翮與章太炎二人性情以及由此導致蘇州國學會運作過程中的人事糾葛當是直接原因。章氏門生則一直強調講學旨趣不同，考察章太炎與金天翮的學術旨趣，在國難時期，對何謂國學正宗及如何落實，雙方取徑的確有別。

　　金天翮是清末江蘇詩界革命的中堅力量，以古典詩歌的基本形式創造新的意象、思想和語彙，享譽文壇。金天翮貫通中西，除舊布新，改造國學，「化分吾舊質而更鑄吾新質」，提倡「獻身破產，剷平階級，以為國民倡」[4]，其極具時代特徵的民族主義話語飽含強烈的憂患意識，並以遊俠主義界定國民新靈魂，章太炎譽之為「豪傑之文」。金氏本肄業於南菁書院，民元鼎革之後，自稱「鋤遊俠之氣，思為五經學究以自慰」，師事曹元弼，鑽研《易》、《三禮》學，兼習佛老，賅內聖外王之用。蘇州國學會成立之初，金天翮批評考證學業已盛極而衰，中國學術今後的趨向有研究歷史與復興理學兩條路徑。研究歷史分為知人與論事兩層，從「修養和建立的方法」與「改

---

[1] 夏承燾：《天風閣學詞日記》，見《夏承燾集》第5冊，340頁，杭州：浙江古籍出版社、浙江教育出版社，1998。

[2] 夏承燾：《天風閣學詞日記》，見《夏承燾集》第5冊，366頁。

[3] 吳梅：《吳梅全集・吳梅日記》，708頁，石家莊：河北教育出版社，2002。

[4] 金天翮：《國民新靈魂》，見《天放樓詩文集》，1319～1326頁。

革和救濟的方案」著手。復興理學要破除門戶之見，貫徹涵養用敬與進學致知。簡而言之，今後為學的途徑，「一方要求智識，一方要能涵養」[1]。闡發與落實中國義理之學成為金天翮晚年學術重心。金天翮曾比較錢穆《國學概論》與李續川所著《國學指歸》，認可錢基博所言錢穆「軀幹不修，讀書有精識」，其著述「非云完粹，要其勇決，自謂賁育無以過」；李續川「篤志信古，黜陟百家，衷之儒術，修塗坦蕩，矩步鏤趨，以為學統相傳，無異一王之正朔，謹守遺教，庶無蹉跌」。二人旨趣不同，「余既賞賓四之才，又樂觀續川之正襟危論，以為庶幾先正之遺風」。清代學術，「惟史部為最醇」，然「沉浸於末流違失之中，秉佻巧之志，以述二千數百年之國學，是猶置土圭於懸鼓之上，搖桿而求其影之直也，亦不可幾矣。是故非有賓四之才勇，不能綜核群籍，而為驚人之論；非有續川之稟受，亦不能貫串六藝，而為述古之書。錫名曰『指歸』，歸於六藝之統者也，群言淆亂折諸聖，曰吾師法如是，不以舉世之狂醒而奪其操者哉？」[2]

金天翮認為文明與種族的榮辱興衰為國家存亡之所繫，德性與教化是孕育文明的根本。倡導國學，當立足孝弟，謹守愛敬，由仁義禮樂以致中和的境界：「修齊治平，終始一貫，天人物我，上下通達，造端夫婦，而察乎天地，文化之綱，備於斯矣」，「民新而後國可新，至治可期也，其道則正心、誠意、修身、慎獨、集義、養氣，其或書不盡言，言不盡意，則老莊二子之學可稽也。」[3]金天翮以儒學義理為宗，融匯百家，撰述《匡荀》、《廣戴》、《廣戴釋問》等文，闡發儒家心性之學。時人曾責難他好引老莊以翼孔氏，金天翮不

---

1 金天翮：《中國學術之升降及今後之趨向（一名天人損益說）》，蘇州：國學會，1933。
2 金天翮：《國學指歸序》，見《天放樓詩文集》，840～841頁。
3 金天翮：《重印國學叢選序》，見《天放樓詩文集》，584～589頁。

以博雜比附為病，認定唯莊周能道神聖之妙，好學深思，澄觀達識方能究其本意，莊周讚揚孔氏，實與《中庸》相通，誠所謂「傳記之言不必是，老莊之說未必非」[1]，金天翮講學以孝悌仁義為本，臚列史事成敗，類比經義，不專為章句訓詁，而是「推本器識，極於開物成務而寓諸庸。文也者，身之章；道也者，治之體。治無文不具，身非道不立」。又以詩、古文著稱，宗主「文以載道」之說[2]，晚年詩歌感懷世運隆替與生民多艱，既可視作史詩，又是載道之文。古文根柢子史，融匯漢魏、唐宋文法，不拘囿於一代家法。議論近於《莊子》、《呂氏春秋》，敘事倣法班固、范曄。

金天翮晚年意欲以儒家義理為價值導向，讀史書通觀世變，宣講文學宏其用，以詩文感世傳心史，重內質而輕外美，「以史為文」[3]。楊友仁認為金天翮逐步由西方激進無政府主義者遞變為東方儒者，與章太炎同其歸趣[4]。不過，章太炎謹守樸學立場，在清末民初國粹與歐化論爭中，章太炎批評今文經學以學術附會政治，提倡國學應在樸說而不為華辭，經術專主古文，發揮六經皆史學說。章氏自稱「所治獨在《春秋》、《說文》」，即緣自「所以為國性者，獨有語言史志之殊」，「凡許書所載及後世新添之字足表語言者皆小學，尊信國史，保全中國語言文字，此余之志也」[5]。相較於金天翮「文以載道」的理念，章太炎側重「文即是道」，以「文」樹立「國

1　金天翮：《廣戴釋問》，見《天放樓詩文集》，981～983 頁。
2　范煙橋：《林譯小說之價值》，見《鵬夷室文鈔》，24 頁，北京：海豚出版社，2013。
3　《國華中學敦請金松岑先生國學演講》，載《申報》，1937 年 7 月 25 日。
4　楊友仁：《吳江金松岑先生學行紀略》，載《文獻》，1984（20）。
5　諸祖耿：《記本師章公自述治學之功夫及志向》，載《制言半月刊》，第 25 期，1936。

性」：語言文字的源起、流變與經典的生成即是國族與文明孕育、演化的結果，更是時下恢復國族精神的依據，章太炎的小學與文史研究以此展開，以民族主義為根基，依據國情民性，考察歷代禮俗政教。章太炎自道對中古儒學與宋明理學家言造詣頗深，但此時高論無益，「今日不患不能著書，而患不能力行，但求力行以成人，不在空言於作聖」[1]。國學不尚空言，關鍵在坐而能言，起而可行，改良社會不應單講理學，心性之學可暫且放下。國學會講學當以小學、經史為急務，研究經學必以家法為門徑，讀史切忌借題發揮，逞臆為斷。

　　學術立場異趣使得章太炎與金天翮在講學主旨與國學會運作方面難免發生分歧。章太炎及其門生學術多有與廖平爭勝的意味，金天翮讚譽廖平為繼絕開新的典範，「尊孔攬群賢，鉅細包六經。絕學樹堅壘，高座闡大乘。四變達位育，氾濫窮滄溟。巴蜀挺此豪，十載想儀型」[2]。戴震為清代漢學系譜中的核心人物，章太炎早年著《釋戴》、《清儒》等文，視戴震為清學史中獨一無二之人，晚年仍調停戴震、程朱，為《孟子字義疏證》辯護，戴震「答在過疑王學，推而極之，與考亭亦不能護，如其言理在事物不在心，正與告子外義同見，蓋詆訶心學，其勢自不得不爾也。至言以理殺人，甚於以法殺人，此則目擊雍正、乾隆時事，有為言之」[3]。金天翮評述戴震一生學問，功過參半，以才性研究經子，人格遠不如顏習齋，「不能自存養，心有所蔽於欲，欲自立一子以蓋前賢，而不悟前賢之所述學道而有實證者也。尋文考義，欲以升降二氏，不悟二氏之與孔、孟廓然視聽天地，如鵬明翔於寥廓之宇，而羅者猶視夫藪澤，悲夫！」[4]至於

1　章太炎：《答歐陽競無書》，載《制言半月刊》，第9期，1936。
2　金天翮：《寄懷廖季平先生成都》，見《天放樓詩文集》，97頁。
3　章太炎：《與李源澄論戴東原書》，載《制言半月刊》，第5期，1935。
4　金天翮：《廣戴（上）》，見《天放樓詩文集》，976頁。

國學會會刊,章太炎認為《國學商兌》名稱不當,方東樹《漢學商兌》意在排濱漢學,「今云《國學商兌》,於意云何?」論文的編次,亦未精密。例如論甲骨文,「直以《周易》出孔、墨後,謂為莊周所作。此等憑虛不根之論,雖舊時今文學家亦不肯道,涂汗楮墨甚矣!」章氏要求潘景鄭此後關於經學、小學的論文,可與戴鏡澂商討,「如有此等議論,必與芟薙」,「言有秕稗,非徒損害學會之名,亦且貽誤閱者。今日所患,在人人畔經蔑古,苟無以匡救其失,雖一人獨醒,阿膠不能解黃河之濁也」[1]。《國學商兌》後更名《國學論衡》,然辦刊傾向與取材與章太炎理想的「國學」頗有距離。沈延國認為金天翮以詩人的風格,內容傾向採納各家觀點,章太炎從樸學眼光來批判,發覺諸多缺點,「由於宗旨不同,而因此使他們交誼漸漸淡薄,未免可惜」[2]。不僅如此,學界與社會的反應,與章太炎著述、講學的預期落差極大。張爾田致信夏承燾,品評金天翮與陳衍、章太炎合辦的國學雜誌,視為「考據之末流,辭章之頹響。三百年漢宋宗傳之緒斬矣。遊魂為變,曾何足當腐鼠之一赫。使人見此,良用增嘆」[3]。中國國學會的演講向民眾開放,普及國學,受眾國學功底與興致參差不齊,「聽講者,振筆疾書自作記錄的頗不乏人。但有聽不懂所講內容的,散場時說不及《三國志》、《岳傳》好聽的人也不少」[4]。章太炎自立門戶,與中國國學會劃清界限勢在必然。

---

1 章太炎:《與潘景鄭書》,見馬勇編:《章太炎書信集》,915頁。
2 沈延國:《記章太炎先生·在蘇州》,見陳平原、杜玲玲編:《追憶章太炎》(增訂本),328頁。
3 夏承燾:《天風閣學詞日記》,見《夏承燾集》第5冊,317~319頁。
4 湯國梨:《太炎先生軼事簡述》,見陳平原、杜玲玲編:《追憶章太炎》(增訂本),86頁。

三　「章氏之國學」

　　章太炎籌備章氏國學講習會時，先後舉行章氏星期講習會與章氏暑期講習會。一九三五年九月，章氏國學講習會正式開講，刊行《制言》雜誌，以研究固有文化，造就國學人才為宗旨。章太炎標舉儒行，以範後生，憂世衛教，不附和時流。金天翮的高足范煙橋認為：「他的『章氏國學會』旨在傳授他的學術，和金氏發起的國學會有所不同」[1]。甦醒之認為章氏國學講習會「要人助之於上，名流贊之於下，不數月而大事以成，然則章氏將發掘五千年未曾發之寶藏以遺世耶？抑欲整理國故以啟後人耶？抑為中西學術之融會溝通耶？抑欲振綱紀以正世道人心耶？因是有無限之希望存焉！」[2]錢基博在章氏國學講習會演講時，指出講習會冠以章氏之名，「已明揭所講習者為章氏之國學，欲以軼清邁宋，駕唐追漢，觀其會通以成一家之言，而直接孔氏之心傳，更何清學休寧戴氏、高郵王氏之足云」，章太炎學術內聖而外王，「辭工析理，志在經國，文質相扶，本末條貫，以孔子六經為根底，以宋儒浙東經制為血脈」[3]，錢氏敏銳地察覺到章太炎創辦章氏國學講習會旨在成一家之言，超邁清代漢學，宣揚「章氏之國學」。以《制言》創刊號為線索，即可窺探章氏國學的立意。章太炎在《發刊詞》中，開宗明義：

　　　　近國學所以不振者三：一曰毗陵之學，反對古文傳記也；二曰南海康氏之徒，以史書為帳簿也；三曰新學之徒，以一切舊籍

---

[1] 范煙橋：《鴟夷室文鈔》，157 頁。
[2] 甦醒之：《復興國學之一線生機》，載《制言》，第 6 期，1935。
[3] 錢基博：《太炎講學記》，見陳平原、杜玲玲編：《追憶章太炎》（增訂本），381 頁。

為不足觀也。有是三者，禍幾於秦皇焚書矣。其間頗有說老莊、理墨辯者，大抵口耳剽竊，不得其本。蓋昔人之治諸子，皆先明群經史傳而後為之，今即異是。皮之不存，毛將焉附耶？[1]

此宣言一看即是針對康有為、梁啟超、胡適等新學人士及其追隨者。國難時期，政學兩界紛紛討論經學的時代價值，胡適、傅斯年進一步否認經學義理與讀經之必要。章太炎視為奇異怪誕之說，今日極盛。在星期講演會中，章太炎強調弘揚經學，方能保持國性。以經學為準則，「可以處社會，可以理國家，民族於以立，風氣於以正，一切頑固之弊，不革而自祛」[2]。疑古之論，「本不足辨，無如其說遍於國中，深恐淆惑聽聞，抹殺歷史，故不憚辭費而辟之，使人不為所愚」，因此特意講學，駁斥「恃器證史之謬」[3]。

今文學興起為疑古思潮重要的思想來源，如何突破清代漢學藩籬、超越今古之爭進而糾正近百年今文學運動，成為章太炎晚年最關切的學術議題之一。章太炎認為清代漢學明故訓，甄制度，辨秩三禮，群經大義基本可解，清學末流以漢學自弊，主要是公羊學與「彝器款識」研究。民國學界公羊學風氣漸衰，餘毒仍在，「人人以舊史為不足信，而國之本實蹶」。「文有古今，而學無漢晉」，清儒之所失「在牽於漢學名義，而忘魏晉干蠱之功」，魏晉「有不學者，未有學焉而岐於今文者，以是校漢世之學，則魏晉有卓然者矣」[4]，吳梅

---

[1] 章太炎：《制言發刊宣言》，載《制言》，第1期，1935。
[2] 章太炎：《論讀經有利面無弊》，見楊佩昌整理：《在蘇州國學講習會的講稿》，18～23頁，北京：中國畫報出版社，2010。
[3] 章太炎：《論經史實錄不應無故懷疑》，見楊佩昌整理：《在蘇州國學講習會的講稿》，30～31頁。
[4] 章太炎：《漢學論》，載《制言》，第1期，1935。

對此頗感困惑,認為所論仍不脫黨人習氣,「如云漢人牽於學官今文,魏晉人乃無所牽也。論學而兼及政別,斯何苦耶?」[1]然而,當代學人朱維錚認為:「(章太炎)注意學說如何受政治干預的影響,他注意學派如何因自身的內在矛盾而走向否定,他注意經學如何與佛學道教互相滲透,他尤注意學者如何能夠自由發揮思想而開一代風氣,這對研究學術史、思想史都有啟迪。」[2]章氏有意調和漢宋、今古、駢散之爭,整合中國傳統學術。章太炎北上講學時,適逢平津學人新一輪的今文學討論。南返不久,在與吳承仕的書信中,章太炎坦言「《春秋答問》為三十年精力所聚之書」,前人解說《春秋》,「非過尊孔子以為聖不可知,即牽拘一字異同,以為必有精義,支離破碎,卒令人墮入雲霧」。近代公羊學支離傅會,孔子不過整齊舊史,學說本是平常,公羊家反視之為非常可怪之論。章太炎對康、梁、胡適學術功力頗有微詞,反而「獨畏」廖平,廖平、康有為之後,「未嘗以經今文家許人」[3]。《制言》創刊號特意重刊章太炎為廖平所作墓誌銘,表彰廖平學有根框,「於古近經說無不窺,非若康氏之剽竊者」,「智慮過銳,流於譎奇,以是與樸學異趣」。墓誌銘對廖氏態度持平,不以「怪迂」視之,將廖平與康有為劃清界限,認定康有為為「末流敗俗」[4]。

　　章太炎認為清人標舉漢學,漢學有今古文之別,辨明今古文為講經學的前提。清儒因參雜今古,遂功力深厚,仍未達治經正軌,「信今文則非,守古文即是」。經今古文之別在於文字、典章制度與事

---

[1] 吳梅:《吳梅全集·吳梅日記》,612頁。
[2] 朱維錚:《走出中世紀》,300頁,上海:上海人民出版社,1987。
[3] 一士:《章太炎弟子論述師說》,見陳平原、杜玲玲編:《追憶章太炎》(增訂本),334頁。
[4] 章太炎:《清故龍安府學教授廖君墓誌銘》,載《制言》,第1期,1935。

實，均應以古文為判斷標準。章太炎此時批評廖平晚年經學多誤想，不明事實而妄斷《周官》、《王制》的差別[1]。廖平嫡傳弟子蒙文通、李源澄與章太炎、黃侃在漢宋、今古、經史等問題上，圍繞「儒家哲學」及其源流、《春秋》三傳等議題，往復論辯[2]。

歐陽竟無曾建議蒙文通撰寫《中國哲學史》，蒙文通擬從史說人，以見周秦哲學根本，從民族說到思想與文化。一九三三年三月，章太炎、李印泉、陳柱、蒙文通一同前往無錫國專演講，蒙文通將此設想與章太炎交流，二人討論的重點是經今古文的起源、孔佛優劣。對於經今古的起源，蒙文通詢問「六經之道同源，何以末流復有今、古之懸別」，章太炎認為「今、古皆漢代之學，吾輩所應究者，則先秦之學也」。蒙文通進一步追問經今古文差異的根源：「古今文家孰不本之先秦以為義，則又何邪？」[3]不久，李源澄便以「不惑於改制、三統之說」的立場與章太炎討論《禮》與《春秋》三傳。李源澄認為《禮》與《春秋》，相輔相成。章太炎此時否定廖平以禮制平分今古，推崇《左氏》，視《春秋》為史。李源澄認為：「欲觀《春秋》微言，必自《公》、《穀》始，以其為口說流行之本，左氏所記檔案，足資參考而已。」章太炎隨即答覆：「足下重微言、輕事實，以《春秋》是經非史，以《左氏》為檔案。是猶有啖、趙、莊、劉之見也。……國無經而興者有矣；國無史，未有不淪為胥以盡者」，「經云史云，果孰輕孰重耶？」章太炎否認《春秋》有所謂微言大義，「稱微言者，即孟喜枕膝之詐爾」[4]。李源澄發展廖平之說，與

---

[1] 唐大圓：《記與章太炎先生談話》，載《制言》，第 8 期，1936。

[2] 參見張凱：《經今古文之爭與國難之際儒學走向》，載《浙江大學學報》（人文社科版），2013（3）。

[3] 蒙文通：《治學雜語》，見蒙默編：《蒙文通學記》（增補本），3～4 頁。

[4] 章太炎：《與李源澄書》（二），載《光華大學半月刊》，第 3 卷，第 8 期，1935。

章太炎辨析今古，志在溝通今古，重申《春秋》大義。章太炎視經學為史學，蒙文通、李源澄認為章氏經學「用力勤而獲效少」，章氏晚歲致力於《左傳》，「終未能使其學脈貫通」[1]。雙方今古立場的分歧，其背後牽涉如何認知中國哲學與儒家義理。

歐陽竟無、蒙文通等學人關注如何闡發「孔子真旨」，認為「孔子真旨未盡揭櫫，漢學、宋學諸君之過」，並寫信與章太炎商榷。章太炎認為儒學止於人事，無明心見性之說，亦無窮自然之說，如今要將宋明理學暫且放下，「今日不患不能著書，而患不能力行，但求力行以成人，不在空言於作聖」。今日當行《孝經》、《大學》、《儒行》三書，「此三書純屬人乘，既不攀援上天，亦不自立有我」[2]。章太炎認為談天論性，「在昔易入於佛法，今則易入於西洋哲學」[3]。章太炎逝世後，《制言》即登載了其遺著《論中古哲學》，文中稱：「所謂中古者，指漢至隋言，西京之言哲學者甚少」，「東京諸賢識雖未遠，而持論必辯，指事必切，此潦水已盡、寒潭將清之候也。始可與言名理」，「真以哲學著見者，當自魏氏始」，「王肅所造，其改竄道經為『人心惟危』等語，宋以來理學諸儒奉為科律」，故「王肅在中古哲學亦一大宗」。總之，「大抵此土哲學，多論人生觀，少論宇宙觀。至世界成立萬物起源之理，自《易》以外率不論，而中古為甚」[4]。章氏闡揚「中古哲學」與提倡魏晉文學、魏晉註疏相配合，「漢人牽於學官今文，魏晉人乃無所牽也」，「文有古今，而學無漢晉。清世說經所以未有大就者，以牽於漢學之名，蔑

---

1 李源澄：《章太炎學述》，載《中心評論》，第 7 期，1936。
2 章太炎：《答歐陽競無書》，載《制言》，第 9 期，1936。
3 章太炎：《適宜今日之理學》，載《制言》，第 57 期，1939。
4 章太炎：《論中古哲學》，載《制言》，第 30 期，1936。

魏晉使不得齒列。今退而求註疏，近之矣」[1]。黃侃的意見與章太炎如出一轍，只是以「玄學」代「哲學」：「大抵吾土玄學，多論人生，而少談宇宙」，「嘗謂方外哲學，思精，每過華土先賢；識大，則不逮遠已！此中國玄學與外國哲學之別也。漢唐之學，罕言理氣。而宋人則視為進塾之語；中世玄學，既不迷於宇宙之根源，而宋世如朱子，且曰：『天上更有何物？』當時嘆以為奇妙，不悟其思智之紛紜，議論之支離，皆坐此。唐以前，無是也」，此即「中古玄學，近世玄學之別也」[2]。

章太炎認為儒學重視世間，佛學超出世間，佛的哲學境界高於儒：「孔子不解阿賴耶識」，「孔子不過八地菩薩耳，未易與釋迦齊量。」[3] 錢穆指出章太炎之學，可分為四支柱：「崇信印度佛學，則尤為其四支柱中擎天一大柱」，「其佛學，僅如西方人抱一哲學觀點，乃依之以進退上下中國之全部學術史」，「儒不如釋之定見，始終執持，迄未有改。」[4] 可見，在歷史化的古文經學的立場，儒家淪為一種修己之學，義理價值的表達是以佛老、西哲為思想資源，而非儒學義理。區分儒佛是章太炎重建中國哲學的起點，儒學的義理、制度、事實三者的關係得以重新判分。章太炎認為儒家以孔子、顏回最高，此後儒家分為修己治人與明心見性兩派。後者即宋明理學，理學實承襲佛學而來。章太炎打破廖平以禮制平分今古的說法，強調「孔子誠不制禮」，《周禮》是成周之制，《王制》是戰國以後禮家附會

---

[1] 章太炎：《論漢學》（下），見徐亮工編校：《中國近三百年學術史論》，48頁。

[2] 黃侃：《漢唐玄學論》，見《黃侃國學文集》，378～384頁，北京：中華書局，2006。

[3] 蒙文通：《治學雜語》，見蒙默編：《蒙文通學記》（增補本），11～12頁。

[4] 錢穆：《太炎論學述》，見《中國學術思想史論叢》（8），340～356頁，合肥：安徽教育出版社，2004。

之作。義理與制度層面的突破之後，章太炎在其晚年定論《春秋左氏疑義答問》中明確指出《春秋》「終是史書」，古文經傳是為國族歷史文化的歷史記憶。章太炎正是以古文經學為基礎，以儒佛分殊為核心，重新論述中國已往二千年學術思想文化傳統。

一九三〇年代，國學作為一門學科最終無法確立，國學逐漸淡出思想與學術的主流。然而，國難日亟，發揚國學，振興民族精神的思潮日益興起。陸懋德認為「內聖外王」之學是正統國學的最高目的。內聖為修養，外王講致用，所謂「明體達用」之學。正統的國學必須一方面注意修養，一方面注意致用[1]。李源澄認為清代考據學既非漢學，又非宋學，僅為清學。考據學的流弊衍至當下，與西學合流，導致「國學中斬，政教學術無不仰之異域，固早已全盤西化也」，新文化派「治國學亦必以西洋漢學家治吾國學問為師。所謂國學者，豈非徒具其名」，「今日國學之非國學」。那麼，「治國學者，當尋求正途，毋為妄人之所惑，而捷徑以窘部矣！」[2]何為正途呢？蒙文通認為清代漢學到晚清非變不可，不變便沒有出路，章太炎晚年堅持新學是國學不振的根源。那麼，如何切實落實修己治人、明體達用的「國學」，扭轉新學的弊端，成為廖平門生與章黃學派最為關切的問題。

章太炎認為要改良社會，不能只講理學，「坐而言，要在起而能行。周孔之道，不外修己治人，其要歸於六經」。因此，他主張今日講國學，《孝經》、《大學》、《儒行》、《喪服》，「實萬流之匯歸」，「修己治人之道，大抵在是」[3]。國學不尚空言，「經術乃是為人之基礎，若論運用方法，歷史更為重要」，「人不讀經書，則不

---

[1] 陸懋德：《論國學之正統》，載《責善半月刊》，第 2 卷，第 22 期，1942。
[2] 李源澄：《漢學宋學之異同》，載《論學》，第 7 期，1937。
[3] 章太炎：《國學之統宗》，載《制言》，第 54 期，1939。

知自處之道；不讀史書，則無從愛其國家」。章太炎學術以經世為旨趣，將義理學的道德關懷落實於經世致用的政治社會實踐，由此也展開一套以經史為用的學術，這一思路與顧炎武所謂「經學即理學」的思路一脈相承。章太炎晚年要復興「乾嘉諸師之學」，堅信國學的進步，在於「經學以明條例求進步；史學以知比類求進步；哲學以直觀自得求進步；文學以發情止義求進步」[1]。黃侃認為「發明」國學的根本是「扶微、闡中」，「《詩》、《書》以訓詁為先，《易》、《禮》、《春秋》以義理為要。」黃侃著力於「發明」三禮，聲稱：「今之學三禮，決非為復冕弁之服，鼎俎之設，而在於考究上古典章制度，明民族文化之發展。雖於時無用，但何害鑽研？而況制禮之義，亦有不可盡亡者，講信修睦，今日豈可摒棄乎？」[2] 探索民族文化的發展，發揚講信修睦接近黃侃所言「義理」。章太炎晚年創辦章氏國學講習會，其宗旨仍在民族主義，文字語言與歷史為其主歸。章太炎去世後，這一精神仍被太炎文學院所繼承。

蒙文通、李源澄認為救弊的關鍵在重新闡釋今文學，所謂：「惟今文之學有其中心，至井研之學出，乃有論定。不知今文之中心者，不足以知周秦學脈之相畢注於此。知其中心而不求之周秦，亦不足以見今文之恢宏。」[3] 章太炎早年「獨於荀卿、韓非所說謂不可易」[4]，黃侃曾言：「我輩學問，以漢學為表面，以申韓為骨子。」[5] 章、黃保存國故，探求民族文化發展，是本於道法家的歷史觀，所謂根本在

---

1 章太炎：《論以後國學進步》，載《制言》，第 48 期，1939。
2 錢玄：《記蘄春黃先生講三禮》，見程千帆、唐文編輯：《量守廬學記》，152 頁，北京：生活・讀書・新知三聯書店，1985。
3 蒙文通：《論經學遺稿三篇》，見《經史抉原》，148 頁。
4 章太炎：《蓟漢微言》，《章氏叢書》，72 頁，浙江省圖書館校刊，1919。
5 黃侃（講），黃焯（記）：《黃先生語錄》，見張暉編：《量守廬學記續編》，5 頁。

「申韓」；蒙文通探求「聖言指歸」，發揚秦漢新儒學，「匡老反韓復孟」[1]是內聖外王之學的旗幟。蒙文通堅信：「在中國，孔孟之道是為人治世之道，是人民千年來的選擇，是絕對不會泯滅的。」[2]廖平門生闡明今文學的革命理想與制度精義，統攝內聖外王之學。

厲鼎煃觀察到章太炎北遊之後學術的進一步轉變：「歲壬申先生南返以後，其造詣尤精深，視乾嘉諸老，不僅有討論修飾之功，蓋所謂熟於漢學之門徑，而不囿於漢學之藩籬者。」[3]這既說明章太炎學術造詣精進，更體現章太炎晚年「講學」重點的轉移。章太炎曾以六經皆史說為新古文經學奠基，主張經史融匯，經是古史、史學的源頭，「究史學而不明經學，不能知其情理之所在；但究經學而不明史學，亦太流於空論，不能明其源流也」[4]。章太炎晚年微調「六經皆史」說，以經學統攝史學的治人與儒學的修己功能。「經之所該至廣，舉凡修己治人，無所不具」，修己之道衍為儒家之學，治人之道則史家意有獨至。今人讀經，應於史傳與儒家學說，「無不當悉心研究，儒之與史，源一流分」。經學知原，側重明理與修己；史學知比類，以此保持國性。經者古史，史即新經。古史不盡適用於當下，史愈近愈切實用，以通史致用而言，史就是經。史學致用之道，一為洞察社會變遷，探求原理；一為牢記事實，知曉源流。中國之所以為中國的淵源與原理由此而來。哲學、政治、科學「無不可與人相通」，唯獨「中國歷史（除魏、周、遼、金、元五史）斷然為我華夏民族之

---

1 《曾用室「匡老反韓復孟室」印拓及書室名來由手記一則》，見蒙默編：《蒙文通學記》（增訂本），「插圖」。
2 劉伯谷：《郁憶蒙文通先生二三事》，見四川大學歷史文化學院編：《蒙文通先生誕辰110週年紀念文集》，18頁。
3 厲鼎煃：《章太炎先生訪問記》，載《國風》，第8卷，第4期，1936。
4 《章太炎十次講學記》，載《申報》，1922年6月18日。

歷史，無可以與人相通之理」。民族意識的培育與激發端在經史，無歷史則不見民族意識所在。讀經通史旨在尋求修己之道，嚴夷夏之辨[1]。《春秋》「終是史書」，《左傳》以史傳經，《春秋》大義是孔子良史之識，《公羊傳》內諸夏、外夷狄與張三世之說，非僅是為漢朝一代製法，以經史保存國性，維持國族精神，實乃萬世制法。

章太炎認為外患日深，富強非一日之功，疑古學說惑失本原，推翻維繫民族的國史全部，若國亡而後，人人忘其本來，國家永無復興之望。晚年創辦國學講習會，以民族文化與國族精神整合今古與經史之學，確立華夏文明的主體性，堅守民族主義，嚴夷夏之防，存國性以待將來，華夏終有復興之日。

四 求真與致用

章太炎創辦章氏國學講習會與《制言》，使東南的學術空氣別開樸厚一面，「頗有先儒講學的熱忱」，在戰前動盪激迫的時代中，「身衣學術的華袞，粹然成為儒宗」，「保其卓然的晚節，要亦不失儒家的本色」[2]。章太炎病逝後，金毓黻在日記中感嘆：「章氏實結清代漢學家之局，而其治史頗能排棄舊說，自樹新義，觀《訄書》所論，即可得其梗概。其弟子遍於南北，執教壇之牛耳者頗不乏人，其傳授之廣，近代亦屬罕見」，「近歲講學蘇州，徒眾頗盛，正如康成之居高密，於群言淆亂中獨樹一幟，如再能聰明老壽，如伏生之教於齊魯，則其津逮後學更非今日之比」[3]。然而，章太炎去世不久，章

---

1 章太炎：《論經史儒之分合》，見楊佩昌整理：《在蘇州國學講習會的講稿》，47頁。
2 文載道：《讀蘜漢閣》，見陳平原、杜玲玲編：《追憶章太炎》（增訂本），413頁。
3 金毓黻：《靜晤室日記》，3855頁，瀋陽：遼瀋書社，1993。

門弟子的分歧逐漸顯現。章太炎夫人曾與夏承燾坦言「太炎門人頗有派別，如汪旭初諸人似不願組織同門會」，「蘇州人士於太炎不沆瀣」，「暮年太炎門生太濫」[1]。章太炎門生內部對章氏國學講習會的賡續存在較大分歧。朱希祖、馬宗霍等人認為章氏國學講習會不應繼續存在，「擬勸師母停辦國學講習會，然師母頗力主續辦，且已留住同學四十餘人在先師靈前簽名，且派余等與吳承仕、汪東、馬宗霍、馬宗薌、孫世揚、諸祖耿等為講師，而向來弔者募款維持學會，此余等所大不願，而來弔者頗有政府要人，亦不以此為然」。與此同時，湯國梨一再挽留李源澄等章氏國學講習會師生，李氏仍堅決離去。朱希祖批評李源澄頗為傲慢，「所撰輓聯亦頗落空，如『方死方生，方生方死』等句，於先師有何關涉，此等狂妄人，甚希睹也，為之不怡者久之」[2]。章太炎門生內部治學取徑不一，章氏多有包容。「世稱先生之高足弟子者，叛先生以取媚於世，對先生則曲意承歡，不知其信仰者安在？」章太炎以寬容的心態，認為「彼等欲取容於世，不得不耳，不可以責備賢者之義責之」[3]。章太炎「晚年以舊學不傳為憂，而投贄者遂眾，所進者雜，規之未能止」，由此導致後來創辦太炎文學院多有人事紛擾，馬敘倫慨嘆「學術林中亦復戈矛森立」[4]。

與此同時，章氏國學講習會與《制言》濃厚的復古色彩也常被時人訾病。早在一九三二年，夏聽章太炎在燕京大學講演《今日最切要之學術》時，對比胡適演講時的盛況，感慨章氏的時代已然過去，章氏「意旨仍不脫民族主義的色彩，以為歷史最切要，因為可以使人知

---

1 夏承燾：《天風閣學詞日記》，見《夏承燾集》第5冊，477頁。
2 朱希祖：《朱希祖日記》，668～669頁，北京：中華書局，2012。
3 李源澄：《章太炎學述》，載《中心評論》，第7期，1936。
4 馬敘倫：《章太炎》，見陳平原、杜玲玲編：《追憶章太炎》（增訂本），21～22頁。

先民之辛勞,而動憂國之念」[1]。《制言》創刊之初,蘇州有輿論指出:「復古的聲浪,一天高漲一天,太炎先生主編的《制言》,也在我們眼前炫耀著」,「我們先要明白復古的用意有二:一、能保存固有之國粹,毋使遭秦皇焚書之患。一、能以古聖賢之哲學思想,來助惕我們。前者是學問上的考究;後者是思想上的鼓勵,恐怕不得混為一談。因為學問上的考究,是國學專門學說,未必人人喜歡,未必人人需要;而思想上的鼓勵,卻人人可以勉助的」,「難道在這內有洪水之患,外有虎狼吞噬之險,而無數民黎正陷入飢寒交迫的當兒,還能孜孜於國學考古嗎?此公非書呆子而何!」總之,「我希望一般喜習國學的青年,以古人之言來鼓勵自己則可,若是孜孜於考古,而欲以此大眾所不解的符號,來顯揚出你自己高貴的身分,那是徒然於實際,只是吃力弗討好」,「《制言》半月刊當然是復古的結晶品,但是它是一階級所私有的學說,不是大眾所需要的學說;是貴族化的學說,不是平民化的學說;是迂夫子的學說,不是為人類求生存的學說」[2]。相形之下,中國國學會逐步在廣東、雲南、上海等地成立分會,全國各地會員五百餘人,儼然成為國內國學研究的重鎮。中國國學會與時俱進,創辦《衛星》雜誌,適應學術平民化的潮流。金天翮在發刊詞中強調《衛星》與《國學論衡》相輔相成,一同促進國學研究的提高與普及。「會員著述之淵海,曰《國學論衡》,名聲彰徹於當世,而能卒讀者盡鮮。以為是曲高和者寡也,所謂獨往而獨來者非與。雖然,使長此而寡和,焉非學術界之美事也。譬登九成〔層〕之臺,其有階乎;躋七級之浮屠,其有梯乎。於是相與為衛星組織,以為是《論衡》之靶鐸也。而《論衡》者,又國學會之喉舌也。譬之三

---

[1] 夏鼐:《夏日記》(第一卷),102～103頁,上海:華東師範大學出版社,2011。
[2] 路旭:《讀〈制言〉之言》,載《吳縣日報·吳語》,1935-09-22。

光，其交相承乎。《衛星》云者，名則今矣，而義則古也。世不乏愛讀者，其一寓目焉可耳。」[1]《衛星》雜誌「以學術為中心，時代為對象，不尚浮煙浪墨，深淺合度」。該社自稱「正如初寫黃庭恰到好處，本期所載有目共賞」[2]。時人讚譽金天翮與章太炎齊名，中國國學會的《國學論衡》、《衛星》兩種期刊，「始終與文化事業相依倚」[3]。

　　學問考究與思想激勵的分歧牽涉到學術求真與致用的平衡，如何認定太炎晚年學術求真與致用旨趣的分野引發太炎門生的激烈爭議。姜亮夫師從廖平、梁啟超、王國維、章太炎，有意調和各派學術。姜亮夫認為章太炎「於近日學人，皆嘆其根太淺，言經者泛濫雜抄，不明家法，究習吉金甲骨者，既好立異說，不根於載籍，而又得扯正史，以為無益而誣史，為治學者所當謹擇而已」，近世治學趨向在於求真，太炎治學在於求用救民，「求真者在無我而依他起信；求用者在為我而求其益損」。章太炎晚年不忘宗邦之危，學術趣向「一欲救世以剛中之氣，一欲教人以實用之學，其歸在於不忘宗邦之危」，「剛中則誇誣奇觚皆在當砭之列，實用則怪誕詭譎皆在宜排之數。變更舊常，不軌於典籍，或有危於宗邦者，皆為心所甚憂」。若此意不明，「則論先生者必不免於誣妄，而擁護之者，亦未必得其本真」。孫至誠認為章太炎學術自始至終以求是為旗幟，不廢致用，「未聞先生晚年定論有違前說」，且一再申明章太炎以經學為主，說經以古文為主，「此乃其大本營所在，而非游擊隊，儻為之拔趙幟立漢幟，將

---

[1] 金天翮：《衛星發刊宣言》，載《衛星》，第1期，1937年。
[2] 《編輯餘言（下期預告）》，載《衛星》，第1期，1937年。
[3] 煙橋：《天放樓主人》，載《東南日報》，1937-03-18。

無以自植站壇。捨此而言其全，更非弟之所敢知」[1]。姜亮夫、孫至誠往覆函件數通，雙方各持理據，固守己見。有學人調停太炎學術求真與致用兩面，「實事求是才是其論學宗旨，經世致用則是『應機說法』」[2]。若以語言文字與歷史確立華夏的實體性與主體性而言，章氏國學系統中求真與致用互為體用。語言文字為確立國性的基礎；自古迄今，史學均十分切要，「繫於一國之興亡」。求是與致用是落實文史學的兩條道路：「合致用與求是二者冶於一爐，才是今日切要之學。」[3]無文史學之求真，即無文史學之致用，求真是致用的必要條件，致用是求真的自然歸宿。

　　抗戰時期，賀麟提出中國百年來的危機，根本上是文化的危機，如果中華民族不能以儒家思想或民族精神為主體融合西洋文化，中國將失掉文化自主權，陷入文化殖民地。[4]現代學術體制以方法與材料劃分中西新舊，分科之學無形割裂傳統學術與現代學科、價值與知識之間的關聯。回到歷史現場呈現各派學人轉化國學的切實語境與旨趣，既可豐富理解中國歷史文化本意的路徑，又為當下反思以西律中的分科之學提供思想資源。在國難情勢的激迫下，如何重建民族文化認同，各派因人事糾葛與學術派分，各有側重，然而殊途同歸，各家皆注重匯通四部之學應對世變。章門師徒貫徹文即是道，匯通經史之學，維持民族種姓，守先待後。金天翮踐行文以載道，振作人心，復興民族精神，進而呼籲「熔經鑄史，懸標準以待繼往開來之新學術

---

[1] 一士：《章太炎弟子論述師說》，見陳平原、杜玲玲編：《追憶章太炎》（增訂本），335～349頁。

[2] 陳平原：《中國現代學術之建立：以章太炎、胡適之為中心》，54頁，北京：北京大學出版社，2010。

[3] 章太炎：《論今日切要之學》，章念馳編訂：《章太炎演講集》，300～303頁。

[4] 賀麟：《儒家思想的新開展》，見《文化與人生》，6頁，北京：商務印書館，2005。

家」,「體仁蘊智,懸標準以待旋乾轉坤之新道德家」,「函文孕武,懸標準以待經邦定國之新政治家」[1]。李源澄認為「今日學風,徒知收集排比,不加別擇,為文章則太繁,為類書則太簡,而融會貫通之作,世不多見。是不能取人之長,反以中人之毒」,遂創辦《論學》,希望學術界「樂其所學,而不用其私智,擇善而從,而無事於門戶之爭,真積力久,而不期必成。無所往而不用其忠信,斯三者所以立其本」[2]。在戰時上海孤島時期,太炎晚年弟子沈延國與楊寬、童書業等創辦《兼明》雜誌,發揚民族意識,以史喻今,倡導「著述既不拘一格,題號乃承用雜家,援天下之溺,余病未能;定月旦之評,吾又豈敢。至於怪迂之談,疑我後生,聖知之法,資彼大盜者,張筆伐以當鳴鼓,必有餘矣」[3]。汪辟疆在該刊上撰文融匯文史哲,提出「義理學植其基」,「讀史書通其識」,「文學宏其用」[4]。在期待文明復興的當下,從容吸納與融匯各家之長,建立方法與宗旨、考據與義理、文史哲相貫通的整體學術體系,或是建立中國學術本位之正道。

1　金天翮:《復興文化之責任與期望》,見《天放樓詩文集》,986頁。
2　李源澄:《論學發刊詞》,載《論學》,第1期,1937。
3　《弁言》,載《兼明》,第1期,1939。
4　汪辟疆:《精神動員與學術之新動向》,載《兼明》,第2期,1939。

第八章
「超今文學」與民國學術流變

　　民初古史辨運動聚焦於今古文經辨偽工作，辨偽經典有意消解經學義理與禮制內在政教體系的合理性。學界通常認定錢穆《劉向歆父子年譜》結束了晚清以來的經今古文學之爭，經今古文之爭演化為史學問題。經史異位、由經入史誠為時代大勢，但應當進一步追問經今古文學的內在派分與經義分殊及其所承載的學術方法、問題、理念，乃至背後所指向的回應中西文明分合的方式是如何被民國學人揚棄與超越的。二十世紀三〇年代，經學史學化已成定局，錢玄同、顧頡剛、蒙文通等學人以「超今文學」指稱新一輪「今古文論戰」，以何種方式揚棄經今文學的議題、方法與義理成為各派學人實踐新學術之路的起點。以此為線索，將「超今文學」置於民國學界複雜的歷史脈絡中，當可更深入地闡釋經今古文之爭在晚清民國時期演化的多元線索與內涵，準確把握近代學術轉型的多重路徑與複雜性。

一　「再興末次今古文論戰」

　　今文學復興引發晚清民國政治與學術的多層糾葛，古史辨運動強化康有為之於現代學術的意義，顧頡剛自稱「上古史靠不住的觀念」來源之一便是以康有為為代表清代今文經學，今文學歷史觀是古史辨運動興起的關鍵性因素。相形之下，廖平之於近代古史學的意義在既

有學術史敘述中長期未被重視。實際上，廖平早已懷疑古史一元敘述，以禮制並非一系區分經今古文即注意古史多元問題。顧頡剛求學時期，曾稱讚清末如果沒有今文學，「將使樸學之功與漢人頭腦同其混沌」[1]。並在傅斯年的啟發下，認為「國中為學主者，近世惟康長素與太炎先生，風從最眾，建設最著。康君之學受之廖氏，屢聞稱說。今太炎先生又受其學，則廖君洵開創時世者已」[2]。一九二〇年前後，顧頡剛多次點讀《知聖篇》，「以窮改制之源」，指出：「廖氏《今古學考》及《古學考》為康氏《新學偽經考》所自出，《知聖篇》則為《孔子改制考》所自出，證驗分明，無事辯論。康氏盜之而沒其名，心術誠不可問也。」[3] 吳虞在北大任教時，就注意到「北京教授及日本書肆均重廖季平著述」，遂向北京、日本學界推廣廖平著作[4]。康有為疑古歷史觀為古史辨運動提供方法與思想動力，今文學經史多元觀成為古史辨思潮演化的內在學術議題。顧頡剛關於商周不同源的說法，正源自經今文說。

　　北伐前後，國內的學術格局有所改變。顧頡剛南下講學，提倡懷疑精神，以疑古辨偽超越信古氛圍，打破「求正統」的觀念而易以「求真實」的觀念，讚揚清代經今文學與康有為的變法運動，古史辨的影響力與日俱增。若要在學理層面超越今文學，勢必要分析一元古史系統的來源。顧頡剛在廈門大學、中山大學開設上古史課程，「方才對於今古文問題有較深的認識」，重點在於辨析少吳的今古敘述與

1　顧頡剛：《侍養錄（三）·清儒之信古》，見《顧頡剛全集·顧頡剛讀書筆記（一）》，171頁，北京；中華書局，2010。

2　顧頡剛：《西齋讀書記》，《顧頡剛全集·顧頡剛讀書筆記（十五）》，358頁。

3　顧頡剛：《題記·知聖篇》，《顧頡剛全集·顧頡剛文庫古籍書目（二）》，789～790頁。

4　中國革命博物館整理：《吳虞日記》，1921年7月14日，613頁。日本京都學派主帥之一的狩野直喜建議在中國內地設立中國文化研究所時，今文學的人選即為廖平。

五德終始說[1]。與此同時，廖平門生蒙文通撰成《古史甄微》，以魯學為根本，質疑古文經的古史系統，經傳並重，博採諸子百家學說，甚至「多襲註疏圖緯之成說」，提出古史三系說，申明儒學在中國文化中的地位。顧頡剛與蒙文通的學術活動直接激發錢穆撰寫《劉向歆父子年譜》，力圖解決晚近經今古文之爭。

據《師友雜憶》所記，錢穆執教無錫三師時，曾有一篇關於先秦諸家論禮與法的講稿，刊於三師校刊，後由蔣錫昌轉給同事蒙文通。蒙文通見此講稿，「乃謂頗與其師最近持義可相通，遂手寫一長札，工楷，盈萬字」，郵寄給錢穆。這是蒙文通與錢穆交往的開始。蒙文通第二次出川，到支那內學院，期間曾特意拜訪錢穆於蘇州：「同遊太湖，相得甚歡」，「俯仰湖天，暢談今古」[2]。錢穆當時已完成《先秦諸子繫年》，蒙文通贊此書為「體大思精，惟當於三百年前顧亭林諸老輩中求其倫比。乾嘉以來，少其匹矣」[3]。後攜此稿返回南京，專治墨學的朋友將書中有關墨家的篇章，登於南京史學會的《史學雜誌》。關於蒙文通、錢穆二人論學詳情，《師友雜憶》並沒有提及。在追憶與蒙文通訂交之後，錢穆緊接著回憶，顧頡剛曾於同期訪錢穆，借閱其《先秦諸子繫年》稿本，後有意推薦錢穆任教於廣州中山大學，當時錢穆得知顧頡剛在中山大學以講述康有為今文經學為中心。錢穆雖然拒絕中山大學的聘請，但顧頡剛此行引起了錢穆對康有為的進一步關注。後來，顧頡剛向錢穆約稿，錢穆「自在後宅，即讀

---

[1] 顧頡剛：《〈中國上古史研究課〉第二學期講義序目》，顧頡剛編著：《古史辨》（5），259～260頁。

[2] 關於蒙文通至蘇州拜訪錢穆的具體時間，不得而知，錢穆回憶「時值冬季」，蒙默則言一九三〇年初春，二說雖略有不同，但蒙文通此行當在一九二九年底至一九三〇年初。

[3] 錢穆：《八十憶雙親師友雜憶》，146頁，北京：讀書・生活・新知三聯書店，1998。

康有為《新學偽經考》，而心疑，又因顧頡剛方主講康有為，乃特草《劉向歆父子年譜》一文與之」，「此文不啻特與頡剛爭議」[1]。錢穆與顧頡剛會面的時間，《師友雜憶》中稱：「頡剛家居蘇州，此次由廣州中山大學轉赴北平燕京大學任教，返家小住。」據《顧頡剛年譜》可知此事在一九二九年七、八月間[2]，由此可推斷《劉向歆父子年譜》構思於之後不久，一九二九年底完稿，主要辯駁劉歆造偽說。蒙文通雖持今文學立場，但對於造偽一事，終持懷疑態度，所以在劉歆造偽問題上，蒙、錢二人觀念一致，蒙文通至蘇州拜訪錢穆時，二人就此事應當有所交涉，不久，（南京）《史學雜誌》登載《劉向歆王莽父子年譜自序》極有可能與蒙文通有關。

顧頡剛討論今、古學問題因襲劉歆造偽之說，在《五德終始說下的政治和歷史》一文中，稱：「所謂古學，何嘗是真的古學，只不過是王莽所需要之學，劉歆所認為應行提倡之學而已。康長素先生以《新學偽經》名書，這是很不錯的。」[3]一九二七年十月起，顧頡剛在中山大學開「上古史」課，「始把上古史的材料作系統的收集」，「把康先生辨少昊的話鈔了出來，以崔先生論終始五德的話校之，更以其他的古史系統證之。始確知《世經》和《月令》的古史系統只是王莽的古史系統，這個系統是為他受禪的張本的。它的原理在五德說；而五德說從《史記》〈封禪書〉和《漢書》〈郊祀志〉看，則其在秦漢間的變遷之跡歷歷可按。」[4]一九二八年十一月二十四日，顧

1　錢穆：《八十憶雙親師友雜憶》，152頁。
2　「到草橋中學，訪錢賓四、王以中，略談。」《顧頡剛日記》（2），1929年7月22日，305頁。顧潮：《顧頡剛年譜》，175頁，北京：中國社會科學出版社，1993。
3　顧頡剛：《五德終始說下的政治和歷史》，顧頡剛編著：《古史辨》（5），533～534頁，上海：上海古籍出版社，1982。
4　顧頡剛：《〈中國上古史研究課〉第二學期講義序目》，顧頡剛編著：《古史辨》（5），259～260頁。

第八章 「超今文學」與民國學術流變 | 257

頡剛在「三百年來思想史」課程上講授「康有為」，認為康有為是變法運動的中心人物，既受到變法思潮的影響，又受著「經今文學運動」的支配，「如果我們不理他的政治的思想、行為怎樣，而只就那《新學偽經考》及《孔子改制考》的書來看，的確值得稱許的。這兩部書都可算是學術史：前者是王莽時代的學術史；後者是戰國秦漢時代的學術史。」[1]誠如有論者所言，三〇年代以前支配民國史學界正是「今古」之見，而當時學者頭腦中皆存著古文經是否劉歆偽造，《周禮》、《左傳》等古籍是否偽書的疑問[2]。

　　這便是錢穆所聽聞顧頡剛在中山大學「以講述康有為今文經學為中心」，《劉向歆父子年譜》正是針對此說：「余讀康氏書，深病其抵牾，欲為疏通證明，因先編《劉向歆父子年譜》，著其實事。實事既列，虛說自消。元、成、哀、平、新莽之際，學術風尚之趨變，政治法度之因革，其跡可以觀。凡近世經生紛紛為今古文分家，又伸今文抑古文，甚斥歆莽，遍疑史實，皆可以返。循是而上溯之晚周先秦，知今古分家之不實，十四博士之無根，六籍之不盡傳於孔門而多殘於秦火，庶乎可以脫經學之樊籠，發古人之真態矣。而此書其嚆矢也。」[3]一九三〇年六月，顧頡剛推薦此文刊發於《燕京學報》。錢穆以史學立場為經學顯真是，考量新莽代漢的歷史發展趨勢、人心所向，力證劉歆並未竄改群經，《周官》、《左氏傳》二書皆先秦舊籍，經今古文學之分在東漢之前並未分明，今古對立為近世晚起學說，列舉康有為學說不可通者二十八端，廖平分別今古、尊今抑古之論張皇過甚。此書出版之後，平津各方學人的反應，已有學人詳加討

1　顧頡剛：《清代「經今文學」與康有為的變法運動》，載《中國文化》，1990（3）。
2　劉巍：《〈劉向歆父子年譜〉的學術背景與初始反響》，載《歷史研究》，2001（3）。
3　錢穆：《劉向歆父子年譜》，載《燕京學報》，第7期，1930。

論，此不贅述。在此則有必要辨明的是《劉向歆父子年譜》是否一如學人所說，結束了晚清以來的經今古文學之爭，這一當下學術界之共識[1]。此說立論大多根據《劉向歆父子年譜》的影響力，而此種印象無疑源於錢穆的夫子自道：「余撰《劉向歆父子年譜》，及去燕大，知故都各大學本都開設經學史及經學通論諸課，都主康南海今文家言。余文出，各校經學課程遂多在秋後停開。」[2]此事在錢穆的回憶中多次提及：

> 那時北大、清華、燕大、輔仁、師大等各大學，都有經學課程，都照康有為的講法，說今文經是真的，古文經是假的。待我這篇《劉向歆父子年譜》刊出，從此北京各大學的經學課程一律停開了。民國初年，雖有新文化運動，各大學沒有不開經學課程的，而這些課程便和新文化運動相呼應，儘是疑古辨偽，一筆抹殺。但從民國十九年以後，經學不能再照康有為那麼講，從此沒人開這些課。

可見，錢穆對此說頗為自信，《師友雜憶》中所言不存在誤記的可能。這一印象是錢穆剛到北平就形成的，「我一到燕大，別人便告訴我，北平各大學的經學課程都停開了。他們讀了我這篇文章，知道從前學的一套都不能成立，因此不願再這樣教課了」[3]。錢穆的說法被眾多學者所接受，成為《劉向歆父子年譜》結束了晚清以來的經今

1　持此說的學者有余英時、羅義俊、陳祖武等學人，不過劉巍前引文已經意識到「就其長時段的歷史效應說，確是如此；但就初始反響來看，情況又不那麼簡單」。
2　錢穆：《八十憶雙親師友雜憶》，160頁。
3　錢穆口述，胡美琦、何澤恆、張蓓蓓整理：《講堂遺錄・經學大要》，見《錢賓四先生全集》第52冊，267、413頁。

古文學之爭的有力實證。

那麼，三〇年代北平各大學經學課程開設的實情確實如錢穆所述嗎？並非如此。就在錢穆到燕京大學的第一學年，即一九三〇至一九三一學年，北京大學依然由馬裕藻講《經學史》，而根據北大文學院中國文學系的「課程一覽」，起碼直至一九三五年，仍有此課程，編號為「國 293-294 經學史」，講課的內容正是「今文家言」：「先述孔子作經之始末，次就西漢博士之師傳，劉歆古文之偽述，以及鄭玄以降雜糅今古文諸端，分別敘列。至宋儒疑古精神，清儒考訂之特色，凡關於經學者亦略具於篇，而以劉逢祿、龔自珍、邵懿辰、康有為、崔適諸家之說終焉。」[1]

輔仁大學中國語言文學系的經學課程在一九三〇年代未曾中斷，長期由系主任余嘉錫擔任主講「經學通論」課程[2]。根據一九三五年出版的《北平輔仁大學文學院概況》，余嘉錫所授「經學通論」為二年級甲（語言文字學組）、乙（文學組）組共同必修科目，每週四小時，共四學分，課程大綱如下：「九經三傳，為一切學問根柢，但義蘊宏深，其書亦浩如煙海；學者欲窺門徑，不可不知其淵源大略。

皮錫瑞《經學歷史》，敷陳詳贍，今故取以為教材。然皮氏主張今文學，不免多所穿鑿，講授之時，當旁引群書，加以糾正。多聞闕疑，無取便辭巧說也。」[3]

馬裕藻講「經學史」依然持古文為劉歆偽述之論，判斷經說也是

---

[1] 國立北京大學編：《國立北京大學一覽》，172 頁，北平：國立北京大學，1935。

[2] 北京輔仁大學校友會編：《北京輔仁大學校史（1925～1952）》，122 頁，北京：中國社會出版社，2005。參見車行健：《現代中國大學中的經學課程》，見《現代學術視域中的民國經學》，5～40 頁，臺北：萬卷樓圖書股份有限公司，2011。

[3] 北平輔仁大學編：《北平輔仁大學文學院概況》（1936 年），北平：輔仁大學，1936。

以「劉逢祿、龔自珍、邵懿辰、康有為、崔適諸家之說終」，絲毫沒有吸收錢穆的說法。至於余嘉錫主講《經學通論》，以皮錫瑞《經學歷史》為教材，但不採納該書的今文學立場。暫時未見余嘉錫此課一九三一年前的課程大綱，不知與一九三五年的有無出入，故不能直接斷定其一九三五年的講義是否受錢穆的影響。余嘉錫所言「皮氏主張今文學，不免多所穿鑿」，《經學歷史》雖引「近人劉逢祿以為《左氏》凡例書法皆劉歆竄入者，由《史》、《漢》之說推之」[1]，認為古學由劉歆確立，但並不持劉歆造偽一說。由此或可推測余氏所言「穿鑿」並非來自錢穆的影響，應當如周予同批評《經學歷史》的「荒謬」思想，主要體現在「孔教救國」、「六經致用」、「緯候足征」等觀點[2]。章太炎認為「《經學歷史》，鈔疏原委，顧妄以己意裁斷，疑《易》、《禮》皆孔子所為，愚誣滋甚」[3]。可知，《經學歷史》之「穿鑿」主要在於發揮今文大義，過尊「孔子」。

不僅《劉向歆父子年譜》對北平經學課程的影響力，並非如錢穆所述，當時就有平津學人指出《劉向歆父子年譜》似乎並未動搖今古問題的根本。劉節評論《劉向歆父子年譜》之於經今古文問題是「消極攻擊舊說」，而非「積極分析事實」，更期望能「說明今古學之源流與底蘊，以為講論學術史者所取資」。錢穆對於「劉歆未造偽經之證據頗多，而對於《周官》及《左氏傳》之著作時代無具體意見」，「抨擊崔、康者仍未能中其要害」，「當崔、康輩立說初意，本在提倡今文，因而不能不攻擊古文經典，於是《周官》及《左氏傳》之著作時代發生問題矣。後人復以其攻擊古文家之法還以檢討今文經典，

---

[1] 皮錫瑞著，周於同註釋：《經學歷史》，51頁。
[2] 周予同：《序言》，見皮錫瑞著：《經學歷史》，9～11頁。
[3] 章太炎：《駁皮錫瑞三書》，見徐亮工編校：《中國近三百年學術史論》，102頁。

則《春秋經》、《公羊》、《穀梁》二傳相繼提出不信任案，由是《禹貢》、《洪範》、《堯典》、《金縢》一一證明偽作，而中國上古史頓覺改觀。」[1]劉節視錢穆為古文學立場，誠然有所誤解，但提出《周官》與《左傳》的年代問題的確是解決經今古文的癥結。曾有學人想考察《周禮》官職，私下求教錢玄同，「看到底是六國陰謀之書之改造呢，還是劉歆特作」，錢玄同視「此問題幾甚難得到明確答案，但若多將《周禮》的官職考明，則實大有益也」[2]。錢穆本來沒有經生之見，更無「平分今古」的束縛，批評廖平「以禮制一端劃分今古鴻溝，早已是拔趙幟立漢幟，非古人之真」[3]。循此思路自然以康有為《新學偽經考》為今文學大本營，力駁劉歆造偽說，再得古人之真，以史事解決今古文之爭。為了回應劉節的批評，錢穆撰寫《〈周官〉著作時代考》，論證何休所謂「《周官》乃六國陰謀之書」的說法較為合理，「據今考論，與其謂《周官》乃周公所著，或劉歆偽造，均不如何氏之說為近情」[4]。一九四一年，在為羅倬漢《史記十二諸侯年表考證》作序時，錢穆坦言曾有類似計劃，文中提到「（1939 年春）羅君告余方有志於會儒、道，通經、子，為中國文化闢其初，而先出其緒餘，成《史記十二諸侯年表考證》一書，明《左氏書》非晚出，取以關折近世沿襲今文經學者之調辭曲說，而為古典之研討立之基。余曰：『有是哉！余嘗亦有意於此矣，君乃今先

---

[1] 劉節：《評劉向歆父子年譜》，載《大公報・文學副刊》，第 137 期，1930-08-25。（此文署名「青松」，十年前，劉節之子劉頌曾先生告知此為劉節筆名，劉巍先生對此亦有精當考證。）

[2] 楊天石主編：《錢玄同日記》（整理本），1938 年 3 月 6 日，1326 頁。

[3] 錢穆：《致胡適》，見杜春和、韓榮芳、耿來金編：《胡適論學往來書信選》（下冊），石家莊：河北人民出版社，1998 年，1098～1101 頁。

[4] 錢穆：《〈周官〉著作時代考》，載《燕京學報》，第 11 期，1932。

成之。』」[1]從回應劉節的質疑到為羅倬漢作序,近十年的時間,錢穆並未傾力落實此事,可知錢氏僅將考證《周官》、《左傳》的成書年代視為突破經今古文問題的輔助。

一九二一年,胡適、錢玄同與顧頡剛創議編輯辨偽叢刊,數年間顧頡剛蒐集數百萬字的材料。一九二五年四、五月間,胡適請錢玄同開具「晚清今文學書單」。一九二九年,顧頡剛回到北平後,約集樸社同仁,決定接續出版辨偽叢刊,將評論古書的文字彙集起來,一方面表示「飲水思源」的敬意,一方面激發「有進無退」的勇氣[2]。然而,胡適此時由疑古轉向古史重建,逐漸擺脫之前深受影響且大力提倡的晚清今文經學。《劉向歆父子年譜》成為胡適放棄「劉歆遍偽群經」說法的重要環節,進而批評顧頡剛仍舊墨守康有為與崔適之說。胡適認為《周禮》可能是王莽利用司馬遷所見《周官》放大改做而成,但不能因此以認為劉歆遍偽群經[3]。顧頡剛在《五德終始說下的政治與歷史》中,雖然吸收了錢穆的某些意見,但仍沿用康有為、崔適的劉歆造偽說。雙方往復爭辯,錢玄同稱顧頡剛「頗有意於再興末次之今古文論戰。劉節必加入,適之將成敵黨」[4]。一九三一年四月二十一日,錢玄同遇到嵇文甫,後者因近來錢玄同、胡適、顧頡剛與錢穆為今古問題又齟齬,暢談最近研究今古文及兩漢問題的心得[5]。

錢穆、顧頡剛、胡適、錢玄同、劉節等人的討論引發了學界對經今古文問題的再度熱議,既有研究側重討論各方觀念異同與互動,卻

1　錢穆:《素書樓余藩・羅君倬漢十二諸侯年表考證序》,見《錢賓四先生全集》第53冊,10頁,臺北:聯經出版事業股份有限公司,1998。
2　顧頡剛:《序》,胡應麟著:《四部正訛》,1~13頁,北京:北京書局,1929。
3　胡適:《論秦時及周官書》,顧頡剛編著:《古史辨》(5),637~638頁。
4　楊天石主編:《錢玄同日記》(整理本),1931年6月14日,806頁。
5　楊天石主編:《錢玄同日記》(整理本),1931年4月21日,798頁。

忽視了此次今古文論戰所展示的今文學內部派分與經史轉型複雜的內在理路。劉節指出：「晚清治今文學者以皮錫瑞、廖平、崔適、康有為最有力。如廖平之《今古學考》、崔適之《史記探源》，皆精深宏篤，遠在康氏以上。」[1]換言之，超越今文學不能僅以康有為為鵠的，更要考察廖平與崔適學說。有學人批評劉節所言「昧於康氏之說統治民國學界的事實，又猶惑於廖、崔諸說」，應是有所誤解。若以今文學流變內在脈絡的視角，劉節意在提示廖平與康有為學術及其啟發後學的不同取徑。胡適與錢穆論辯今古時，提出「廖季平的《今古學考》的態度還算是平允，但康有為的《偽經考》便走上了偏激的成見一路，崔覺甫的《史記探源》更偏激了」，現在應該「回到廖平的原來主張，看看他『創為今古之分，以復西漢之舊』是否可以成立。不先決此問題，便是日日討論枝葉而忘卻本根了」[2]。胡適知曉廖平與康有為學術傾向有別，廖平「平分今古」之說是近代今古紛爭的根本，「回到廖平」成為超越今文學的重要環節。

二　「回到廖平」

馮友蘭在《中國哲學史》的最後提出中國哲學應當貞下起元，廖平學術「若以歷史或哲學視之，則可謂無價值之可言」，廖平之學可以視作中國哲學史中經學時代的結束，「廖平之學，實為經學最後之壁壘，就時間言，就其學之內容言，皆可以結經學時代之局者也」。然而，前時代之結束與後時代之開始常常交互錯綜，中國哲學史的新

---

[1] 劉節：《評劉向歆父子年譜》，載《大公報・文學副刊》，第137期，1930-08-25。
[2] 胡適：《致錢穆函》，見杜春和、韓榮芳、耿來金編：《胡適論學往來書信選》（下冊），1105頁。

時代,「已在經學時代方結束之時開始」[1]。錢玄同認為《中國哲學史》中竟然沒有黃宗羲和王夫之,而有廖平,「豈不可怪」[2]。民國學界自然多以「怪誕」看待廖平六變之學,關鍵即在廖平視「哲理與事實為反比例」,未能將孔學義理與歷史事實相結合。劉咸炘評價廖平早年平分今古持論閎通,方法縝密,尊今抑古之後,則「不復守附會之戒,而憑空穿鑿者十之五六」。三變之後,空言孔子垂教,以孔經為哲學,而與「史文事實相反」[3]。舒君實等學人強調廖平之於近代學術流變的意義,提出:「研究儒學宜師今而存古,師今取其足以救時弊,存古可以備參考故」,若不研讀廖平《今古學考》,而「妄談儒家學說,譬彼舟流罔知所屆矣」[4],「廖平之思想自成一家,不在康有為下」[5]。廖平所揭示的微言大義被視為中國學術以及文明出路的重要參考。以禮制平分今古的方法與《春秋》之微言大義成為民國學人褒貶廖平學說的緣由,如何以歷史眼光貫通春秋大義與六經典製成為廖平後學弘揚、超越經今文學的關鍵。

錢穆攜《劉向歆父子年譜》北上,可謂意氣風發,此書足以讓錢穆在派系紛繁的平津學界立足,並被人譽為「能言漢儒今古文經學曲折者,今世莫如子」[6]。蒙文通較早即與錢穆就劉歆造偽一事有所交涉,此後輾轉於四川、河南、江浙三地,亦以「回到廖平」的方式重

---

[1] 馮友蘭:《中國哲學史》(下),見《馮友蘭文集》第 4 卷,337 頁,長春:長春出版社,2017。

[2] 楊天石主編:《錢玄同日記》(整理本),1933 年 5 月 5 日,925 頁。

[3] 劉咸炘:《左書·經今文學論》,見《推十書》,109 頁。

[4] 舒君實:《釋儒》(下),見《國民公報》,1921-12-05。

[5] 直聲:《評蔣維喬《中國近三百年哲學史》》,見《大公報·文學副刊》,第 240 期,1932-08-08。

[6] 錢穆:《素書樓余瀋·羅君倬漢十二諸侯年表考證序》,見《錢賓四先生全集》第 53 冊,10 頁。

第八章 「超今文學」與民國學術流變 | 265

新思考今古文問題。一九三二年,廖平逝世。侯堮認為廖平在中國經學史上具有相當地位,而在晚清思想史上,也握有「嚴重轉捩之革命的力量」,由廖平而後康有為、梁啟超、崔適,直至今日的錢玄同、馬裕藻、顧頡剛,「均能昌言古文學之作偽」。中國向來今文學家未做完、未說完的餘瀝,「一躍而為新史界所嘖嘖鼓吹之新問題,前喁後於,當者披靡」。廖平將三千年來孔子及數千年經學與經學所產生的思想言論進行根本改造,發前人所未發。近代古史研究皆導源於廖平經學革命之功,「以清代思想史言之,自王壬秋以上,似不克與廖先生分爭一席」[1]。張鵬一認為清季有三人稱得上今文學者,皮錫瑞、康有為、廖平,「為學子便利明經計,則康先生說經,實為可取,以其斬截荊棘,宮牆美富,易於窺見」。廖平學術尤當表彰,「六譯諸作,以《解詁三十論》、《春秋圖表》、《公羊補正》、《今古學考》為上乘,全得力於今學」,「自公羊之說不明,人人但習於雅言,而微言絕無人知,偶以形之言論,鮮不以為妄誕。宜儒道之衰,中國之不競也。夫雅言固足以針末貶世之人心,微言則在發明孔經立教之義,範圍之大,紲國人之疑慮,使之超小康而入於大同之域」[2]。蒙文通鑒於廖師遺著未刊者尚多,遂「集資梓行」,著而未成者,則「抄纂成《六譯館札記》」[3]。蒙文通撰文梳理廖平之於清代漢學、兩漢經今古文學的學術貢獻,與侯堮揚譽廖平「思想史」上的地位各有側重。蒙文通認為近代今文學有偽今文學與成熟今文學之分野,以此將廖平與康有為劃清界限,從「經學」的立場弘揚師門今

---

1 侯堮:《廖季平先生評傳》,載《中國新書月報》,第 8 期,1932。
2 張鵬一:《讀廖季平〈六譯館叢書〉評語》,載《國立北平圖書館館刊》,第 7 卷,第 2 期,1933。
3 《圖書文化消息·廖季平先生遺著之近聞》,載《浙江省立圖書館月刊》,第 1 卷,第 9 期,1932。

古之旨。

　　蒙文通分別受學於廖平和劉師培，得今、古兩家之義。廖、劉二人都有「推本齊魯上論周秦」之意，蒙文通早年計劃進一步尋繹探討兩師之論，尋齊、魯之學的根源。一九二九年，蒙文通寫定《經學抉原》，自稱「略陳漢師今古學之未諦，以思究宣師門棄兩漢、宗周秦之微旨」，並未懷疑今古學本身的合理性，周秦齊魯三晉之學與今古文學仍是一脈相承的關係。蒙文通本於兩漢今古學向上溯源周秦之學，堅信廖平所言以禮制判別今古文，今文經學以《王制》為綱，古文經學以《周禮》為綱。撰寫《古史甄微》時，蒙文通以晚周所傳史說探求三皇五帝之說的本源，發現各方之說似「各有鴻溝不可紊」，又「就五勝五帝之說」，求此說變遷、沿革、異同的原因，遂知兩漢之學遠非周秦之學，周秦之學變易猶多，派別亦眾，不是今古兩家所能涵括的。不僅今古之學不足言周秦，即使漢代齊學、魯學也遠非周秦之齊魯學。換言之，兩漢師法已經不足以探周秦之學，而「必別求周秦之法以說周秦」[1]。

　　以禮制平分今古，《王制》、《周官》分攝今古是廖平平分今古的根本。皮錫瑞作《王制箋》，以《王制》為孔子遺作，為「素王」說張本。章太炎對此不以為然，指出「先師俞君以為素王製法，蓋率爾不考之言，皮錫瑞信是說，為《王制箋》，所不能通，即介恃素王以為容閱」，其中「尤瀆亂不經者，以為天子之官，三公、九卿、二十七大夫、八十一元士，此非孟子所說，而與《昏義》、《尚書大傳》、《春秋繁露》、《白虎通義》相扶」，而此皆「不達政體者為之」[2]。劉咸炘學宗章學誠文史校讎之學，「於經學今古文兩派皆不

---

[1] 蒙文通：《井研廖師與漢代今古文學》，見《經史抉原》，130～134頁。
[2] 章太炎：《駁皮錫瑞三書》，見徐亮工編校：《中國近三百年學術史論》，109頁。

主之。古文家之極若章太炎，今文家之極若廖季平，吾皆以為太過」。學界以章學誠六經皆史說「似若黨古文者」，實則不然，主要是對於「今文家之言則多不敢信」[1]。素王之說是經生不明史學，「不知察勢之變而據守文字節目」，「漢人之於經義固止得去制度，得其講制度之精則有後儒所不能及者」，《王制》的價值「不在今文家之矜異而在其所不矜異」。朱子認為《周官》、《王制》皆制度之書。近世儒者甄明漢儒家法，提出古文家學宗《周禮》，今文家與《王制》暗合，於是紛紛攻擊《周官》造偽，《王制》或為素王定制。「《周官》自周公之作降而為六國時書，又降為劉歆所造，《王制》則自漢博士之作升而為秦漢間儒者之書，又升而為七十子後大賢之作，其無定如此。」實際上，「《周官》固不似六國人書，而《王制》之為漢博士作，乃司馬遷之言，遠在今古諸儒之前，其確不容質疑」。考察歷代制度應當善於審察時勢，制度設計應當合於時宜，不必依託聖人創制。近世學者懷疑《周官》「疑非所疑」，尊奉《王制》則「尊非所尊」，其癥結在於「不明史學，未知周漢之變」[2]。

劉咸炘以「史學」察周漢之變，折衷近儒《周官》、《王制》之爭。蒙文通質疑今古文學的宗綱，正是「就歷史之義」，從《王制》、《周官》二者官制異同入手。二人方法近似，旨趣有別：

> 今古兩學之重心為禮制，其要在《王制》與《周官》，以《周官》考古文家說而皆符，以《王制》考今文家說亦大體不異。《周官》與《王制》枝細之別已繁，而後人所認為大端之異，蓋在設官也。……若《周官》之制，與西周不符，實為晚世之

---

[1] 劉咸炘：《左書·經今文學論》，見《推十書》，109頁。
[2] 劉咸炘：《左書·周官王制論》，見《推十書》，87頁。

書。……《王制》固西周之制,雖成書晚於《周官》,而所敘之制先於《周官》也。……既知三公而參五事,六官而三公九卿,三五之制既通,《王制》、《周官》之因革既顯,則周之典章可以知其故。《周官》、《王制》既相通而不相妨,則必執《周官》、《王制》各為今古壁壘以相爭,而欲今古兩家之說各以通於一切,執一端以遍說群經者,漢師今古學家之陋也。[1]

蒙文通察明《王制》、《周官》實為西周、東周兩種不同的制度,而且二者所論之官制、禮制「相通而不相妨」,今古文的家法難以自洽,漢代今古文學的派分自然不再可信。《經學抉原》認為古學綜合了孔子未見的《周官》,不傳《春秋》的《左傳》,出於魯壁的《佚書》和《佚禮》,民間所傳《費易》和《毛詩》等群書學說,以《周官》為宗。今學綜合本於齊學的《公羊》和轅固之學、本於魯學的《穀梁》和申培之學,以《王制》為宗。若詳論今學與古學的構成,便發現二者皆源異而流合,「欲並胡越為一家,貯冰炭於同器,自扞格不可得通」。若剖析今古家所依據的典籍,分別研討,以求其真,那麼漢人今古學之樊籬立即動搖,所謂今古學「實為漢人不合理強制組成之學」,「今古之自身本即是不一致之學,即學術中絕無所謂今古學」,「究空說則今古若有堅固不破之界限,尋實義則今古乃學術中之假名」[2]。既然學術中絕對沒有所謂今古學的派分,那麼,就不能持今古學之義上探先秦之學,只能「捨今古之異同而上求之齊、魯」。蒙文通再次強調廖平、劉師培的學術地位時,側重於由兩漢而上探周秦、由今古而溯之齊魯,求周秦學術,易兩漢家法,「此

---

1 蒙文通:《井研廖師與漢代今古文學》,見《經史抉原》,122～129頁。
2 蒙文通:《井研廖季平師與近代今文學》,見《經史抉原》,113～114頁。

固廖師偉志」，後學應當「宣其微旨而證其確實」。至於廖平以禮制平分今古的說法，不僅不能得周秦學術之實情，就是連兩漢經學也不能囿於今古文派分，「漢師家法固若是，而周秦傳記參差猶多，實非區區今古家法所能統括而各得其所」，「兩漢傳經之學，奇說孔多，奚止四派，豈區區今古兩宗所能盡括？」[1]

至此，蒙文通在「復古求解放」的道路上已經「度越前賢」，斬斷了「平分今古」與「尊今抑古」論的束縛，倡導直接探討周秦學術之旨，將今古學的說法一齊撕破。在《井研廖季平師與近代今文學》中，他說：

> 蓋治經者有主於訓詁，以《說文解字》、《廣韻》為本者為一派；主於微言，以緯候圖讖為本者為一派；若廖、劉則主於禮制，以《白虎通義》、《五經異義》為本，又自為一派。皆可依之以言今古文，非此一道為古文，而彼一道為今文也。[2]

既然「學術中絕無所謂今古學」，那麼以治經的方法來區分經學流派時，今、古兩家在經說上的差異可以淡化，甚至廖、劉二人可判為同一派，尊今抑古的態度也有所緩和：

> 惟左庵深明漢師經例，能知西漢家法，其言西漢古文學則是，而實抑古學為今學之附庸。故左庵能揚西漢學，而未必即張大古文學。廖師實真能張古學者也。章太炎雖未必專意說經，其於家法之故，實不逮左庵，然於《左傳》主杜氏，於費《易》

---

[1] 蒙文通：《井研廖師與漢代今古文學》，見《經史抉原》，129頁。
[2] 蒙文通：《井研廖季平師與近代今文學》，見《經史抉原》，110頁。

取王弼,以《周官》為孔子所未見之書,學雖遜於左庵,識實比於六譯。夫《周官》自有其價值,豈以附於孔氏則重,不附於孔氏則輕![1]

廖平由成熟今文學的代表一躍而成為學兼今古,甚至能張大古學。相比之下,劉師培則「抑古學為今學附庸」。此時,李源澄將蒙文通這一說法加以發揮:「澄嘗問故於蒙師文通,蒙師又嘗執贄於劉先生之門,豈敢以夫子之道,反害於夫子哉」,「故命曰質疑而已。」李源澄認為:「井研廖師,明今古之大分,皮錫瑞、劉師培兩經儒出而究其緒,兩漢今古之學,遂以大明」,劉師培雖「於古文學淵源流別,可謂能窮源究委」,然「以困於家學,又見康有為輩之橫相詰難,為堅古學壁壘,故最漢代古文師舊說,以立異於今文」;雖然「未足通經,平章經說之功,不可誣也」,「惟《周官》、《左氏》,本不出於孔門,劉氏多所附會,故略為辯焉」。此論與蒙文通所謂劉師培「抑古學為今學附庸」如出一轍,不過,李源澄仍強調《周官》、《王制》二書「自多違異」,「相異之處甚顯」[2]。

以上可視為蒙文通今古文問題上的第二變,此時雖仍學宗廖氏,但質疑《周官》、《王制》為今古文的總綱,大有超越「今古文」的傾向,主張上復周秦,不能執泥於「今古文學」,這與胡適、錢穆等人「回到廖平」的主張貌同心異。錢穆從未囿於經生之見,自然沒有「平分今古」的束縛,遂以史學門徑解決今古文之爭。相反,蒙文通堅持以禮制平分今古,其突破今古文學的關鍵也是禮制,目的是為了尋求周秦儒學源流,明經學根柢。蒙文通評價廖平「說《春秋》繽

---

1 蒙文通:《井研廖季平師與近代今文學》,見《經史抉原》,112頁。
2 李源澄:《古文大師劉師培先生與兩漢古文學質疑》,載《學藝》,第12卷,第6期,1933。

密，說禮則略」，廖平分判《王制》、《周官》禮制的疏漏，並不影響其對《春秋》之義的闡發。此後，蒙文通專注於尋求「古今文家」與周秦學術大義的傳承。在河南大學時，蒙文通已經略感到周秦之制與春秋一王大法間的區別，「比輯秦制」，力求得其正解，卻未有定見。蒙文通心存此種疑惑，北上平津。

此時平津學界正在展開新一輪的今古文辨義。顧頡剛此時一面編輯出版辨偽叢刊，陸續出版《子略》、《諸子辨》、《詩疑》、《古今偽書考》、《古學考》等，「辨偽叢刊」被譽為擴大而為辨偽的新運動，「照耀人目」；一面繼續編纂《古史辨》，《古史辨》第二冊上篇討論戰國秦漢時期的古史觀，下篇收錄學界關於古史辨的爭論；《古史辨》第三冊上編討論《周易》，下編討論《詩三百篇》；羅根澤負責編纂《古史辨》第四冊《諸子辨偽》，計劃分為古今兩編；《古史辨》第五冊彙集經今古文問題與陰陽五行起源的文獻。錢玄同希望顧頡剛將《群經辨偽》之文也編成《古史辨》一冊，擬將《古史辨》作為《辨偽叢刊大成》[1]。一九三三年十二月二十九日，錢玄同在師大史學系演講《晚清今文學與學術政治之關係》。錢玄同與張西堂往來甚密，借閱《周官辨》與有跋文的《古學考》給張西堂，並贈予「康書序」五本。請張西堂代授「經學史」課程。錢玄同稱讚張西堂《經學史講義》「甚佳」，張西堂今文孔學，古文周公之說，除了《春秋》之外都不相信與周、孔有關，也不相信無關，「與余意見頗相右也」[2]。錢玄同曾稱讚廖平學術「洞見道本，一掃漢唐箋疏、魏晉清談、宋明空談之說，信哉二千年來未有之一人」[3]。此時，錢玄

1　楊天石主編：《錢玄同日記》（整理本），1934 年 12 月 15 日，836 頁。
2　楊天石主編：《錢玄同日記》（整理本），1934 年 11 月 21 日，1051 頁。
3　楊天石主編：《錢玄同日記》（整理本），1916 年 1 月 6 日，284～285 頁。

同則主張晚清民國今古文學者「莫善於康有為之《新學偽經考》，莫不善於廖平之《今古學考》」，其原因正是「前者是辨偽，後者是析『學』」。皮錫瑞的《經學歷史》與《經學通論》則「既不敢辨偽，又略有析『學』」，所以「亦不甚佳」[1]。顧頡剛、錢玄同、張西堂、劉節等人紛紛提倡今文經學，學界將之視為超今文的學人群體。廖平門生蒙文通、李源澄探求漢代古今文學與周秦學術義理的傳承，希冀得其正解，去上與東部學人以「辨偽」與「析學」的方式實踐宗旨異趣的超越今文學之路。

三 「辨偽」與「析學」

蒙文通自述：「余初到東南，其地言學者與四川相近，故無所軒輊。到北京，日與諸人講論，始聞孔子不刪六經之說，甚異之。」[2]「孔子不刪六經之說」是古史辨運動的先聲。錢玄同極力提倡「孔丘無刪述或製作『六經』之事」，「《詩》、《書》、《禮》、《易》、《春秋》本是各不相干的五部書（《樂經》本無此書）」，「『六經』之中最不成東西的是《春秋》」[3]。傅斯年對錢玄同此說，除《春秋》略有異義，其餘皆極表贊同。一九三三年出版《經史抉原》，蒙文通開篇即稱「孔子之刪定六經，實據舊史以為本」[4]，執教北大後，「乃熟查之，周代固無孔子定六經之說，此特漢人之說也，周人亦罕言六經王制，樂正崇四術。荀卿始亦不言六經，後偶言

---

1 錢玄同：《最後一頁・錢玄同來信》，見顧頡剛編著：《古史辨》（5），1～3頁（文頁）。
2 蒙文通：《治學雜語》，見蒙默編：《蒙文通學記》（增補本），54頁。
3 錢玄同：《答顧頡剛先生書》，見顧頡剛編著：《古史辨》（1），68～82頁。
4 蒙文通：《經學抉原》，見《經學抉原》，56頁。

之」[1]，後來更明確提出「六經之刪合為一，未必出於孔子」[2]。可知，在新的學術環境中，蒙文通吸收新說，探求儒學流變，卻仍認為「六經經傳以千萬，僅存經為儒家之正宗」，「六經成於新儒家之手」。這一「正宗」思想使得蒙文通與「新史學」貌合神離，被北大辭聘或緣於學風差異，雙方在「辨偽」與「析學」的路徑下超越今文學的方式自然涇渭有別[3]。

　　作為民國今文學運動的急先鋒，錢玄同稱讚近百年來今文學運動是近代學術史上極光榮的事情，主要貢獻在於「思想的解放」與「偽經和偽史料的推翻」。錢玄同主張以「史眼」窮經，視六經僅是史料，不贊成「國學」、「經學」等提法，更反對以經師的眼光「析學」。「研究經書，應該以實事求是為鵠的，而絕對破除師說、家法。這些分門別戶、是丹非素、出主入奴的陋見！」康有為《新學偽經考》所用清儒的考證方法，是科學的方法，廖平《今古學考》「東拉西扯，憑臆妄斷，拉雜失倫，有如夢囈，正是十足的昏亂思想的代表，和『考證』、『辨偽』這兩詞兒斷斷連接不上」[4]。六經皆史與微言大義並非分別今古文的標準，經今古文的差異主要是篇卷與文字之別，經說異義根本不值得注意。錢玄同以此質疑儒家學說一系相傳的內在脈絡，進而提出「超今文」的口號，否認今文學為「學」的資格。近代今文學者「只有對於《春秋》都是公羊之說為宗（惟邵氏不言《春秋》），對於其他各經，獨崔觶甫師一人篤守漢之今文說，他人即不如此」，「他們自己解經，則並非專宗漢之今文說，所以他們

1　蒙文通：《治學雜語》，見蒙默編：《蒙文通學記》（增補本），54頁。
2　蒙文通：《論經學遺稿三篇》，見《經學抉原》，217頁。
3　張凱：《經史擅遞與重建中華文明體系之路徑：以傅斯年與蒙文通學術分合為中心》，載《浙江大學學報》（人文社會科學版），2014（2）。
4　錢玄同：《重論經今古文學問題》，見顧頡剛編著：《古史辨》（5），27～28頁。

解經的精神實在是『超今文』的」[1]。

錢穆為《古史辨》第四冊作序時，指出考據家以懷疑的態度，不受正統與經典的束縛，以歷史觀念平視各家學說，「疑者非破信，乃所信之廣」[2]。錢穆之所以將重點放在考察劉歆造偽一事，正是基於認定漢代今古文不是學術進化的結果，實為政學合一的遺毒：經今古文之爭「實則爭利祿，爭立學官與置博士弟子，非真學術之爭也」。古文派的興衰、分裂，「其機捩點皆在於政治之權勢，在上者之意旨」，「兩漢經學僅為秦人焚書後之一反動」[3]。傅斯年認為漢代經學的「家法之爭，既是飯碗問題，又涉政治」[4]。那麼解決近代今古文之爭，似乎僅需從史事上澄清政學糾葛與變遷軌跡，而沒有必要於經說中強求異同。錢穆注重儒學作為義理與史學間的關聯，經學並非儒家義理的核心，其重要性須配合古史研究[5]。顧頡剛的學術轉向深受錢玄同的影響，以辨偽平視經今古文，將近代辨偽學分為幾個階段：「崔述、梁玉繩指出事件之妄，康有為指出作偽之時代，崔適指出作偽之方式（始用五德說說明之）」，「今文家只肯打破五德說，不肯打破三統說」，顧氏自期「立於超然之地位，加以系統之說明，補其所未備」[6]。不過，顧頡剛並不抹殺學派，堅持「析學」，由家派入手梳理經今古學說的層累演化。求學北大時，顧頡剛認可黃侃所

---

[1] 錢玄同：《〈左氏春秋考證〉書後》，見顧頡剛編著：《古史辨》（5），10頁。

[2] 錢穆：《古史辨第四冊序》，見羅根澤編著：《古史辨》（4），5頁。

[3] 錢穆：《國學概論》，81頁。

[4] 傅斯年：《留學筆記》（1919～1926年），臺北：「中研院」史語所藏傅斯年檔案，檔號I～433。

[5] 戴景賢：《論錢賓四先生之義理立場與其儒學觀》，載《臺大文史哲學報》，2009（70）。

[6] 顧頡剛：《遂初室筆記（二）·近代辨偽之進展》，見《顧頡剛全集·顧頡剛讀書筆記（三）》，71頁。

言「經學分家派,本不為善,然苟為其學,即不得不藉家派以為其假定,而後一切義類有所附;得其義,乃捨其家,則知所擇」,「假定一言,是極,此即為科學之方法也」[1]。辨偽古史不受家法門戶節制,但若「不從辨別經學家派入手,結果仍必陷於家派的迷妄。必從家派中求出其條理,乃可各還其本來面目。還了他們的本來面目,始可以見古史之真相」[2]。誠如周予同所言近代超經學的研究,「不是治經不談『家法』,而是以『家法』或學派為基礎而否定了它,超越了它,而到了一個新的階段」[3]。顧頡剛考察五德三統說,辨明經今古文流變,「三統改制學說是造偽古史之原則」,「得其原則,足以窮其流變」[4]。之後,顧頡剛計劃完成四考:「辨古代帝王的系統及年曆、事蹟,稱之為帝系考」;「辨三代文物制度的由來與其異同,稱之為王制考」;「辨帝王的心傳及聖賢的學派,稱之為道統考」;「辨經書的構成及經學的演變,稱之為經學考」[5]。由此打破種族的偶像(帝系)、政治的偶像(王制)、倫理的偶像(道統)、學術的偶像(經學)。可見,辨偽與析學是顧頡剛學術方法的雙軌,由三統改制學說判定戰國、秦漢時期的「造偽思潮」,解釋戰國秦漢學術思想演化歷程,落實「對於戰國、秦、漢時代學說之批判」。

劉歆作偽問題是五德終始觀的最終環節,也是民國學界古史辨偽的焦點。錢穆從政治和學說兩面,均認為從漢武帝到王莽、從董仲舒

---

[1] 顧頡剛:《西齋讀書記》,見《顧頡剛全集・顧頡剛讀書筆記(十五)》,358頁。

[2] 顧頡剛:《滬樓日札・古史與經學之關係》,見《顧頡剛全集・顧頡剛讀書筆記(四)》,346頁。

[3] 周予同:《怎樣研究經學》,見《中國經學史講義》,132頁,上海:上海文藝出版社,1999。

[4] 顧頡剛:《纂史隨筆(三)・三統改制說是造偽古史之原則》,見《顧頡剛全集・顧頡剛讀書筆記(一)》,430~431頁。

[5] 顧頡剛:《〈古史辨〉第四冊序》,見羅根澤編著:《古史辨》(4),4頁。

到劉歆,「只是一線的演進和生長」,今文學家「則認為其間定有一番盛大的偽造和突異的改換。」這是他與顧頡剛的本質分歧[1]。顧頡剛認為宇宙間的事物有漸變,有突變,「古史的傳說和古文籍的本子當然不能例外」,五德三統說是秦漢政治學說的根本,劉歆倡導的古文學運動是西漢末年學術突變的原因[2]。顧頡剛始終堅持劉歆造偽說根源於此,在晚年依舊認定「劉歆表彰《左氏》,保存春秋一代史事,固一大功績,而其附莽以造偽史,淆亂當時史官之記載,則為千古罪人,功罪自當分別論之」[3]。楊向奎批評顧頡剛沒有在「層累地造成的古史說」的基礎上再前進一步,「只是重複過去的老路,恢復到今文學派康有為的立場,又來和劉歆作對……是經今文學派的方法,一切委過於劉歆」[4]。楊寬批評康有為、崔述「《史》、《漢》對校法」的考證是「意為進退」的「玄學之考證方法」,顧頡剛承其餘緒,由少皞史事論證劉歆造偽為臆說[5]。顧頡剛因此被民國學人貼上「新今文家」的標籤。

在《古史辨》第五冊「序言」中,顧頡剛申明「超今文學」的立場:「家派既已範圍不住我們,那麼今文古文的門戶之見和我們再有什麼關係!我們所以在現在提出今古文問題,原不是要把這些已枯的骸骨敷上血肉,使它們重新活躍在今日的社會,只因它是一件不能不解決的懸案,如果不解決則古代政治史、曆法史、思想史、學術史、

---

1 錢穆:《評顧頡剛〈五德終始說下的政治和歷史〉》,載《大公報·文學副刊》,第170期,1931-04-13。

2 顧頡剛:《跋錢穆評〈五德終始說下的政治和歷史〉》,載《大公報·文學副刊》,第171期,1931-04-20。

3 顧頡剛:《與徐仁甫書》,見《顧頡剛全集·顧頡剛書信集(三)》,512頁。

4 楊向奎:《論「古史辨派」》,見《中華學術論文集》,32頁,北京:中華書局,1981。

5 楊寬:《劉歆冤詞》,見呂思勉、童書業編著:《古史辨》(7)上,405~421頁。

文字史全不能做好，所以要做這種基礎工作而已。」[1]劉節認為顧頡剛《五德終始說下的政治和歷史》揭示漢人攪亂史蹟的根本方略，問題可以分兩層來討論：第一，陰陽五行說起源；第二，今古文經說之爭。《古史辨》第五冊的編纂正是圍繞這兩個問題展開。劉節指出漢代經今古文之爭「本因學說不同，利害衝突，其相爭自有意義」。晚清以來今古文家人主出奴，「可謂無甚價值」，以真正歷史家眼光而言，「兩者皆歷史上事實，既無所軒輊，更不必偏袒」[2]。今古學的根本癥結在「陰陽五行災異讖緯說之不同，其次為制度名物之異；至於文字訓詁之乖違，其實皆同聲假借之故，無所謂今古文之分」[3]。陰陽五行說的起源是今古文之爭的中心問題，顧頡剛《五德終始說下的政治和歷史》已經抓住今古文問題的重心，「我們無論如何追不上去了，只好讓他獨步」，於是轉入「從新得的材料中做成新史的骨幹」[4]。陳槃稱讚顧頡剛分析陰陽五行的源流影響和劉歆篡偽古籍「處處深切著明，發前人之所未發」[5]。范文瀾認為「五行是中國人的思想律」誠為至理名言，不過五行說並非起於鄒衍，而是經歷原始陰陽說、神化陰陽說、原始五行說，直至孟子創造、鄒衍光大的神化五行說等階段[6]。然而，錢玄同對此種析學的作法，頗為不滿，致信顧頡剛，堅稱：「『經今古文』這個詞的下面加上一個『學』字，此更與鄙見相左。我認為『經今文學』與『經古文學』這兩個詞，都是

1　顧頡剛：《古史辨第五冊・序言》，見顧頡剛編著：《古史辨》（5），3頁。
2　劉節：《評劉向歆父子年譜》，載《大公報・文學副刊》，第137期，1930-08-25。
3　劉節：《論今古學書》，見顧頡剛編著：《古史辨》（5），639～640頁。
4　劉節：《古史辨第五冊・序言》，見顧頡剛編著：《古史別》（5），7～9頁。
5　陳槃：《寫在〈五德終始說下的政治與歷史〉之後》，見顧頡剛編著：《古史辨》（5），649頁。
6　范文瀾：《與頡剛論五行說的起原》，見顧頡剛編著：《古史辨》（5），641～648頁。

根本不能成立的。」錢氏認為並沒有同條共貫的「今文經學」，如「今文《詩》學」，也沒有同條共貫的「古文經學」，如「古文《周禮》學」，對歷史上的不同經說，「該平等看待」。考證今文與古文意義在於「有真偽之別，在史料上關係甚大，但並無所謂兩家之『學』」[1]。

閱覽《古史辨》第五冊後，張西堂告知錢玄同，他對顧頡剛、劉節所認定的今古文最根本在於陰陽五行的觀點不以為然。張西堂認為經今古文問題本是一件很不容易解決的公案，如果重新提出討論應當關注兩點，其一，對於今古兩派最初爭論的要點「古文經傳的真偽問題」應予以嚴謹的考辨；其二，對於兩派因經立說的宗旨「今古經說的異同問題」應予以詳細的劃分。今古兩派的產生都各有各的時代背景與相應立場，「而其興替變化都是有不得不然之勢的」。廖平在《今古學考》、《古學考》中提出相當成功的見解，但他所用的方法都欠精密，他的立說不免存在許多錯誤和混淆不清的地方[2]。錢玄同認為，「固不盡然，然則許然。不過我總覺得，今古文之說，實一丘之貉耳」[3]。當教育部調查大學教員研究題目時，錢玄同草擬有「經真偽之研究」說明古文經全是偽書，今文經也有偽書，為原始的經書探原；「晚清今文學派與思想、學術、政治之關係」闡明今文學派在中國文化革新上有特殊的意義價值[4]。顧頡剛與錢玄同就「辨偽」與「析學」而言，各持己見；顧頡剛、錢穆、楊向奎、楊寬觀點有別，然「超今文學」的立場則一，今古文問題成為了中國古史的子題。

---

1 錢玄同：《最後一頁・錢玄同來信》，見顧頡剛編著：《古史辨》（5），1～3頁（文頁）。
2 張西堂：《序》，見廖平著：《古學考》，1～10頁，北京：景山書社，1935。
3 楊天石整理：《錢玄同日記》（整理本），1935年2月5日，1071頁。
4 楊天石整理：《錢玄同日記》（整理本），1935年4月12日，1093頁。

寓居平津四年，浸染於超今文的氛圍，與顧頡剛、錢穆等學人充分交流，為蒙文通重構經今古文學提供了契機。抗戰後返川，蒙文通即出資創辦《重光》月刊，在李源澄的催促下，提倡「非常異義之政治學」，言內聖不廢外王，回應「超今文學」與疑古思潮：

> 清世今文之重興，而莊、劉之徒，言《春秋》而不知禮，則一王大法為徒言；左海之儔，言禮而不求之義，與經世云者，邈不相關；至康有為益肆為虛泛不根之言，於是《周官》、《左傳》，凡諸古文經傳，以為皆作於新室。狂論一倡，舉世為靡，而謂周人舊書，反足以開王莽之新治，夫王莽之為社會政策，而《周官》為封建制度，在近世夫人而知之，即平不平等之間，乖隔已遠，周與莽政，水炭難諧，乃襲其餘唾者，曾不思此，又猥自標置曰「超今文學」，以疑古相誇熴，誣古人而欺後生，斯又下矣。[1]

蒙文通否認《周官》、《左傳》「作於新室」的根據不再是今學、古學的派分，而是認為《周官》為封建不平的制度，王莽為社會政策，周政與莽治，勢如水火。此一見解緣自蒙文通在北大講授魏晉南北朝史時的感悟，根據《孟子》、《周官》記載，國、野之中，田制、兵制、學制、選士存在兩種不平等的制度體系。這更促使蒙文通接近廖平四變之學，「廖先生說古文是史學、今文是經學（或哲學），的確是顛撲不破的判斷。同時也看出經學家們把經今古文問題推到孔孟時期顯然也是不對的，孔孟所言周事還基本上是歷史事實而

---

[1] 蒙文通：《非常異義之政治學說》，載《重光》，第 1 期，1937。

不是理想虛構」[1]。蒙文通肯定廖平以禮制分別今古與經史分流學說，而將廖平大小天人學說的轉變歸結於康有為的影響[2]。李源澄認為「近世公羊學者，劉、宋不善師學，其失也愚，猶未至於叛道，康氏作《春秋筆削大義微言考》，意謂春秋之義在於公羊，公羊之義在於何、董，董、何之義在於康氏，究其所謂大義微言者，直董、何污垢穢濁之物耳，其心安居乎？復有所謂吳興崔氏者，益橫決無倫類，不足道矣」。廖平以禮制平分今古，「乃由清至今之橋梁，安於橋樑則不惟不進，且虞有失足之患」[3]。

錢基博認為廖平依據《五經異義》考察兩漢學說，成《今古學考》，「昔人說經異同之故，紛紜而不決者，至是平分江河，了如指掌」，今日為今學古學正名，當以「事義而有不同者」為主[4]。蒙文通重審廖平學說，並未走向將經學史學化，而是回到了廖平晚年經史分流說：「古文是史學，今文是經學（或哲學）」，「有素樸之三代，史蹟也；有蔚煥之三代，理想也。以理想為行實，則輕信；等史蹟於設論，則妄疑。輕信、妄疑而學兩傷，是誰之責歟？世之爭今古文學者，何紛紛也？蓋古以史質勝，今以理想高，混之不辨，未解今文之所謂也」[5]。古史辨派提倡「超今文學」，無論辨偽與析學，均主張經學史學化。蒙文通反對用陰陽五行學說來解釋今古文問題，而是以「哲學」與「史學」分別對待「今學」、「古學」。經之所以有別於史，是將理想寄託於素樸的史蹟，經學正宗不在古文而在今文。蒙文通會通廖平一變與四變之學，「不唯繼承了其師的經史之分說，

---

[1] 蒙文通：《治學雜語》，蒙默編：《蒙文通學記》（增補本），41頁。
[2] 蒙文通：《非常異義之政治學說》，載《重光》，第1期，1937。
[3] 李源澄：《上章先生書》，載《學術世界》，第1、第2期，1935。
[4] 錢基博：《古籍舉要》，56頁，上海：世界書局，1933。
[5] 蒙文通：《儒家政治思想之發展》，《儒學五論》，33頁。

又去掉了迷信孔子和孔經的成分,而發展了廖平的經史之分說」[1],發展經史分流觀的重點不僅繫於孔孟之學,更落實在秦漢新儒學,今文、古文之辨關鍵在於「歷史」與「理想」的差別。以政治制度而言,古文家言《周官》重在述古,今文家主《王制》寄託文化理想。廖平固守孔聖製作,蒙文通認為戰國秦漢時期歷史文化之變孕育與激發了今文學的「革命」精神與理想制度。今文學思想應當以《齊詩》、《京易》、《公羊春秋》的「革命」、「素王」學說為其中心,革命不僅是「王者異姓受命」,更需要聖者改制立法,創立一套新的制度,「改正朔,易服色,殊徽號,異器械,別衣服」。今文學家所講「一王大法」為萬民一律的平等制度,既與貴賤懸絕的周制不同,更與獎勵兼併的秦制相異,而是秦漢新儒家的理想制度,今文學的禮制多有精深大義。井田、辟雍、封禪、巡狩、明堂諸制「皆今文學非常異義可怪之論,以其不敢顯言,故辭多枝葉,實儒家精義所在,而不能見諸行事者也」[2]。

顧頡剛自稱所研究的「不是普通的戰國秦漢史,乃是戰國秦漢的思想史和學術史,要在這一時期的人們的思想和學術中尋出他們的上古史觀念及其所造作的歷史來」[3]。顧頡剛區分經學中的「理想」與「事實」,目的在於研究古代歷史,「漢人解經之目的,欲使經義為一而無異同。今人解經之目的,欲使經義異同畢露而無一毫糅雜之處。上面是統一觀念,下面是歷史觀念」[4]。古史辨運動代表今日經學的結束期,打倒古文家,不是主張今文學,而是要用同樣方法來收

---

[1] 黃開國:《廖平評傳》,190 頁。

[2] 李源澄:《西漢思想之發展》,載《圖書集刊》,第 2 期,1942。

[3] 顧頡剛:《自序》,見顧頡剛編著:《古史辨》(2),5 頁。

[4] 顧頡剛:《泣籲循軌室筆記(五)·解經目的》,見《顧頡剛全集·顧頡剛讀書筆記二》,266~267 頁。

拾今文家,「對於各派皆還其真相,但有分析而無褒貶;自己站在歷史研究上,不站在信仰上;從根本作起,不占一些便宜;作有系統的整個輯佚功夫」[1]。「統一」與「歷史」觀念背後的學術旨趣或可以「救時弊」與「備參考」概括,顧頡剛將澄清經典所蘊涵的古史實情視為中國文化的內層與核心,蒙文通闡發秦漢新儒學的大義微言以資實踐傳統文化的現代轉化。

科學史學派意在以史學建構內在的文化演化歷程,變經學為史學,建造中國文化史的骨架,而不囿於儒學再造中國本位文化。錢玄同品評當代學人時,讚譽超今文的史學家顧頡剛為最高,「今文家康、崔次之,不喜今文而亦不主古文之錢賓四又次之,專宗古文之章、劉次之,但都有見識眼光者」[2]。顧頡剛自述離開政治和道德而研究經學與孔子,超今文應當吸收宋學的批評、清學的考證,以史代經,推陳出新,澄清中國歷史文化流變的實情,「即使沒有今文家,但在現在這時代中,《六經》與孔子依然要經過一次重新的估價」[3]。蒙文通主張孔孟洞徹三代歷史文化傳統,提煉「仁義之說」,確立中華文明的核心價值,秦漢新儒學重塑立國精神與文化主體,儒家義理在某種意義上成為此後二千年中國歷史展開的精神動力,秦漢以降中國歷史的演進或可視為儒家義理的實踐與展開。歷史演進又為因時因地的調整與深化儒家義理提供有效客觀經驗提倡,既以經馭史,又以史證經,儒史相資,構建儒學義理與歷史演化的能動關係,或能以現代學術體系開闢一種義理化的經史之學。

---

[1] 顧頡剛:《純熙堂筆記・經學大勢與今日任務》,見《顧頡剛全集・顧頡剛讀書筆記(四)》,269頁。

[2] 楊天石整理:《錢玄同日記》,1935年1月6日,1061頁。

[3] 顧頡剛著,王煦華所整理:《緩齋藏書題記》(三),28頁,上海圖書館歷史文獻研究所編:《歷史文獻》第三輯,2000。

結語
文明的估價與開新

　　近代中國儒學面對千百年未有之大變局,學術流變展現出「和會與辯駁」齊頭並進,各派學說因時而興起,依據各自傳統、立場與義理關懷立論辯說。融匯中西,溝通新舊誠為學界共識與學術大勢,然「學術之事,能立然後能行,有我而後有同,否則不立何行,無我何同」。確立文明主體性及其價值是中西之間「和會而融通」、「兼舉而並包」的前提與基礎,「苟有以異於我者,必辨之斷而爭之明,斯所以尊我使有立」,「苟有以同於我者,必會其通而和其趣,所以大我使有行」[1]。否則,以破舊為創新,中西學術格義附會,割裂文明傳統與現實、價值與知識間的關聯,必將難以擺脫文化殖民地的命運。民國新舊史學各路通人詳論「史法」,考辨「事」、「制」,均殊途同歸,其分殊洽在「史學」之「義」,由此則牽涉出「漢宋之爭」與「今古之爭」在民國的演變。民國以降,漢宋之爭表面上雖然逐漸淡化,其精神則仍貫穿新舊、中西、科玄等派分爭辯之中,錢穆即言:「此數十年來,中國學術界,不斷有一爭議,若追溯源流,亦可謂仍是漢宋之爭之變相。」[2]民國學界隱然存在「新漢學」與「新宋學」、經今文學與經古文學學術立場的分殊,此一「漢宋之爭的變

---

[1] 錢穆:《中國近代儒學之趨勢》,載《思想與時代》,第33期,1944。
[2] 錢穆:《新亞學報發刊詞》,載《新亞學報》,1955(1)。

相」也成為各派學人或「復古求解放」，或溝通中西新舊的聚焦點。

一九二〇年代，梁啟超之徒甘蟄仙倡導綜合運用宋明理學「向道之精神」與清代漢學「治學方法」，以期達到「今後向新宋學、超漢學之目的」[1]。在「學術中國化」運動中，嵇文甫指出錢穆與顧頡剛討論今古文問題，看似是陳腐的經學題目，其實掩藏著新鮮的東西，本可將討論「引到一個新方面，而展開一個方法論上的大論戰，這是很有意義的。然而當時我們沒有辦到」[2]。嵇文甫敏銳察覺出此次經今古文問題的學術論戰之於建構中國文化路徑的啟示。一九四六年，童書業展望民國學界發展趨勢時，認為民國「新漢學」的特點在於接受舊宋學的批判精神，對傳統思想、舊史傳說，能作「勇猛無情的批判」；最近學術的必然趨勢是「新宋學」運動，即「近來一班喜講道理的學者的講道理運動」。新宋學是應用漢學的實證精神來講道理，新宋學依據科學的、發現的、相對的真理和社會政治的實際情況而產生科學化哲學或思想[3]。顧頡剛同時暢談中國現代史學趨勢，以北平為中心的史學家，重實際而注意枝節，往往失之瑣碎；以上海為中心的史學家，重概括而追求完整，往往失之空洞；如有人能綜合各方面研究，再予以系統的整理，則中國史學必有再輝煌的發展。中國學術以文史哲較受國外重視，實因為此種文化遺產，頗為豐厚[4]。顧頡剛視經學為文化遺產的重要組成部分，「經學到將來固不成其為一學，但在其性質尚不十分明了時，則必須有人專攻，加以分析，如廖平、

---

1 甘蟄仙：《最近二十年來中國學術蠡測——為《東方雜誌》二十週年紀念作》，載《東方雜誌》，第21卷，第1期，1924。
2 嵇文甫：《漫談學術中國化問題》，載《理論與現實》，第1卷，第4期，1940。
3 童書業：《新漢學與新宋學》，見《童書業史籍考證論集》，777-780頁，北京：中華書局，2005。
4 《史學家顧頡剛暢談中國現代史學並列舉近代史家及其成就》，載《時事公報》，1946-12-22。

皮錫瑞然」[1]。蒙文通認為今人關於經學性質的論定，「不免輕率，有些兒戲」，「是由於我們不認識古人學術，輕視文化遺產，自以為高出古人」[2]。蒙文通對「史料」、「文化遺產」有所分別：「數十年來，國內史學界皆重史料，而絕少涉及文化遺產之史學」，中國史學發展歷程中，「浙東史學究為文化遺產之一大宗，而世人知之者竟不多，殊可憫嘆」[3]。貫通義理、制度與事功正是南宋浙東史學這一文化遺產難能可貴之處。顧頡剛與蒙文通對作為「文化遺產」之經史之學的不同理解，反映近代學人轉化傳統的多元抉擇與命運。

清末民初學人重建國學，中學由「體」逐漸演化為「故」，中國學術體系完全為西學分科所取代。今文學復興雖是「以復古為解放」的關鍵步驟，但新文化派眼中解放的目標不再是復古代經典大義，而是通過由輸入的新學理、新觀念、新思想，並以相同的批判的態度對我國固有文明進行瞭解和重建，「這一運動的結果，就會產生一個新的文明來」[4]。胡適視文藝復興為反抗權威和批評精神興起，中國的文藝復興運動是「由既瞭解他們自己的文化遺產，又力圖用現代新的、歷史地批判與探索方法去研究他們的文化遺產的人領導」，是一場人文主義的運動。這場新運動「引起了中國青年一代的共鳴，被看成是預示著並指向一個古老民族和古老文明的新生的運動」[5]。胡適、顧頡剛倡導整理國故和古史辨運動，力圖以嚴肅的學術運動參與

---

1 顧頡剛：《浪口村隨筆（三）·經學清理工作顧頡剛》，見《顧頡剛全集·顧頡剛讀書筆記（四）》，137～138頁。

2 湯志均：《蒙文通先生與《辭海》》，見蒙默編：《蒙文通學記》（增訂本），132頁。

3 蒙文通：《治學雜語》，見蒙默編：《蒙文通學記》（增訂本），45頁。

4 胡適口述，唐德剛記：《胡適口述自傳》，189頁，合肥：安徽教育出版社，2005。

5 胡適：《中國的文藝復興》，收入歐陽哲生、劉紅中編：《中國的文藝復興》，181頁，北京：外語教學與研究出版社，2001。參見歐陽哲生：《中國的文藝復興——胡適以中國文化為題材的英文作品解析》，載《近代史研究》，2009（4）。

和支持反孔非儒的新思潮,解構儒學意識形態最有效的三條途徑:一是大力輸入西方哲學;二是恢復儒學在歷史上的原形;三是恢復非儒學派的歷史地位。錢玄同一直期待胡適等學人「仿泰西新法,獨出心裁的新國故黨」,「必大有造於國故界」[1],錢氏認為清代前後學術有四方面:王學、史學、考證學、今文學。在學問和政治方面都能做到不守舊而革新,王學「重內心詮訂」,史學「明古今變遷」,考證學「治學求真」,今文學「政治求進步」[2],並將十六世紀初年至民初視為中國文藝復興、宗教改革時期:「對於宋儒(程朱)以來不近人性之舉改革,陽明、卓吾、黎州、習齋、圃亭、東原、理初、定庵諸人是也;對於學術之革新,如焦竑以來之實學是也,而最近五十餘年中之前二十年開燦爛之花」[3]。當下研究國故的新運動,「進步最速,貢獻最多,影響於社會政治思想文化者亦最巨」[4]。

胡適既倡導以科學整理國故,更期盼以國故整理科學,既用現代哲學去重新解釋中國古代哲學,又用中國固有的哲學去解釋現代哲學,「這樣,也只有這樣,才能使中國的哲學家和哲學研究在運用思考與研究的新方法與工具時感到心安理得」[5]。王皎我認為隨著整理國故運動的深入,國學的地位因同外來的文化切實的衝突、融洽與調和,「國內自然是很穩固了,但在國際上亦打破歷來空洞的、虛泡的狀態而漸趨具體的、確切明了的地步」,「在國際上有超越的地位,

---

[1] 顧頡剛:《瓊東雜記(二)・錢玄同論宋、崔、康之學》,見《顧頡剛全集・顧頡剛讀書筆記卷一,71頁。

[2] 楊天石主編:《錢玄同日記》(整理本),1934年2月13日,990頁。

[3] 楊天石主編:《錢玄同日記》(整理本),1937年3月10日,1251頁。

[4] 錢玄同:《〈劉申叔先生遺書〉序》,見《錢玄同文集》第4卷,319頁。

[5] 胡適:《先秦名學史》,見《胡適文集》第6冊,11頁,北京:人民文學出版社,1998。

更可以看出是很普遍的，很有向前無窮的進展的」[1]。然而，縱觀整理國故運動與古史辨運動的走向，胡適及其同道始終側重於以現代哲學解釋傳統思想，以西方學理解釋中國文化，並未找到平衡中西文明、科學與國故的路徑。國難時期，傅斯年呼籲估價中國傳統文明，必須將中西文明來比較一番：「對於一種文明的看法，如果不用理智、不經分析，而只是出於一種詩意的欣賞，神祕的感覺，或者是直接的愛好，那是談不上什麼估價的。要去論斷某一種文明價值的高低，必定要用一種客觀的標準去看，我們不要說誰好誰壞，只要看誰適宜與否。」評價文明的標準，其一、文化交流間的影響，區別刺激與主導；其二、民族文化對民族生存幫助大小；其三、文明之中，大多數人的生活能否有意義。若要根本檢討中國傳統文明，非參考西方不可，「如果外來的侵凌不能抵抗，大多數的人民都在過著艱難的生活，文化不能影響別人而反被別人影響，這對於民族前途是有很大的危險的」。縱觀近代中西學術思潮變遷，對於異樣文明，發生新觀念、新解釋的要求，中國傳統文化中上下古今一貫的學說，根本動搖。胡適以方法為學，提倡輸入新知，再造文明，其實將中西學術交相比附，既不合於清人學術，也不合於科學方法。傅斯年認為只有中西比較，客觀分析中國傳統文明之優劣，去偽存真，「必定要這樣，然後我們的文化才能立足下去，我們的民族才能永久存續」。傅斯年嚴正警告：「須知現在的世界，是不容許兩種大不相同的文化同時存在的，這一點大家應該特別注意。」[2]

在以科學條理中學的歐化大潮中，如何尋求中學的自主性地位，進而以中學整理西學貌似不合時宜，仍是近代學術流變的潛流。民初

---

[1] 王皎我：《中國國學在國際上的新地位及其最近之趨勢》，載《青年進步》，第114期，1928。

[2] 傅斯年：《文明的估價》（手稿），「傅斯年檔案」，I～706。

國學論戰之時，張煊認為：「在世界學術方面觀之，與其得一抄拾歐化之人，毋寧得一整理國故之人。抄拾歐化，歐化之本身不加長也，整理國故，以貢諸世界學術界，世界反多有所得。」[1] 宋育仁批評胡適所引領的整理國故運動僅在史料中盤旋，文化應該以經學為中心，胡適所倡導的新文化史僅是開局纂書的辦法，充其量僅是完成一部《續文獻通考》的後案。有學人比較經今古文學之後，始終覺得今文學派對於經學的認識較為準確，對於經學的主張較為正大，對於孔子的尊崇較為合宜。若發揚今文經學的方法，則「國粹不失，國本永固，國學永存」[2]。翁文灝更是明確提出以科學整理國故，不若以國故整理科學為效之宏，以科學整理國故「為效僅止於國故，所裨只於一國家。以國故整理科學，則為效滲入於科學，所裨將被於世界，其為功可以道裡計哉？」[3]

李源澄認為整理國學是中國文化更生的必經之路，胡適所倡導整理國故運動卻存在兩種偏蔽：其一，東西中外相互比附，格義附會，「曰某為形而上學，曰某為認識論」，「懼後之學者，即以此為理學儒先之菁英，則於斯學不惟無益而且有害也」[4]。其二，以歷史的眼光研究國學時，卻視經學僅有歷史價值[5]。李源澄主張挖掘固有文化的優良成分可資時下參考，促使盲目反對固有文化的人反省。各國自有其歷史文化，中西文化精神根本不同，不要對任何一方隨便抹殺。中西文化兩相比較，特長與短處分外鮮明，「我們應該發展我們的長處，修正我們的短處，但是需要明白者不是移花接木，而是要從根本

---

[1] 張煊：《駁〈新潮〉〈國故和科學的精神篇〉》，載《國故》，第3期，1919。
[2] 鶴：《我對於經學之商討》，載《潮報》，1937-01-09。
[3] 蒙文通：《〈周官〉〈左傳〉中所見之商業》，載《圖書集刊》，第5期，1943。
[4] 李源澄：《理學略論》，載《國風》，第8卷，第12期，1936。
[5] 李源澄：《讀經雜感並評胡適讀經平議》，載《論學》，第5期，1937。

上救起」,「我們又必不可以與人不同為可恥,而是要我們能自創文化」,「我們要重新對於固有文化加以研究,大家負起責任來創造我們的將來,才不負我們的時代所賜與,不必去演那東施效顰的醜劇了,更不可自伐其根本」[1]。中國文化傳統不僅僅具有歷史價值,更是中西對話、創新文化、以國故整理科學的源頭活水,被新文化運動猛烈抨擊的禮教精神本可以發展另一種樣式的民治政體。中國政治結構為君主、士大夫、人民,而重心實在士大夫,士大夫又是社會重心,研究中國歷史必須瞭解士大夫與士大夫所服膺的經典。漢代今文學本寄託民主政治思想,秦漢以後,以君主與士大夫互讓而結合,中國政治社會「並非儒家原始理想,而為士大夫補偏救弊之辦法」[2]。蒙文通認為中國有兩套政治學說,一套是國家主義的政治學說,一套是大同主義的政治學說。國家主義的政治學說以強與富為特徵,大同主義的政治學說以和與平為特徵,大同學說相當於大一統學說。最能代表國家主義的是法家,最能代表大同主義的是秦漢新儒學[3]。漢代以來政治上排斥秦漢新儒家的精華,所接受的「僅以不違反家天下之君主制度為限度」,「現在的一切,必不是宗法社會的遺毒,更不是儒家的遺毒,而是宗法政治的遺毒。儒家繼承的是宗法政治,所創造的則是王道政治」。天下為公的賢人政治與民主政治不同,重點即在禮治高於法治,天下超越國家[4]。蒙文通認為儒家理想社會以井田為最精,儒家理想政治以明堂位最為完備。君主專制,誠不足道;議會

---

1 李源澄:《與陳獨秀論孔子與中國》,載《國是公論》,第 35 期,1940。
2 李源澄:《儒學對中國學術政治社會之影響》,載《東方雜誌》,第 42 卷,第 7 期,1946。
3 李源澄:《漢代大一統政治下之政治思想》,載《真理雜誌》,第 1 卷,第 1 期,1944。
4 李源澄:《論宗法政治》,載《新中華》,復刊第 5 卷,第 1 期,1947。

制度亦不得為世界最理想政治;「專制於一夫誠非,專制於多數亦未是,皆非中國思想所應有之說。」明堂為議政之宮,不得視之為代議制。「中國之法,治權分繫於各級之職司,實非專繫之上層或下層」,《月令》所設計的政治模式「為政治積極之職責,而非權力消極之限制;乃政治之規定,而非權力之規定」。此即中國立國精神與西方迥然異趣之所在,「權固非專之於庸眾,而與獨裁於一夫者,尤為不同」。中國政治理論與制度,自然不能以西方邏輯衡量。[1]漢代以下所行者為儒者之第二義,闡發儒學第一義當是溝通中西的關鍵,「致治之術,建國之規,是固今日言民族文化之最可貴親者」,「言民族文化而不自井田、明堂始,則為空談,未足以規我文化之宏效,言井田、明堂而不本於儒家之仁義,亦不足以盡我文化之深旨」,「仁以為本,其可誣乎,究心於民族文化者,於此幸致思焉」[2]。

　　錢穆論述清初學風,由性理之學轉向經史之學,「由朱子轉經史,其道順;由陽明轉經史,其道逆」[3]。借用此語,似乎可言晚清民國學風,由經學轉入史學,由古文經學轉入科學史學,「其道順」;由今文經學轉為現代史學,「其道逆」。經學向史學的轉向,不僅是學術方式的轉換問題,更牽涉晚清民國一系列的政治、社會、思想等問題,脈絡甚廣。若以科學方法為標準,胡樸安指出以今日研究學術的方法論而言,「今文學最不適用,所謂以《春秋》折獄,以《禹貢》治河,以三百篇當諫書,以及近人據亂小康大同之說皆一無是處」。相反,古文學的考證方法最符合今日治學的方法,「學之所以成為科學者,以其收集各種證據,歸納以得公例,古文學家治學之

---

[1] 蒙文通:《月令之淵源與其意義・附錄》,見《學五論》,176~177頁。
[2] 蒙文通:《非常異義之政治學說》,載《重光》,第1期,1937。
[3] 錢穆:《顧亭林學述》,見《中國學術思想史論叢》(8),53頁。

方法，極合此種之條例」[1]。胡樸安所言「學術之方法論」是以科學整理國故的思路，由此過渡到現代學術分科。在此先不厭其煩引述張爾田與王國維討論經今古文治學的分別，兩相類比：

> 兄論《公羊》三統三世，樹義精確，可謂不隨俗儒耳食之談。惟弟尚有欲進之於兄者，則以不知兄之此言，是讀書得間歟，抑從有統系中綜合而得之歟？吾人研治一學必須先知家法，方有軌道可言。兄嘗謂國朝三百年學術惟古韻之學成就，即以其能從至繁極賾中綜合之成一統系也。雖其後有分十八部者，有分二十一部者，此不過密以加密，而終不能違越其大體。使非然者，則但可謂之讀書得間。讀書得間因為研治一切學術之初基，但適用於古文家故訓之學或無不合，適用於今文家義理之學則恐有不合者矣。何則？故訓之學可以目論，可以即時示人以論據。義理之學不能專憑目論，或不能即時示人以證據故也。……惟其所用家法不同，故古今文兩家流別亦遂碩異。由古文考證之學言之，雖謂西京今文家說皆不出於孔子可也。若由余所論之家法言之，則雖謂西京今文家說皆不背於孔子亦可也。故弟嘗謂不通周秦諸子之學，不能治今文家言。雖然，此之家法善用之則為益無方，不善用之亦流弊滋大。嘉道以來，不乏治今文諸經者，語其成果，乃無一人，終不能與金壇、高郵諸儒同其論定者，凡以此也。兄近治《公羊》，詳於義例、故訓、名物、曆算，自是國朝治學正軌。惟弟之所言，似亦不可不存為參鏡之資，否則遇無可佐證處，或恐有疑非所疑者

---

[1] 胡樸安：《經學講義序》，見上海國學研究社編：《國學彙編》第2集，上海：國學研究社，1924。

矣。蓋學各有方，即各有其應用之家法，此如水火相反而不容相非。[1]

張爾田認為今古文學各有家法，古文偏於考證之學，今文學則為義理之學。談「義理」則必先信其義，不能無故懷疑其理。廖平主張研究經學，首先要相信六經的完整性，正是秦火經殘的觀念導致東漢以來經學沉淪不振。劉咸炘從文史校讎的視角，提出：「書籍雖多，不外子史兩種。集乃子之流，不能並立。經乃子史之源，而今文家認為子，古文家認為史，所以紛爭。」[2]、「世間止有事與理，故書亦止有史與子。」[3]今文家認經為子，宗旨在言「理」，古文家認經作史，詳於說「事」。經今古文學的特質使得各自與現代學術的關聯大有分殊。金毓黻認為經學義理與名物制度是宋學、漢學分合的關鍵，「清代名賢如戴東原、王懷祖，謂研經必先究名物訓詁，究名物制度必先通訓詁，此即所謂漢學之嫡派也。然研究名物制度實屬於史學，不過其研究之對象，即為群經，群經之外雖有言名物制度者，皆不在研究範圍之內」，金氏稱此為「經學中之史學」。至於闡明義理，「不惟宋儒能之，而清儒亦能之，如今文學派諸家，以宣究古人微言大義，皆屬之，此又為經學之別派，亦可稱之為經學中之哲學」[4]。

「今古文辨義」是清末民國學界出入經史、分殊中西的重要樞紐。民國學界繼承與超越今古文學的方式、旨趣存在內外之別。在古文經學的歷史觀念之下，六經被視為古代的政典文獻，古史與儒家義理精神分離。章太炎學術分「修己治人之學」與「超人之學」兩層，

---

1 張爾田：《與王靜安論今文學家書》，載《學衡》，第23期，1923。
2 劉咸炘：《中書·認經論》，見《推十書》，24頁。
3 劉咸炘：《左書·經今文學論》，見《推十書》，110頁。
4 金毓黻：《靜晤室日記》，1939年2月12日，4288～4289頁。

以經史為用，晚年仍傾力於尋求民族歷史特殊性，藉助史學獲得歷代社會政治經驗，探索民族文化的發展，重建講信修睦、修己治人的師儒之學。古文經學詳於制度事實，與現代科學實證主義的理念與方法一脈相承，「轉變期的中國新史學，在文化的淵源方面，承接浙東史學與吳、皖經學的遺產，而與黃、錢、章三氏有密切的關係」。今文學以說理見長，三世說與進化論、懷疑精神與近代疑古思潮最終合流，從史觀角度而言，「給予中國史學以轉變的動力的，卻是經今文學」；今文學究心於微言大義的一系雖被科學史學所批判，但通過在經與史、理與事之間建立能動觀念，卻激發出儒史相資、因事明理的義理史學。蒙文通、李源澄站在今文學立場，貫通義理、制度與史事，實踐以國故整理科學，重新認知中西文明的高下之分，嘗試現代學術闡釋儒家仁義之學的時代價值。誠如程千帆所說：「蒙文通先生現在是以一個上古史專家的面目出現在學術界的，其實他的學問源於清末四川今文經學的大師廖季平。他是把廖季平那些稀聲古怪的想法用現代語言加以表現出來的。」[1]

周予同認為清代今文學在中國學術思想史上，有相當功績。就學術精神而言，「在消極方面，能發揚懷疑的精神；在積極方面，能鼓勵創造的勇氣」；就學術實踐而言，「在消極的方面，使孔子與先秦諸子並列；在積極方面，使中國學術，於考證學、理學之外，另闢一新境地」[2]。蔣伯潛在周予同說法的基礎上，更進一步指出：「今文學家所說的孔子，究竟是否孔子的真相，原也還待澄清。不過他們所說的孔子卻是有生氣的，有熱情的，有創造革新的精神的；較之古文家所說的孔子，僅為一史學家，僅為一保存古代一部分史料的史學

---

[1] 程千帆：《書紳雜錄》，見《桑榆憶往》，157頁，上海：上海古籍出版社，2000。
[2] 周予同：《經今古文學》，見朱維錚編：《周予同經學史論著選集》，31頁。

家，卻勝一籌。」今文學復興在漢學、宋學之外，另闢學術新境地、新出路。現在研究經學，「與其採取古文學，不如採取今文學；因為從前一派的觀點來讀經書，來研究孔子，則經書是死書，孔子也成了木偶；從後一派的觀點來讀經書，來研究孔子，則書和人便都凜凜有生氣了。不過古文派所長的客觀的近於歸納法的治學方法，卻也是不能一筆抹殺的」[1]。

源自西方的現代學術體系為我們理解並參與現代生活世界提供了不可或缺的知識系統，但如何應對科學與人文兩種文化日益撕裂的局面，如何在現實性的基礎上確立超越性的價值原理，是祛魅之後現代學術的難題。現代學術在分科的學術體制中標舉科學實證主義，逐步演變為純粹的實證知識之學，難免以現代意識的價值標準去審視、評判歷史文化，喪失了在傳統、現代與未來之間建立有機關聯性的能力，既無法整體回應時代的困局，又難以為文化重建與文明走向提供有效的路徑。發掘中國文化的精義有助於豐富現代學術的維度去應對現代生活世界的難題，「述文化於史」，即事而求理，虛實相濟，或可在義理價值、制度體系、歷史變遷之間建立能動關聯。融匯中西，溝通新舊是近代學術大勢所趨，晚清民國時期各派學說因時而興起，各有其立場與義理關懷，考察民國時期各派圍繞經今古文問題「和會與辯駁」的歷史脈絡，融匯各家超越經今古文之爭的方法與宗旨，而非僅以方法為學，以立場妄分門戶，方能在守成中開新，以現代知識與學術體系的方式承續與轉化中國文化義理、制度與歷史事實的有機系統，進而構建文化精神、歷史傳統與文明走向之間的能動關聯，為實現「能尊而有立」的文明復興提供生生不息的思想泉源。

---

1 蔣伯潛：《經學纂要》，190～191頁，南京：正中書局，1944。

參考文獻

一 史料

「中研院」史語所藏傅斯年檔案。

《論學：朱蓉生侍御與康長素工部往來札》，光緒年間廣東刻本。

《譚嗣同集》整理組整理：譚嗣同集》，杭州：浙江古籍出版社，2018。

《朱一新全集》整理小組整理：《朱一新全集》，上海：上海人民出版社，2017。

北京大學、中國第一歷史檔案館編：《京師大學堂檔案選編》，北京：北京大學出版社，2001。

北京魯迅博物館、湖州市博物館編：《疑古玄同——錢玄同文物圖錄》，鄭州：大象出版社，2016。

北平輔仁大學編：《北平輔仁大學文學院概況》，北平：輔仁大學，1936。

蔡尚思：《中國歷史新研究法》，上海：上海書局，1989。

蔡元培：《蔡元培全集》，杭州：浙江教育出版社，1997。

陳平原、杜玲玲編：《追憶章太炎》（增訂本），北京：生活・讀書・新知三聯書店，2009。

陳慶年：《橫山鄉人日記》（選摘），《近代史資料》1989年第76號。

陳慶年：《戊戌己亥見聞錄》，《近代史資料》1992年第81號。

陳廷瑛：《駁斥康祖詒逆書》，哥倫比亞圖書館藏稿本。

陳寅恪：《寒柳堂集》，北京：生活‧讀書‧新知三聯書店，2001。

陳寅恪：《金明館叢稿二編》，上海：上海古籍出版社，1980。

陳柱等著：《清儒學術討論集》，上海：商務印書館，1930。

程千帆：《桑榆憶往》，上海：上海古籍出版社，2000。

丁樹誠：《丁治棠行紀四種》，成都：四川人民出版社，1984。

丁文江、趙豐田編：《梁啟超年譜長編》，上海：上海人民出版社，1983。

東南大學南高師範國學研究會編：《國學研究會演講錄》第1集，上海：商務印書館，1923。

杜春和、韓榮芳、耿來金編：《胡適論學往來書信選》，石家莊：河北人民出版社，1998。

范文瀾：《范文瀾歷史論文選集》，北京：中國社會科學出版社，1979。

范煙橋：《鵬夷室文鈔》，北京：海豚出版社，2013。

馮友蘭：《中國哲學史》，長春：長春出版社，2017。

傅宏星編：《大家國學‧錢基博卷》，天津：天津人民出版社，2008。

辜鴻銘：《辜鴻銘文集》，海口：海南出版社，1996。

顧頡剛：《當代中國史學》，上海：上海古籍出版社，2002。

顧頡剛：《顧頡剛讀書筆記》，臺北：聯經出版事業公司，1990。

顧頡剛：《顧頡剛全集》，北京：中華書局，2011。

顧頡剛編：《古史辨》第1冊，上海：上海古籍出版社，1982。

顧頡剛編著：《古史辨》第4冊，上海：上海古籍出版社，1982。

顧廷龍校閱：《藝風堂友朋書札》，上海：上海古籍出版社，1980。

郭湛波：《近五十年中國思想史》，濟南：山東人民出版社，1997。
國立北京大學編：《國立北京大學一覽》，北平：國立北京大學，1935。
賀麟：《文化與人生》，北京：商務印書館，1988。
洪有豐：《圖書館組織與管理》，上海：商務印書館，1926。
侯外廬：《近代中國思想學說史》，重慶：三友書店，1944。
胡適：《胡適全集》，合肥：安徽教育出版社，2003。
胡適：《中國哲學史大綱》（外一種），石家莊：河北教育出版社，2001。
胡珠生編：《東甌三先生集補編》，上海：上海社會科學院出版社，2005。
胡珠生編：《宋恕集》，北京：中華書局，1993。
黃季陸：《黃季陸先生論學論政文集》，臺北：「國史館」，1986。
黃侃：《黃侃日記》，北京：中華書局，2007。
姜義華、張榮華編校：《康有為全集》，北京：中國人民大學出版社，2007。
蔣伯潛：《經學纂要》，南京：正中書局，1944。
蔣維喬：《中國近三百年哲學史》，臺北：臺灣中華書局，1978。
教育部編：《全國專科以上學校教員研究專題概覽》，上海：商務印書館，1937。
金天翮：《天放樓詩文集》，上海：上海古籍出版社，2007。
金天翮：《中國學術之升降及今後之趨向（一名天人損益說）》，蘇州：國學會，1933。
金毓黻：《靜晤室日記》，瀋陽：遼瀋書社，1993。
康有為：《新學偽經考》，北京：生活・讀書・新知三聯書店，1998。

勞乃宣：《桐鄉勞先生遺稿》，臺北：藝文印書館，1964。
黎靖德編、王星賢點校：《朱子語類》，北京：中華書局，1986。
李慈銘：《越縵堂讀書記》，瀋陽：遼寧教育出版社，2001。
李耀仙主編：《廖平選集》，成都：巴蜀書社，1998。
李耀仙主編：《廖平學術論著選集》（一），成都：巴蜀書出版社，1991。
梁啟超：《梁啟超史學論著四種》，長沙：岳麓書社，1989。
梁啟超：《飲冰室合集》，北京：中華書局，1989。
梁啟超：《中國歷史研究法補編》，北京：中華書局，2010。
梁啟超著，俞國林校：《中國近三百年學術史》，北京：中華書局，2020。
廖幼平編：《廖季平年譜》，成都：巴蜀書社，1985。
劉師培：《劉申叔遺書》，南京：江蘇古籍出版社，1997。
劉師培：《劉師培清儒得失論》，長春：吉林人民出版社，2013。
劉咸炘：《推十書》（增補全本）甲輯，上海：上海科學技術文獻出版社，2009。
劉咸炘：《推十書》，成都：成都古籍書店影印，1996。
柳曾符、柳定生編：《柳詒徵史學論文續集》，上海：上海古籍社，1989。
柳曾符、柳佳編：《劬堂學記》，上海：上海書店，2002。
柳曾符選編：《柳詒徵史學論文集》，上海：上海古籍出版社，1991。
柳曾符選編：《柳詒徵史學論文集》，上海：上海古籍出版社，1991。
柳定生、柳曾符編：《柳詒徵劬堂題跋》，臺北：華正書局，1996。
柳詒徵：《國史要義》，上海：華東師範大學出版社，2000。

柳詒徵：《致教育廳長函》,《 山牘存》,南京：江蘇省立國學圖書館,1948。

柳詒徵：《中國文化史》,上海：上海書店,1947；上海古籍出版社,2001。

羅振玉：《清朝學術源流概略》,北京：商務印書館,2018。

呂思勉、顧頡剛編著：《古史辨》第7冊,上海：上海古籍出版社,1982。

呂思勉：《經子解題》,上海：華東師範大學出版社,1995。

呂思勉：《呂思勉讀史札記》,上海：上海古籍出版社,2005。

呂思勉：《呂思勉論學叢稿》,上海：上海古籍出版社,2006。

馬勇編：《章太炎講演集》,石家莊：河北人民出版社,2004。

馬勇編：《章太炎書信集》,石家莊：河北人民出版社,2003。

蒙文通：《古史甄微》,《蒙文通文集》第5卷,成都：巴蜀書社,1999。

蒙文通：《古史甄微》,成都：巴蜀書社,1987。

蒙文通：《經史抉原》,成都：巴蜀書社,1995。

蒙文通：《儒學五論》,桂林：廣西師範大學出版社,2007。

蒙文通：《中國史學史》,上海：上海人民出版社,2006。

牟宗三：《歷史哲學》,臺北：學生書局,1976。

歐陽哲生、劉紅中編：《中國的文藝復興》,北京：外語教學與研究出版社,2001。

歐陽哲生主編：《傅斯年全集》,長沙：湖南教育出版社,2003。

皮名振：《清皮鹿門先生錫瑞年譜》,臺北：臺灣商務印書館,1978。

錢保塘撰：《清風室文鈔》,海寧錢氏清風室,1913年刻本。

錢基博：《古籍舉要》,上海：世界書局,1933。

錢基博：《近百年湖南學風》，北京：中國人民大學出版社，2004。

錢穆：《國學概論》，北京：商務印書館，1997。

錢穆：《兩漢經學今古文平議》，北京：商務印書館，2001。

錢穆：《錢賓四先生全集》，臺北：聯經出版事業公司，1998。

錢穆：《中國現代學術經典・錢賓四卷》，石家莊：河北教育出版社，1999。

錢穆：《中國學術思想史論叢》（8），合肥：安徽教育出版社，2004。

錢玄同：《錢玄同國學文稿》，北京：中國畫報出版社，2010。

錢玄同：《錢玄同文集》，北京：中國人民大學出版社，1999。

清華大學國學院、中華書局編輯部合編：《梁任公先生年譜長編稿本》，北京：中華書局，2015。

上海人民出版社編：《章太炎全集》，上海：上海人民出版社，1985。

上海圖書館編：《汪康年師友書札》，上海：上海書店出版社，2017。

沈善洪、胡廷武主編：《姜亮夫全集》，昆明：雲南人民出版社，2003。

舒大剛、楊世文主編：《廖平全集》，上海：上海古籍出版社，2015。

宋育仁：《研究經籍古書方法》，探源公司代印，年代不詳。

蘇輿編：《翼教叢編》，上海：上海書店出版社，2002。

譚獻：《復堂日記》，石家莊：河北教育出版社，2001。

譚宗浚：《止庵筆語》，1922年刻本。

譚宗浚編：《蜀秀集》，成都試院刻本，1880。

湯志鈞編：《章太炎政論選集》，北京：中華書局，1977。

童書業：《童書業史籍考證論集》，北京：中華書局，2005。
童書業：《中國疆域沿革略》，上海：開明書店，1946。
汪少華整理：《俞樾書信集》，上海：上海人民出版社，2020。
汪叔子、張求會編：《陳寶箴集》，北京：中華書局，2003。
王東傑、陳陽編：《中國近代思想家文庫・宋育仁卷》，北京：中國人民大學出版社，2015。
王國維：《觀堂集林》（外二種），石家莊：河北教育出版社，2003。
王國維著，黃永年校點：《今本竹書紀疏證》，瀋陽：遼寧教育出版社，1997。
王闓運著，馬積高主編：《湘綺樓日記》，長沙：岳麓書社，1997。
魏源：《魏源集》，北京：中華書局，1976。
沃丘仲子：《近代名人小傳》，臺北：文海出版社，1967。
吳洪武等校註：《吳之英詩文集》，成都：四川大學出版社，2008。
吳梅：《吳梅全集》，石家莊：河北教育出版社，2002。
吳仰湘主編：《皮錫瑞全集》，北京：中華書局，2015。
吳之英：《壽櫟廬叢書》，名山吳氏刻本，1920。
伍非百：《墨子大義述》，南京：國民印務局，1933。
夏曾佑：《中國古代史》，上海：上海人民出版社，2014。
夏承燾：《天風閣學詞日記》，杭州：浙江古籍出版社、浙江教育出版社，1998。
夏鼐：《夏鼐日記》，上海：華東師範大學出版社，2011。
夏曉虹編，《追憶康有為》（增訂本），北京：生活・讀書・新知三聯書店，2009。
熊十力：《中國歷史講話》，北京：中國人民大學出版社，2006。
徐亮工編校：《中國近三百年學術史論》，上海：上海古籍出版社，2006。

楊天石主編：《錢玄同日記》（整理本），北京：北京大學出版社，
　　2014。
印永清輯，魏得良校：《顧頡剛書話》，杭州：浙江人民出版社，
　　1998。
俞樾：《春在堂全書》，南京：鳳凰出版傳媒集團，2010。
苑書義、孫華峰、李秉新主編：張之洞全集》，石家莊：河北人民出
　　版社，1998。
岳森：《癸甲襄校錄》，成都：尊經書院刻本，1895。
張爾田：《遯堪文集》，1948年刊行本。
張暉編：《量守廬學記續編》，北京：生活・讀書・新知三聯書店，
　　2006。
張京華編：《張爾田著作集》，上海：上海大學出版社，2018。
張西堂：《穀梁真偽考》，北平：和記印書館，1931。
張西堂校點：《古學考》，北京：景山書社，1935。
張祥齡：《張祥齡集》，成都：巴蜀書社，2018。
章念馳編訂：《章太炎演講集》，上海：上海人民出版社，2011。
章太炎、梁啟超編輯：《中國學術論著集要》，北平：華北書局，
　　1931。
章太炎演講，曹聚仁編述：《國學概論》，重慶：中國文化服務社，
　　1943。
章太炎著，楊佩昌整理：《在蘇州國學講習會的講稿》，北京：中國
　　畫報出版社，2010。
章學誠：《文史通義》，北京：古籍出版社，1956。
趙德馨主編，吳劍傑、周秀鸞等點校：《張之洞全集》，武漢：武漢
　　出版社，2008。
趙清、鄭城編：《吳虞集》，成都：四川人民出版社，1985。

趙所生、薛正興主編：《中國歷代書院志》，南京：江蘇教育出版社，1995。

中共中央文獻研究室編：《毛澤東書信選集》，北京：人民出版社，1983。

中國革命博物館整理：《吳虞日記》，成都：四川人民出版社，1984。

中國科學院圖書館整理：《續修四庫全書總目提要稿本》，濟南：齊魯書社，1996。

中國文化書院學術委員會編：《梁漱溟全集》，濟南：山東人民出版社，2005。

中華書局編輯部：《孫寶瑄日記》，北京：中華書局，2015。

鐘泰：《中國哲學史》，北京：東方出版社，2008。

周予同：《經今古文學》，上海：商務印書館，1926。

朱維錚編：《周予同經學史論著選集》（增訂本），上海：上海人民出版社，1983。

朱維錚編校：《經學通論》，上海：上海人民出版社，2012。

朱維錚校註：《梁啟超論清學史二種》，上海：復旦大學出版社，1985。

朱希祖：《朱希祖日記》，北京：中華書局，2012。

《學衡》、《國學月刊》、《文學集刊》、《中國學報》、《國學薈編》、《重光》、《孔學》、《甲寅》、《四川國學雜誌》、《警鐘日報》、《世界觀雜誌》、《蜀報》、《國粹學報》、《新四川月刊》、《中國學報（洪憲）》、《中央日報》、《大公報・圖書副刊》《中國新書月報》、《史學年報》、《知新報》、《制言》、《申報》、《政藝通報》、《國民日日報彙編》、《文史雜誌》、《新民叢報》、《醒獅》、《鐸報》、《中學生》、《燕京學報》、

《東方雜誌》、《中國文化》、《知難》、《史學雜誌》、《青鶴》、《進德月刊》、《學術世界》、《斯文半月刊》、《蘇中校刊》《國立歷史博物館叢刊》、《新青年》、《民國日報‧覺悟》、《新潮》、《北京大學月刊》、《大公報‧文學副刊》、《蜀學報》、《廣益叢報》、《渝報》、《國民公報》、《思想與時代》、《勵學》、《成大史學雜誌》、《理想與文化》、《朝華月刊》、《國立中央大學半月刊》、《新亞學報》、《光華大學半月刊》、《青年進步》、《真理雜誌》、《新中華》、《中心評論》、《責善半月刊》、《國風》、《吳縣日報‧吳語》、《衛星》、《兼明》、《國民公報》、《國立北平圖書館館刊》、《浙江省立圖書館月刊》、《學藝》、《理論與現實》、《時事公報》、《文史彙刊》、《圖書集刊》、《孔學》、《國立東北大學校刊》、《國立北京大學四川同鄉會會刊》、《圖書季刊》、《民國日報‧國學週刊》、《東南日報》、《國學商兌》、《立報》、《圖書評論》、《勵學》、《時事新報‧學燈》、《無錫國專季刊》、《清華學報》、《史學》、《禹貢》、《東南日報‧讀書之聲》、《文化先鋒》、《文哲月刊》、《教育今語雜誌》、《教育週報》

二　論著

〔美〕艾爾曼：《經學、政治和宗族——中華帝國晚期常州今文學派研究》，南京：江蘇人民出版社，1999。

〔美〕列文森：《儒教中國及其現代命運》，北京：中國社會科學出版社，2000。

北京輔仁大學校友會編：《北京輔仁大學校史（1925-1952）》，北京：中國社會出版社，2005。

卞孝萱：《章太炎各次國學演講之比較研究》，《傳統文化與現代化》1998年第6期。

蔡方鹿、劉興淑：《蒙文通經學與理學思想研究》，成都：巴蜀書社，2007。

蔡長林：《論崔適與晚清今文學》，臺北：萬卷樓出版公司，2002。

常超：《「託古改制」與「三世學進化」：康有為公羊學思想研究》，北京：北京大學出版社，2015。

車行健：《現代學術視域中的民國經學》，臺北：萬卷樓圖書股份有限公司，2011。

陳壁生：《經學的瓦解》，上海：華東師範大學出版社，2014。

陳平原：《中國現代學術之建立：以章太炎、胡適之為中心》，北京：北京大學出版社，2010。

陳其泰、張京華主編：《古史辨學說評價討論集》，北京：京華出版社，2001。

陳其泰：《清代公羊學》，北京：東方出版社，1997。

陳奇：《劉師培的後期經學》，《貴州師範大學學報（社科版）》1999年第1期。

陳陽：《共和時代的復古與建國——以宋育仁為個案看清遺民政治訴求的思想語境》，四川大學碩士論文，2014。

陳以愛：《中國現代學術研究機構的興起——以北大研究所國門為中心的探討（1922-1927）》（修訂本），南昌：江西教育出版社，2002。

陳勇：《錢穆與20世紀中國史學》，北京：九州出版社，2017。

陳祖武：《關於常州莊氏學淵源之探討——兼論〈春秋正辭〉之撰著年代》，《乾嘉學者的義理學》，臺北：「中研院」文哲所，2003。

程美寶：《走出地方史：社會文化史研究的視野》，北京：中華書局，2019。

戴景賢：《論錢賓四先生之義理立場與其儒學觀》，《臺大文史哲學報》第70期，2009。

戴景賢：《明清學術思想史論集》，香港：香港中文大學出版社，2012。

丁紀：《疑古史觀及其方法評析》，《二十一世紀》，1999年8月號。

丁亞傑：《清末民初公羊學研究——皮錫瑞、廖平、康有為》，臺北：萬卷樓圖書有限公司，2002。

丁亞傑：《晚清經學史論集》，臺北：文津出版社，2008。

房德鄰：《康有為和廖平的一樁學術公案》，《近代史研究》1990年第4期。

房德鄰：《論康有為從經古文學向經今文學的轉變——兼答黃開國、唐赤蓉先生》，《近代史研究》2012年第2期。

傅正：《古今之變——巴蜀今文學與近代革命》，上海：華東師範大學出版社，2018。

干春松、陳壁生主編：《經學的新開展》，北京：中國人民大學出版社，2012。

干春松：《康有為與儒學的「新世」》，上海：華東師範大學出版社，2015。

干春松：《重回王道儒家與世界秩序》，上海：華東師範大學出版社，2012。

郜積意：《漢代今、古學的禮制之分——以廖平〈今古學考〉為討論中心》，《中央研究院歷史語言研究所集刊》第77本第1分，2006年3月。

葛兆光：《中國思想史》，上海：復旦大學出版社，2009。

顧潮編著：《顧頡剛年譜》，北京：中華書局，1993。

侯旭東：《中國古史三十年：成績與挑戰》，《當代學術狀況與中國思想的未來》，上海：華東師範大學出版社，2011。

黃開國、唐赤蓉：《〈教學通義〉中所雜糅的康有為後來的經學思想》，《近代史研究》2010年第1期。

黃開國、唐赤蓉：《從《教學通義》看康有為早年思想》，《四川大學學報》（哲社版）2009年第4期。

黃開國：《公羊學發展史》，北京：人民出版社，2013。

黃開國：《廖平評傳》，南昌：百花洲文藝出版社，1993。

黃開國：《清代今文經學新論》，北京：人民出版社，2017。

黃燕強：《重論晚清經今古文學之爭——與兩漢經學的比較研究》，《清史研究》2013年第3期。

賈小葉：《戊戌時期學術政治紛爭研究：以「康黨」為視角》，北京：社會科學文獻出版社，2017。

江湄：《創造「傳統」：梁啟超、章太炎、胡適與中國學術思想史典範的確立》，北京：社會科學文獻出版社，2013。

姜亮夫編著：《楚辭書目五種》，上海：上海古籍出版社，1993。

鄺兆江：《湖南新舊黨爭淺論並簡介〈明辨錄〉》附《〈明辨錄〉序編目及書信按語〈西醫論〉》，《歷史檔案》1997年第2期。

李帆：《章太炎、劉師培、梁啟超清學史著述之研究》，北京：商務印書館，2006。

李洪岩：《史術通貫經術——柳詒徵文化思想析論》，《國際儒學研究》第3輯，1997。

李希泌：《健行齋文錄》，北京：書目文獻出版社，1996。

李曉宇：《尊經·疑古·趨新：四川省城尊經書院及其學術嬗變研究》，四川大學博士論文，2009。

李學勤：《古文獻論叢》，上海：上海遠東出版社，1996。

李耀仙：《梅堂述儒》，成都：四川大學出版社，2005。

李長春：《經典與歷史——以〈知聖篇〉為中心對廖平經學的考察》，中山大學博士論文，2009。

李長春：《清儒的「三世」說與廖平的「制度」論》，《中山大學學報》（社會科學版），2016年第5期。

廖名春：《錢穆與疑古學派關係述評》，《原道》5輯，貴陽：貴州人民出版社，1999。

劉大年《評近代經學》、《明清論叢》（1），北京：紫禁城出版社，1999。

劉復生、王東傑等著：《近代蜀學的興起與演變》，成都：四川大學出版社，2017。

劉桂生：《從莊存與生平看清代公羊學之起因》，《周一良先生八十生日紀念論文集》，北京：中國社會科學出版社，1993。

劉巍：《〈劉向歆父子年譜〉的學術背景與初始反響》，《歷史研究》2001年第3期。

劉巍：《經典的沒落與章學誠「六經皆史」說的提升》，《近代史研究》2008年第2期。

劉巍：《章學誠「六經皆史」說的本源與意蘊》，《歷史研究》2007年第4期。

劉巍：《重訪廖平、康有為學術交涉公案——關於「新學偽經」說之偷意與升級版「孔子改制」論之截獲的新探》，《齊魯學刊》2019年第4期。

陸寶千：《清代思想史》，上海：華東師範大學出版社，2009。

路新生：《「義」、「事」之別與「今」、「古」之爭及其現代學術意義》，《天津社會科學》2005年第1期。

路新生：《中國近三百年疑古思潮研究》，上海：上海人民出版社，2001。

羅檢秋：《從清代漢宋關係看今文經學的興起》，《近代史研究》2004年第1期。

羅義俊：《錢穆與顧頡剛的〈古史辨〉》，《史林》1993年4期。

羅志田：《道咸「新學」與清代學術史研究》，《四川大學學報》（哲社版）2006年第5期。

羅志田：《國家與學術：清季民初關於「國學」的思想爭論》，北京：生活・讀書・新知三聯書店，2003。

羅志田：《裂變中的傳承：20世紀前期的中國文化與學術》，北京：中華書局，2003。

羅志田：《權勢轉移：近代中國的思想、社會與學術》，武漢：湖北人民出版社，1999。

羅志田：《事不孤起，必有其鄰：蒙文通先生與思想史的社會視角》，《四川大學學報（哲社版）》2005年第4期。

羅志田主編：《20世紀的中國：學術與社會・史學卷》，濟南：山東人民出版社，2001。

馬一浮：《馬一浮集》，杭州：浙江古籍出版社、浙江教育出版社，1996。

茅海建：《京師大學堂的初建：論康有為派與孫家派之爭》，《北大史學》（13），北京：北京大學出版社，2005。

茅海建：《中學或西學？——戊戌時期康有為、梁啟超學術思想與政治思想的底色》，《廣東社會科學》2019年第4期。

梅鶴孫著，梅英超整理：《清溪舊屋儀征劉氏五世小記》，上海：上海古籍出版社，2004。

蒙默：《素王改制：廖季平先生經學思想的核心》，《川大史學・文

化史卷》，成都：四川大學出版社，2016。

孟琢：《清代學術的歷史總結與思想突破：章太炎《清儒》的四重解讀》，《北京師範大學學報》（社會科學版）2017年第1期。

繆敦閔：《劉師培〈禮經舊說〉研究》，臺灣暨南國際大學碩士論文，2000。

牟潤孫：《注史齋叢稿》，北京：中華書局，1987。

歐陽哲生：《中國的文藝復興——胡適以中國文化為題材的英文作品解析》，《近代史研究》2009年第4期。

潘光哲：《「畫定『國族精神』的疆界：關於梁啟超〈論中國學術思想變遷之大勢〉的思考》，《中央研究院近代史研究所集刊》2006年第53期。

彭林編：《經學研究論文選》，上海：上海書店出版社，2002。

彭林主編：《清代學術講論》，桂林：廣西師範大學出版社，2005。

皮迷迷：《被「建構」的今、古文經學及其意義——另一種看待廖平今、古學之辨的視角》，《哲學門》第34輯，北京：北京大學出版社，2016。

桑兵、關曉紅主編：《先因後創與不破不立：近代中國學術流派研究》，北京：生活・讀書・新知三聯書店，2007。

桑兵：《「瞭解之同情」與陳寅恪的治史方法》，《社會科學戰線》2008年第10期。

桑兵：《國學與漢學：近代中外學界交往錄》，杭州：浙江人民出版社，1999。

桑兵：《晚清民國的國學研究》，上海：上海古籍出版社，2001。

桑兵：《晚清民國的學人與學術》，北京：中華書局，2008。

桑兵：《晚清民國時期的國學研究與西學》，《歷史研究》1996年第5期。

桑兵：《學術江湖：晚清民國的學人與學風》，桂林：廣西師範大學出版社，2019。

沈政威：《〈國史要義〉與柳詒徵《〈春秋〉經史學》》，碩士論文，臺灣：「國立中央大學」，2011。

四川大學歷史文化學院編：《蒙文通先生誕辰110週年紀念文集》，北京：線裝書局，2005。

孫春在：《清末的公羊思想》，臺北：商務印書館，1985。

孫筱：《兩漢經學與社會》，北京：中國社會科學出版社，2002。

湯用彤：《魏晉玄學論稿》，上海：上海人民出版社，2015。

湯志鈞：《從「家學」到「顯學」：清代今文經學的復興與和坤專權》，《史林》2009年第5期。

湯志鈞：《經與史：康有為與章太炎》，北京：中華書局，2018。

湯志鈞編：《章太炎年譜長編》（增訂本），北京：中華書局，2013。

唐文明：《敷教在寬：康有為孔教思想申論》，北京：中國人民大學出版社，2012。

陶亮生：《先師向仙喬言行憶錄》，《成都文史資料》1988年總19輯。

田彤：《復返先秦：章氏國學講習會》，《廣東社會科學》2007年第2期。

田玉：《廖平經學研究述評》，《中國文哲研究通訊》1995年第2期。

萬仕國編著：《劉師培年譜》，揚州：廣陵書社，2003。

汪暉：《現代中國思想的興起》（上）第2部《帝國與國家》，北京：生活・讀書・新知三聯書店，2015。

汪榮祖：《康章合論》，北京：新星出版社，2006。

王承軍：《廖季平先生年譜長編》，北京：中華書局，2019。

王東傑：《走向多元動態的思想史——王汎森〈中國近代思想與學術

的系譜〉讀後》,《歷史研究》2005 年第 6 期。

王汎森:《從經學向史學的過渡——廖平與蒙文通的例子》,《歷史研究》2005 年第 5 期。

王汎森:《古史辨運動的興起》,臺北:允晨文化出版公司,1987。

王汎森:《中國近代思想與學術的系譜》,臺北:聯經出版事業公司,2003。

王汎森:《章太炎的思想:兼論其對儒學傳統的衝擊》,上海:上海人民出版社,2014。

王俊義:《莊存與復興今文經學起因於「與和珅對立」說辨析——兼論對海外中國學研究成果的吸收與借鑒》,《清史研究》2007 年第 2 期。

王學典、孫延傑:《顧頡剛和他的弟子們》,濟南:山東畫報出版社,2000。

王鷥嘉:《學術史中的話語演變與譜系構建——清代公羊學史與莊存與》,《學術月刊》2018 年第 3 期。

文史哲編輯部編:《「疑古」與「走出疑古」》,北京:商務印書館,2010 年。

吳少玟、趙金昭主編:《20 世紀疑古思潮》,北京:學苑出版社,2003。

吳仰湘:《論廖平 1880 年並未轉向今文經學——「庚辰以後,厭棄破碎,專事求大義」辨析》,《湖南大學學報》(社會科學版) 2009 年第 3 期。

吳仰湘:《皮錫瑞的經學成就與經學思想》,長沙:湖南大學出版社,2013。

吳仰湘:《重論廖平、康有為的「學術公案」》,中國社會科學》2020 年第 4 期。

吳仰湘：《朱一新、康有為辯論《新學偽經考》若干史實考——基於被人遺忘的康氏兩札所作的研究》，《文史哲》2010年第1期。

狹間直樹：《東亞近代文明史上的梁啟超》，上海：上海人民出版社，2016。

向珂：《廖平與「通經致用」》，《現代哲學》2013年第4期。

向燕南：《關於柳詒徵〈國史要義〉》，《史學史研究》2011年第4期。

蕭公權：《近代中國與新世界：康有為變法與大同思想研究》，南京：江蘇人民出版社，2007。

謝桃坊：《批評今文經學派——劉師培在四川國學院》，《成都大學學報（社科版）》2008年第2期。

徐立望：《駁清代今文經學復興源於上書房「講義」說——兼論今文經學在康雍乾三朝的地位》，《復旦學報》2010年第5期。

許惠琪：《劉師培論「六經皆史」》，《中國文學研究》2006年第22期。

楊向奎：《繹史高學術文集》，上海：上海人民出版社，1983。

姚奠中、董國炎：《章太炎學術年譜》，太原：山西古籍出版社，1996。

于梅舫：《《新學偽經考》的論說邏輯與多歧反響》，《社會科學戰線》，2019年第5期。

于梅舫：《康有為「兩考」的撰寫、傳播與反應》，復旦大學博士後出站報告，2011。

于梅舫：《以董生正宋儒：朱一新品析《新學偽經考》旨趣》，《廣東社會科學》2014年第1期。

于梅舫：《浙粵學人與漢宋兼採——朱一新〈無邪堂答問〉論學旨趣解析》，《近代史研究》2010年第4期。

余英時：《錢穆與中國文化》，上海：上海遠東出版社，1994。

余英時：《中國思想傳統的現代詮釋》，南京：江蘇人民出版社，1998。

張廣生：《返本開新：近世今文經與儒家政教》，北京：中國政法大學出版社，2016。

張灝：《思想與時代》，上海：上海文藝出版社，2002。

張京華：《古史辨派與中國現代學術走向》，廈門：廈門大學出版社，2009。

張凱：《〈經學抉原〉與民初經學之走向》，《學術研究》2014年第4期。

張凱：《出入「經」、「史」：「古史三系說」之本意及蒙文通學術旨趣》，《史學月刊》2010年第1期。

張凱：《經今古文之爭與國難之際儒學走向》，《浙江大學學報（人文社科版）》2013年第3期。

張凱：《經史嬗遞與重建中華文明體系之路徑：以傅斯年與蒙文通學術分合為中心》，《浙江大學學報》（人文社會科學版）》2014年第2期。

張凱：《清季民初「蜀學」之流變》，《近代史研究》2012年第5期。

張翔：《儒學史敘述的分斷與孔子之義的比附式詮釋——清代今文經學發展脈絡新探》，《中國哲學史》2019年第6期。

張勇：《梁啟超與晚清「今文學」運動》，北京：北京大學出版社，2017。

張越：《「最低限度的國學書目」之爭與文化史觀》，《史學史研究》2004年第3期。

張越：《新舊中西之間：五四時期的中國史學》，北京：北京圖書館出版社，2007。

張昭軍：《梁啟超的「新史學」是文化史》，《史學理論研究》2010

年第 2 期。

張昭軍：《晚清民初的理學與經學》北京：商務印書館，2007。

張昭君：《柳詒徵「為史以禮」說的意蘊》，《社會科學》2015 年第 10 期。

張志強：《經、史、儒關係的重構與「批判儒學」之建立——以《儒學五論》為中心試論蒙文通「儒學」觀念的特質》，《中國哲學史》2009 年第 1 期。

張志強：《經學何謂？經學何為？——當前經學研究的趨向與「經學重建」的難局》，《2013 中國哲學年鑑》，北京：中國社會科學出版社，2014。

張志強：《朱陸・孔佛・現代思想：佛學與晚明以來中國思想的現代轉換》，北京：中國社會科學出版社，2012。

章權才：《清代經學史》，廣州：廣東人民出版社，2010。

趙沛：《廖平春秋學研究》，成都：巴蜀書社，2007。

鄭師渠：《思潮與學派：中國近代思想文化研究》，北京：北京師範大學出版社，2005。

政協四川省文史資料研究委員會、四川省文史館編：《四川近現代文化人物》，成都：四川人民出版社，1989。

周書燦：《論蒙文通上古民族文化理論建構》，《人文雜誌》2012 年第 2 期。

朱維錚：《近代學術史論》，上海：中西書局，2013。

朱維錚：《走出中世紀》，上海：上海人民出版社，1987。

中華文化思想叢書 A0100073

經今古文之爭與近代學術嬗變

作　　者	張　凱
責任編輯	謝佩芸
實習編輯	黃歆喬　林佩萱

發 行 人	向永昌
總 經 理	梁錦興
總 編 輯	張晏瑞
編 輯 所	萬卷樓圖書股份有限公司

臺北市羅斯福路二段 41 號 6 樓之 3
電話 (02)23216565
傳真 (02)23218698

出　　版	昌明文化有限公司

桃園市龜山區中原街32號
電話 (02)23216565

發　　行	萬卷樓圖書股份有限公司

臺北市羅斯福路二段 41 號 6 樓之 3
電話 (02)23216565
傳真 (02)23218698
電郵 SERVICE@WANJUAN.COM.TW

ISBN 978-986-496-609-7
2025 年 07 月初版
定價：新臺幣 480 元

本書為 110 學年度、113 學年度國立臺灣師範大學「出版實務產業實習」課程與 2025 年「圖書出版經營理論與實務暑期實習課程」成果。部分編輯工作由課程學生參與實習。

如何購買本書：

1. 劃撥購書，請透過以下郵政劃撥帳號：
   帳號：15624015
   戶名：萬卷樓圖書股份有限公司
2. 轉帳購書，請透過以下帳戶
   合作金庫銀行 古亭分行
   戶名：萬卷樓圖書股份有限公司
   帳號：0877717092596
3. 網路購書，請透過萬卷樓網站
   網址 WWW.WANJUAN.COM.TW
   大量購書，請直接聯繫我們，將有專人為您服務。客服：(02)23216565 分機 610

如有缺頁、破損或裝訂錯誤，請寄回更換
版權所有・翻印必究
Copyright©2025 by WanJuanLou Books CO., Ltd.
All Right Reserved　　　Printed in Taiwan

國家圖書館出版品預行編目資料

經今古文之爭與近代學術嬗變／張凱著. -- 初版. -- 桃園市：昌明文化有限公司出版；臺北市：萬卷樓圖書股份有限公司發行，2025.07
　面；　公分. -- (中華文化思想叢書. 傳統中華文化思想叢刊；A0100073)
ISBN 978-986-496-609-7（平裝）
1. CST：學術思想　2. CST：清代哲學
3. CST：近代史
127.7　　　　　　　　　　　　111001755

本著作物經廈門墨客知識產權代理有限公司代理，由四川人民出版社有限公司授權萬卷樓圖書股份有限公司（臺灣）出版、發行中文繁體字版版權。